KB163380

공산주의의 지평

컨템포러리 총서

공산주의의 지평

조디 딘 지음 | 염인수 옮김

현실문화

차례

일러두기

● 이 책은 Jodi Dean, *The Communist Horizon*(London: Verso, 2012)를 옮긴 것이다.

● 본문의 [ ]는 원문의 이해를 돕기 위해 옮긴이가 보충한 내용이다.

● 원서의 (제목 표기가 아닌) 이탤릭체와 대문자 표기 등은 강조체로 옮겼다.

● 지은이가 본문에서 인용하는 책의 경우 한국어판이 있으면 최대한 그 서지사항을 달아주었다. 해당 인용 부분의 번역은 별다른 표시 없이 옮긴이가 수정하기도 했다.

● 외국 인명/지명 등의 표기는 국립국어원에서 펴낸 외래어표기법을 원칙으로 하되, 국내에서 널리 사용되는 것은 관행을 따르기도 했다.

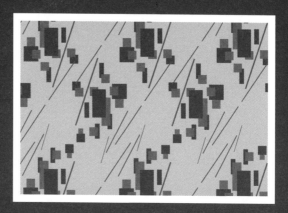

"지평$_{horizon}$"이라는 용어는 분할$_{division}$을 표시한다. 공간적으로 이해하자면, 지평은 현세$_{the\ visible}$를 분할하는 선으로서 땅과 하늘을 분리한다. 시간적으로 이해하자면, 지평은 박탈$_{privation}$과 고갈$_{depletion}$의 은유 속에서 상실과 융합한다. "잃어버린 지평"은 폐기된 프로젝트들을, 이제는 사라지고 없는 이전의 희망을 시사한다. 천체물리학은 오싹하고, 으스스하기까지 한 지평을 내어놓는다. 바로 블랙홀을 둘러싼 "사건의 지평"이다. 사건의 지평은 사태$_{events}$가 그 너머로 탈출할 수 없는 경계다. "사건의 지평"이란 어떤 특이점$_{singularity}$의 효과로 발생하는 공간/시간 뒤틀림을 지칭하는 말이긴 하지만, 이것이 공간적 지평과 크게 다르지는 않다. 두 경우 모두에서 지평은 정초적 분할을 환기해서, 우리는 이 분할을 도달불가능한 것으로 경험하며 또한 빠져나갈 수도 가로지를 수도 없다.

나는 "지평"이라는 말을 잊힌 미래를 상기하기 위해서가 아니라, 설령 우리가 안개 속에서 길을 잃거나 우리의 발밑에만 집중하느라 그것을 보지 못한다고 할지라도, 우리가 결코 잃을 수 없는 경험의 차원을 가리키기 위해서 사용한다. 지평은 **불가능**하다는 ─우리는 결코 거기에 도달할 수 없다는─ 의미와 **실제적**$_{actual}$이라는 의미에서 실재$_{the\ Real}$다(자크 라캉의 실재 관념은 이 두 의미를 모두 포함한다). 지평은 우리를 둘러싼 여건setting을 빚어낸다. 우리가 [현재의] 방위方位를 잃을 수야 있겠지만, 지평은 우리의 현실성actuality에 속한 필연적 차원이다.[1] 지평은, 특이점의 효과이건 땅과 하늘의 접점이건, 우리가 있는 곳을 설정하는 정초적 분할이다.

정치와 관련될 때에, 우리의 경험을 조건 짓는 지평은 공산주의다. 나는 "공산주의의 지평communist horizon"이라는 용어를 브루노 보스틸스로부터 얻었다. 보스틸스는 『공산주의의 현실성The Actuality of Communism』에서 알바로 가르시아 리네라의 작업에 천착한다. 가르시아 리네라는 [2005년 12월] 볼리비아사회주의운동당-인민주권정치기구MAS-IPSP 소속으로 [같은 당 대통령후보] 에보 모랄레스의 러닝메이트가 되어 선거를 치렀다.[2] 가르시아 리네라는 마르크스주의·정치·사회학에 관한 여러 저술의 저자이며, 이 가운데 적어도 하나는 무장봉기를 추동했다는 이유로 교도소에 갇혀 있을 때에 썼다(볼리비아의 부통령이 되기 전에, 그는 투팍카타리게릴라부대Túpac Katari Guerrilla Army에서 싸웠다).[3] 가르시아 리네라는 선거 승리 이후 그가 속한 정당의 계획을 묻는 한 인터뷰어의 질문에 이렇게 응답했다. "우리 시대의 일반적 지평은 공

---

1   [옮긴이] 여기서 "현실성"이라고 옮긴 actuality는 잡다한 현실(reality)이나 현실적인 것(the actual)과는 구별되는 현실 곧 상황에 본질적인 것으로서 실제적인 것이 드러날 가능성과 연결된 현실을 가리킨다. 헤겔적 의미에서 현실성을 공산주의와 연결한 논의에 관해서는 바로 아래(각주 4)에 저자가 소개한 브루노 보스틸스 책의 서문을 참조할 것.

2   [옮긴이] 모랄레스와 가르시아 리네라는 2019년 5월 현재 제3기 임기를 수행 중이다.

3   [옮긴이] 가르시아 리네라는 1992년 기소되어 수감되었다가 1997년에 풀려났다.

산주의[의 지평]입니다." 보스틸스는 바로 이 문장을 인용한다.[4] 가르시아 리네라는 이 용어에 대해 설명하지 않는다. 외려 가르시아 리네라는, 보스틸스가 지적하듯, 공산주의의 지평이라는 말을 "마치 세상에서 가장 자연스러운 것인 양" 너무도 명백해서 그에 대한 설명이나 정당화가 전혀 필요하지 않은 것처럼 떠올린다. 그는 공산주의의 지평을 정치적 여건의 축소불가능한irreducible 특성인 것처럼 상정한다. "우리는 [우리의] 기대하고 욕망하는 시선을 공산주의의 지평에 맞추면서 운동으로 진입합니다." 가르시아 리네라에게 **공산주의**는 정치에 속한 현실성의 조건이 된다.

좌파 진영에 속한 몇몇 논자는 공산주의의 지평을 잃어버린 지평이라면서 묵살한다. 예를 들어, J. K. 깁슨-그레이엄이라는 공동 필명으로 저작을 낸 두 경제학자는 좌파 진영 다수의 마음을 끈 포스트모던적이고 다원주의적인 접근법을 취해 공산주의를 거부하고, 대신에 "포스트자본주의post-capitalism"라는 이름을 제안한다.[5] 이들은 자본주의를 전지구적 체제로 기술하는 논의들이 경제를 편성하면서도 상회하는[6] 실천·관계·욕망의 풍부한 다기함을 놓치고 있다고 주장하

4   Bruno Bosteels, *The Actuality of Communism*, London: Verso, 2011, 236. [브루노 보스틸스, 염인수 옮김, 『공산주의의 현실성』, 갈무리, 2014]
5   [옮긴이] 줄리 그레이엄(Julie Graham)과 캐서린 깁슨(Katherine Gibson)은 공동으로 작업한 책을 내면서 이런 필명을 썼다.
6   [옮긴이] 이 책 곳곳에서 조디 딘은 "exceed"나 "excess"라는 단어를 사용한다. 범위를 넘는

며 이에 따라 "우세dominance보다는 차이difference를 위해 경제를 읽어내기"를 옹호한다(마치 우세는 차이를 전제하지도 않고 차이에 의존하지도 않는 것처럼 말이다).[7] 이들의 시각에서 보면 차이를 위한 읽기는 정치를 위한 새로운 가능성을 열어젖히는데, 이 독법이 일상생활의 경제 활동 activities 속에 있으면서도 이전에는 인식되지 않았던 창의적 행동action의 중심지들을 밝혀내기 때문이다.

깁슨-그레이엄이 마르크스주의를 실패한 이데올로기로 내보인다든지, 공산주의를 소름끼치게 잘못 진행된 역사적 실험이 남긴 화석으로 보여준다든지 하는 것은 아니다. 반대로, 깁슨-그레이엄은 노동의 사회적 성격을 제대로 이해한 마르크스로부터 영감을 끌어낸다. 이들은 이념으로서 공산주의를 강조하는 장뤼크 낭시의 견해에 적극적으로 동의하는데, 공산주의는 "여전히 열려 있는 사유의 과업이자 점점 더 개방적인 사유의 과업을 가리키는 지표"라는 것이다.[8] 깁슨-그레이엄은 공유물에 대한 반환 요구를 열렬히 수용한다. 또한 깁슨-그레이엄은 경제를 조타하거나 변모시킬 수 있는 인민들의 자질을 상회하는 위력force으로 신자유주의가 경제를 자연화naturalization of

일을 지칭하는 이 단어를 긍정적 맥락과 부정적 맥락에서 두루 쓰기 때문에, 여기에서는 기준을 웃돈다는 뜻의 "상회"라는 말로 옮기는 것을 원칙으로 하되, 부정적 의미가 강조되어 있는 경우에는 "과잉"으로 옮기기도 한다.

7   J. K. Gibson-Graham, *A Post-Capitalist Politics*, Minneapolis, MN: University of Minnesota Press, 2006, 59.

8   같은 책, 82.

the economy^{9}하는 일을 우려한다.

그러나 이와 동시에, 깁슨-그레이엄은 공산주의로부터 애써 벗어나서 포스트자본주의라는 자기들의 전망vision을 출범시킨다. 공산주의는 이들이 경제에 대한 저 자신들의 대안적 개념파악을 구축하면서 맞서게 되는 대상이다. 공산주의는 일종의 편성적인 위력으로서, 이들이 옹호하는 시각view을 빚는 것으로 나타난다present. 낭시가 공산주의를 환기한 일이 저 자신들의 사고에 일종의 지평 역할을 하고 있는데도 이들은 "공산주의"라는 용어를 명시적으로 폐기한다. 곧 깁슨-그레이엄은 이 용어를 "전반적인 반감反感"의 대상으로 위치시키고 "일종의 실정성positivity 다시 말해 규범적 표상을 정립할posing 위험성"과 관련짓는 것이다. 이들은 "공산주의"라는 적극적인positive 관념을 거부한 채, 자신들이 겉으로는 부정하는 자본주의적 체제에 대해 공허한 관계성empty relationality만을 시사하는 용어로서 "포스트자본주의"를 선호한다. 깁슨-그레이엄에게, "자본주의적"은 비판의 용어이거나 비난의 용어가 아니다. 그것은 어떤 선언manifest에 속하지도 않는다. 이 용어는 당대 좌파Left가^{10} 대면한 여러 정치적 문제의 원인이다. 깁슨-

---

9   [옮긴이] 자본주의 체제에서 경제학자들은 언제나 역사적 생산양식인 자본주의 경제를 '자연'으로서 인간의 힘과 역사의 흐름을 벗어던진 것으로 표상하려 해왔으며, 여기에서 말하는 신자유주의에서 경제의 자연화란 이런 맥락을 가리킨다.

10   [옮긴이] 이 책에서 조디 딘은 "Left"와 "leftist"를 구별해 쓴다. 전자는 집합적 좌익 진영을 일상적으로 가리키는 말로 보았고, 후자는 좌파 내에서도 현실성을 고려하지 않은 채 근본적이거나 급진적이기만 한 몇몇 조류를 가리키는 말로 보았다. 이에 따라 전자를 "좌파"로 후자를 "좌경분자"로 옮겼고, 그 밖에 원서에서 "left"와 "Left"를 구별해 쓴 경우가 있으나 맥락상 통칭할 수 있다

그레이엄은 자본주의의 **담론상** 우세가 좌파를 편집증, 멜랑콜리, 도덕주의에 파묻고 있다고 주장한다.

깁슨-그레이엄의 시각은 다소 유적인generic 포스트자본주의라는 용어는 받아들이면서도 더 투쟁적인 반자본주의라는 용어는 피하려고 하는 좌경분자들leftists이 일반적으로 공유하는 가정의 특정 본보기다. 이와 같은 경향은, 자본주의에 실질적으로 대립각을 세우는 대신에, 반자본주의적 에너지를 이런저런 논의를 열어젖히고 윤리적 공간을 찾는 노력에 전용轉用되게 한다―그리고 이런 경향은 한 사람의 채권거래인이 몇 분 만에 은행 하나를 들어먹을 수 있는 세계 속에서 나타나고 있다.

나는 반대 입장을 취한다. 자본주의의 우세, 자본주의 **체제**의 우세는 물질적인 것이다. 우리를 편집증적 판타지에 빠뜨리는 분석이 아니라 자본주의를 전유approapriation, 착취exploitation, 유통circulation의 전지구적 체제로 취급하는 분석, [자본주의를] 다수가 가진 것을 강탈해서 소수를 배 불리며, **게다가** 이 과정에서 막대한 에너지를 쏟아부을 수밖에 없는 체제로 취급하는 분석이야말로 우리를 분노케 하고 자극해 일으켜 세울 수 있다. 역사적으로, 이론 및 실천에서 자본주의 착취에 대한 비판적 분석은 집합적 투쟁collective struggle의 강력한 무기였다. 이것은 신자유주의적 자본주의의 여러 과잉excess에 대한 전지구적 인식 속에 오늘날에도 그대로 남아 지속된다. 최근 일어난 전 세계적

고 판단하여 둘을 모두 "좌파"로 통일해 옮겼음을 밝혀둔다.

폭동·항의시위·혁명에서 명백히 밝혀졌다시피, 착취가 이루어지는 다양한 현장을 특권이 득세하는 협소한 통로와 이어놓는 일은 우울한 숙명론을 몰아내고 의지, 욕망, 집합적 강인함에 대한 새로운 확언을 불러일으킬 수 있다. 좌파의 문제란 우리가 마르크스의 자본주의에 대한 비판을 고수해왔다는 사실에 있는 것이 아니었다. 문제는, 우리가 공산주의의 지평을 시야에 두지 못하게 되었다는 사실, 흘긋 살피기만 해도 새로운 정치 운동을 드러내기 시작할 그 지평을 놓쳐왔다는 사실이다.

때때로 자본주의자, 보수주의자, 자유주의적 민주주의자들은 공산주의를 잃어버린 지평으로 취급하는 수사법을 구사한다. 그러나 대개 이들은 공산주의를 저 자신들의 시야 속에 단단히 붙들고 있다. 이들은, 표면상으로 공산주의가 종언을 고한 지 20년이나 지났는데도, 공산주의를 위협으로 간주한다. 자본주의자, 보수주의자, 자유주의적 민주주의자에게 공산주의는 그렇게나 위협적이기에, 이들은 공산주의적 대안에 대한 억압을 전제한 채 정치적 논의를 시작한다. **민주주의**가 가난한 노동계급의 이해관심을 보호하는 데 실패했다는 좌파의 여러 비판에 대해, 보수주의자와 자유주의자는 공히 **공산주의**가 제대로 작동하지 않는다는 사실은 "만인이 알고" 있으며 "역사가 알고" 있다고 꾸짖듯 응수한다. 이들은 공산주의가 훌륭한 거래deal일 수 있음을 마지못해 인정하나, 공산주의는 항상 권력의 폭력적이고 권위주의적인 과잉으로 이끌린다고 한다. 이들은 합당한 토론의 한계선을 확보하려고 시도하면서, 논의의 초점을 공산주의에 옮겨놓는다.

이들의 공산주의에 대한 비판은 민주주의에 속한 정치적 공간 및 조건을 설정한다. 대화가 개시되기도 전에, 자유주의자·민주주의자·자본주의자·보수주의자들은 공산주의에 대한 고찰을 가로막기 위해 연합한다. 공산주의는 대화 의제에서 배제된다.

자유주의자 및 민주주의자를 자본주의자 및 보수주의자와 한 묶음에 넣는 일이 정당하지 않다고 의혹을 품는 사람들이 있다면, 십중팔구는 민주주의자들일 것이다. 공산주의를 두려워하는 사람들과 같은 집합에 귀속될는지 여부를 결정하기 위해 이들이 숙고해야 하는 질문은 바로, 공산주의를 환기하는 그 어떤 것이건 그것이 과거의 상회에 대한 적격성 검토, 사과, 규탄을 수반해야 한다고 생각하는가이다. 답이 "그렇다"이면 이는 결국 자유주의적 민주주의자들이, 그리고 십중팔구는 급진 민주주의자들도 마찬가지로, 여전히 공산주의를 억압해야 할 위협으로 간주한다는 분명한 표시가 된다ー그래서 그들은 자본주의자 및 보수주의자들과 같은 집합에 귀속된다. 이들 모두는 공산주의적 욕망이 풀려나게 만들지도 모를 위력을 노심초사 우려한다.

자유주의자, 민주주의자, 자본주의자, 보수주의자들이 노심초사할 충분한 이유가 있다. 지난 10여 년간 공산주의로 귀환하는 일이 좌파에 다시금 활기를 불어넣었다. 공산주의는 다시금 보편적이고 평등주의적이며 혁명적인 이상ideal을 표현하는 담론이자 어휘가 되고 있다. 2009년 3월, [런던대학교 버벡칼리지] 버벡인문학연구소Birkbeck Institute for the Humanities에서는 "공산주의의 이념에 관하여On the Idea of

Communism"라는 제목을 붙인 학술대회를 주최했다. 애초에는 200명 가량의 참석 인원을 상정하고 계획했으나 마지막에 가서는 1,200명이 넘게 모여들어, 주 행사장에 다 들어가지 못한 사람들을 수용하기 위해 여분의 공간이 필요하게 되었다. 이때 이래로, 여러 학술대회가 ─ 파리, 베를린, 뉴욕에서[그리고 2013년 서울에서도] ─ 잇달아 열렸으며 발표문들이 출판되었다.[11] 글을 발표하고 논의를 주도한 학자들의 면면은 다음과 같다. 알랭 바디우, 에티엔 발리바르, 브루노 보스틸스, 수전 벅모스, 코스타스 두지나스, 피터 홀워드, 마이클 하트, 안토니오 네그리, 자크 랑시에르, 알베르토 토스카노, 슬라보예 지젝.

학술대회와 출판은 수십 년간 이루어져온 논의들을 한데 묶어주었다. 30년 넘게, 네그리는 스피노자와 1970년대 이탈리아의 정치적 실험들을 경유해서 마르크스주의를 재가공함rework으로써 공산주의에 새롭게 접근할 길을 추구해왔다. 네그리가 하트와 공동으로 저술한 『제국Empire』 3부작은 노동과 권력과 국가를 적극적이고 비변증법적으로 다시금 개념화한 결과물을 제시하며, 밑바닥으로부터 세워진 공산주의에 대한 새로운 이론을 제공한다. 바디우는 40년이 넘도록 공산주의를 파고들었는데, 그의 이력은 마오주의로의 철학적이고 정치적인 참여에서 시작해 "공산주의의 불변항" ─ 평등주의적 정의, 규율 잡힌 테러, 정치적 의지주의, 인민에 대한 신뢰 ─ 에 대한 강조

---

11 [옮긴이] 2013년 9월 24일부터 10월 2일까지, 〈멈춰라, 생각하라: 공산주의의 이념 2013 서울〉 학술대회가 서울 곳곳에서 열렸다.

를 거쳐 최근의 공산주의 이념에 대한 호소까지 이어진다. 공산주의
는 지젝에게도 새로운 관심사가 아니다. 2001년 초 지젝은 사람들을
모아 레닌을 다시 사고하는 학술대회를 조직하고 책을 꾸려냈다. 네
그리와 바디우가 정당과 국가를 거부하는 자리에서 지젝은 레닌에 대
한 자기 나름의 충실성을 계속 간직한다. "오늘날 핵심적인 '레닌주의'
의 가르침"은 "정당이라는 조직된 형식form을 갖추지 않은 정치는 정
치 없는 정치라는 점이다"라고 그는 쓴다.[12] [지금까지의 얘기를] 약술하
자면, 급진 철학의 핵심 요충지에서는 공산주의를 해방 정치, 평등주
의적 정치를 가리키는 당대의 이름이라고 생각하며, 공산주의 유산
의 일부를 형성하는 개념 다수에 대해 활발하게 다시 사고해왔다고
할 수 있다.

이렇듯 계속되어온 이론적 논의들은 1968년과 1989년이라는 표
지가 붙은 채 변화했던 일련의 정치적 장면과 겹쳐 있다. 또한 이 논
의들은 신자유주의적 자본주의의 우세와 겹쳐 있기도 한데, 이 우세
는 경제적 불평등, 민족적 증오, 경찰 폭력의 극단화에 더해 광범위한
교전상태, 내란, 점유occupation, 혁명을 불러일으켰다. 따라서 현재 이루
어지고 있는 공산주의에 대한 강조는, 딱 집어 공산주의의 귀환을 요
청하는 학술대회들의 개최가 새천년 들어 발생한 부채 위기, 긴축 정
책, 실업 증가, 그리고 대마불사로 여겨지는 금융기관들의 사적 이해

---

12   Slavoj Žižek, *Revolution at the Gates*, London: Verso, 2002, 297. [슬라보예 지젝·블라디미
르 일리치 레닌, 정영목 옮김, 『지젝이 만난 레닌: 레닌에게서 무엇을 배울 것인가』, 교양인, 2008]

관계에다 현대 복지국가의 성취 모두를 희생물로 바친 상황과 동시적으로 나타났다는 [인식] 수준을 상회한다. 모랄레스는, 볼리비아 대통령선거 전인 2002년의 한 인터뷰에서 이미 "신자유주의 체제는 실패했고, 지금은 가난한 인민의 차례"라고 언명한 바 있다.[13] 공산주의는, 자본주의에 대한 대안이고 늘 대안이었기 때문에, 정치적 에너지를 끌어당기는 자석으로 다시금 부상 중이다.

공산주의의 지평은 잃어버린 것이 아니다. 그것은 실재다. 이 책에서 나는 오늘날 공산주의의 지평이 우리에게 저 자신을 선언적으로 드러내는 방식 몇몇을 탐사한다. 보스틸스가 주장하듯, 공산주의의 지평을 환기하는 일은 "이제는 자본주의가 유일한 규칙으로 여겨지지 않고, 사회적 관계들을 달리 조직하는 일에 지금 여기에서 기대와 욕망의 눈길을 보내는 것을 우리가 이제 꺼릴 필요가 없게 된 결과 나타나는 시야의 완전한 이동이거나 혹은 급진적인 이데올로기적 방향전환"을 생산해낸다."[14] 공산주의를 우리의 지평으로 삼음으로써, 혁명의 이론과 실천을 위한 가능성들이 펼쳐진 영역은 그 형체를 바꾸기 시작한다. 행동을 가로막는 장벽이 차츰 내려앉는다. 새로운 잠재성과 의욕이 앞서 나온다. 무엇이든 가능하다.

주로 저항이라는, 유희적이고 찰나적인 감성상의 혼란aesthetic

---

13   Evo Morales, "Interview with Evo Morales," Yvonne Zimmermann, *The Commoner*, July 7, 2002, commoner.org. uk/morales1.htm.

14   Bosteels, *The Actuality of Communism*, 228.

disruptions이라는, 국지적 기획들이 갖는 무매개적 특정성specificity이라는, 자본주의적 의회의 여건 속 주도권 싸움이라는 관점에서 사고가 이루어지는 정치 대신에, 공산주의의 지평은 자본주의를 폐지하고 평등주의적 협력의 전지구적 실천과 기구를 창조할 필요성을 우리에게 명심하게 한다. 공산주의의 지평이 생산하는 시각 전환은, 좌파적 영감의 이름인 공산주의를 상실하는 형식이었던 민주주의 환경milieu으로부터 우리를 돌이켜 정치투쟁을 구성하는 요소들의 새로운 짜임으로 향하게끔 한다―달리 말하자면, ["공산주의의 지평이 생산하는 시각 전환은,"] 우리를 일반적 포함general inclusion으로부터, 대략적 의식이나마 가지면 된다는 찰나적 요청으로부터, 생활양식의 변모로부터 벗어나게 해서 투지에 찬 대립으로, 꽉 짜인 조직의 형태(정당, 평의회, 조사위원회, 세포조직의 형태)로, 우리가 우리 자신을 생산·재생산하는 통로인 경제를 인민주권이 통제하는 쪽으로 향하게끔 한다.

어떤 이들은 내가 [글의 독자를 가리키는 표현으로] 이인칭 복수형 [주어나 목적어] 자리에 "우리we/us"를 사용하는 데 이의를 제기할 수도 있겠다―**"우리"라니, 무슨 뜻으로 말하는 거지요?**라고. 이 이의 제기야말로 유럽, 영국, 북아메리카의 좌파에 만연한 파편화의 증상이다. "우리"를 주체나 객체로 호출하는 일을 구체적이고 서술가능하고 실증적 지시대상이 요구되는 사회학적 진술로 축소하는 것은, 마치 이해관심과 의지가 부동의 사회적 지위의 유일하고 자동적인 속성이 되어버리는 듯이, 정치에 필요한 분할을 지워버린다. 우리에-대한-회의론은 집합성collectivity을 의심의 대상으로 다루고 개체의 단수성singularity과 자율성이라는 판타지에 특권을 부여함으로써 수행적 performative 요소로서 이인칭 복수형을 쫓아낸다. 나는 "우리"라는 말을 쓸 때에 집합성의 당파적 의미가 확장되기를 바란다. [작금의] 글쓰기 관례는 더 넓은 집합적 주체의 일부로서 사고하고 말하려는 시도를 꺼리게 만듦으로써 개체주의individualism를 강화하므로, 이와 단절하려는 시도는 의도한 것이다.

탈구조주의 좌파 및 무정부주의 좌파의 특정 분파가 정치라고 생각할 범위의 것들은 단지 자본을 이롭게 할 뿐이다. 몇몇 활동가나 이론가의 생각으로는 이러저런 미시정치적 활동이, 그것이 자기수양 생활의 실천이건 개인적 소비 선택의 실천이건 간에, 대규모로 조직된 운동보다 더 중요한 행동의 중심지다 ─ 이러한 억측은 조직의 새로운 유형을 조성하는 일에 어려움을 더하는데, 그것이 집합성의 관점에서 사고하는 일을 훨씬 드물고 더 어렵게 하거니와 덜 "신선"해 보이게 하기 때문이다. 이와 유사하게, 일부 활동가나 이론가는 감성상의 대상과 창작물들을 계급·정당·노조가 놓쳐버린 정치적 잠재력potentiality을 전시하는 것으로 취급한다. 이와 같은 감성적 초점은 노동자 인민의 조직된 투쟁으로부터 정치를 절연함으로써 정치를 구경꾼이 쳐다보는 것으로 만들어낸다. 이로써 예술 생산물들은, 실제 상품이건 상품화된 경험이건 간에, 정치적 투쟁을 거리에서 쫓아낸 뒤 화랑에 가져다두면서 정치적 정동affects을 유통시키기 때문에 자본에 힘을 실어주게 된다. 구경꾼들은 자기 손을 더럽힐 필요 없이 급진적인 것을 만끽하기 위해 지불(하거나 기부)할 수 있다. 지배계급은 자기 지위를 유지하며, 이 계급과 그 나머지 우리 사이 모순은 있는 그대로 두드러지지 못한다. 찰나적 행동과 특이한 우발행위에 ―유희적 혼란과 순간적 논쟁거리가 되는 영화 혹은 소설에― 찬사를 보내는 일 또한 마찬가지 방식으로 작동한다. 무정부주의적이고 탈구조주의적인 좌파 진영의 몇몇은 이러한 식의 명멸을 당대 좌파정치의 유일한 본보기로 취급한다. 막대한 노고의 찰나적 소모를 수반하는 무의미한 행동―5킬로미터나 10킬로미터미터 달리기를 해서 암과 싸우는 것, 그러니까, 암에 대한 의식만 증가시킬 뿐 실제적인 일은 그 이상 아무것도 하지 않는 것의 예술상 등가물―은 특이한 우발행위에 불과하며, 이와 같은 실행은 과업을 목표와 절연시킬 뿐이다. 이런 행동이 얼마나 "센스" 있고 이런 실행이 얼마나 의미 또는 적절성을 갖건 간에, 이것이 낳을 법한 모든 "센스"와 의미 등은 구경꾼에게 달린 것이다(큐레이터 및 이론가들이 해주는 약간의 안내에 도움을 받긴 할 것이다).

점유는 이 특이한 우발행위와 날카롭게 대조된다. 특정한 점유들이 조율된 전략을 통해서라기보다는 아래로부터 모습을 드러내는 바로 그 순간에, 점유의 공통 형식은 ―그 이미지, 슬로건, 표현용어, 실천을 아울러서― 그것들을 서로 연결해 대중 투쟁으로 엮는다.

공산주의의 귀환이 가질 힘은 어떤 목표를 향해 대규모로 조직된 집합적 투쟁을 고무할 그것의 자질에 성패가 달려 있다. 30년 넘게 좌파는 이런 식의 목표[설정]를 멀리하고는, 그 대신 순전히 개별적 생활방식의 선택이 목표라는 자유주의의 관념 또는 역사가 이미 규제시장이나 복지국가라는 절충책을 통해 기초적 분배 문제를 해결했다는 ─우파가 거부하고 자본주의가 파멸시킨 해결책인데도─ 사회민주주의의 주장을 수용했다. 좌파는 더 나은 세계의 전망 곧 집합적 인민에 의해/인민을 위해 공통의 것을 생산하는 평등주의적 세계의 전망을 방어하는 데 실패했다. 대신에 좌파는 개인주의에, 소비지상주의consumerism에, 경쟁에, 특권에, 그리고 시장의 이해관심에 비추어 지배를 수행하는 국가의 대안은 정말로 없다는 듯한 진행에 굴복하면서 자본주의를 수용해왔다.

마르크스는 저 대안의 기초 원리를 100년도 더 전에 표명했다─각자로부터는 능력에 따라, 각자에게는 필요에 따라![15] 이 원칙 속에는 원리의 실현을 위한 투쟁의 절박함이 들어 있다. 좌파가 실패한 결과 우리가 위기와 참상의 반복에 꼼짝없이 붙들린 채 살아가야만 하는 것은 아니다. 지구 단위의 기후재앙에 그리고 국가들이 긴축을 명목으로 부자들에게 부를 재분배함에 따라 날로 거세지는 전지구적 계급 전쟁에 비추어볼 때, 공통된 목표의 부재는 곧 미래(〈매드 맥스Mad Max〉 같은 포스트묵시록적 시나리오와는 다른 미래)의 부재다. 집합적

---

15   [옮긴이] 이 원칙이 직접 표명된 「고타 강령 초안 비판(Kritik des Gothaer Programms)」 (1875)에서 좀 더 길게 인용하자면 다음과 같다. "공산주의 사회의 더 높은 단계에서, 즉 개인이 분업에 복종하는 예속적 상태가 사라지고 이와 함께 정신노동과 육체노동 사이의 대립도 사라진 후에; 노동이 생활을 위한 수단일 뿐만 아니라 그 자체가 일차적인 생활 욕구로 된 후에; 개인들의 전면적 발전과 더불어 생산력도 성장하고, 조합적 부의 모든 분천이 흘러넘치고 난 후에 ─ 그때 비로소 부르주아적 권리의 편협한 한계가 완전히 극복되고, 사회는 자신의 깃발에 다음과 같이 쓸 수 있게 된다: 각자는 능력에 따라, 각자에게는 필요에 따라!"(『칼맑스 프리드리히엥겔스 저작선집 4』, 박종철출판사, 1995, 377).

조건에 대한 집합적 결정이라는 공산주의의 전제는, 우리가 원한다면, 가능하다.

이와 같은 욕망을 자극하는 일에 도움을 주기 위해, 이 욕망의 되살아난 위력과 현존에 덧붙여, 나는 "공산주의"를 우리 당대 여건의 여섯 가지 특색에 대한 일종의 표찰로서 다룬다.

1. 소비에트연방과 그 붕괴에 대한 특정 이미지
2. 현존하는, 점점 강력해지는 위력
3. 인민주권
4. 공통the common과 공유물the commons
5. 우리가 사로잡힌 회로와 관습practices을 절단하는 평등주의적이고 보편주의적인 욕망
6. 정당

한 국가로서 소비에트연방의 종말은 [다른] 한 국가로서 미국의 우세를 통해 굴절되었는데, 앞의 특징 중 첫 둘은 이 종말과 연계된 역사를 경유해 짜인 그런 정치와 느슨하게 관련될 수 있다. 여기에서 주안점은 역사적 서사라기보다는 공산주의가 부재 위력으로 표현된다는 점이다. 나는 공산주의의 부재가 어떻게 지금 당대의 여건을 빚어내는지 강조하면서 두 특징을 논의할 것이다.

자본주의와 자유주의적 민주주의의 승리가 서술되는 연속 장면들 속에서, 공산주의의 지평은 "의미작용상의 스트레스signifying stress"로

느껴진다. 이 말은 에릭 L. 샌트너Eric L. Santner의 용어로서, 현실이 그 비동일성을 표현하는 양상을 가리킨다.[16] 샌트너의 설명에 따르면, 우리가 "몸담고 있는 사회적 형성물"은 "결여로 인해 균열되어" 있으며 "비일관성과 불완전성이 가득 차" 있다.[17] 이 결여는 우리를 호출한다. 비일관성과 불완전성은 저 자신을 감촉되게 만든다. 샌트너가 설명하길, "등기되는 것"은 "망각된 행위들이라기보다는 망각된 실행 실패들이다."[18] 당대 소통 자본주의communicative capitalism의 광란에 찬 활동은

16   [옮긴이] "의미작용상의 스트레스"는 어떤 사람이 자기가 "등록되어 있던(assigned)" 사회적 지위를 박탈당하거나 그런 지위를 지속할 수 없을 때에 빠지게 되는 사회적·심리적 상태를 가리킨다. 그러니까 어떤 사람이 신체적으로는 사회적 공간 속에 남아 있지만 사회적으로는 아무것도 의미하지 못할 때 그 사람은 "의미작용상의 스트레스"의 발생장소가 되는 것이다. 더 나아가 에릭 샌트너는 인용한 글(「기적은 일어난다—벤야민, 로젠츠바이크, 프로이트 그리고 이웃이라는 문제」)에서 의미작용상의 스트레스를 우리의 사유가 필연적으로 주목할 대상이라고 생각하며, 그 이유를 우리가 언제나 "비일관성과 불완전성"이 가득 차 있는 사회구성의 현실(조디 딘은 여기에서 '간극'과 '분할'을 발견한다)에 처해 있기 때문이라고 본다.

17   [옮긴이] social formation은 흔히 '사회구성체'라고 번역되지만, 여기에서는 샌트너의 원글에 있는 보충 관념들을 고려해 '사회적 형성물'로 옮겼다. 샌트너에 따르면, 사회적 형성물이란 "우리의 언어, 가족, 사회, 계급, 성별 등등"을 말한다.

18   Eric L. Santner, "Miracles Happen," The Neighbor, Slavoj Žižek, Eric L. Santner, Kenneth Reinhard, Chicago: University of Chicago Press, 2005, 85–89. [내용 이해를 돕기 위해 첨언하자면, 인용된 문장이 들어간 부분에서 샌트너는 나치 치하에서 성년기에 이르는 과정에 관한 크리스타 볼프의 소설을 분석하고 있다. 이 소설에서 화자는 자기를 괴롭히는 갖가지 스트레스가 자기 정신 속에 '가상의 문서보관소'를 형성한다고 본다. 그 정신 속 문서보관소에는 망각된—무의식에 등기되기에 '망각'된—행위들이 등기되는 게 아니라 실행의 실패들이 망각된 채 등기된다. "소설의 진행 과정에서 볼프는 그와 같은 실패들이 최소한 부분적이라도 사회의 '타자들'과의 연대 행위를 금지하는 사회적 구속의 힘을 중지시키는 데 실패한 것으로 이해될 수 있다고 주장한다."(케네스 레이너드, 에릭 L. 샌트너, 슬라보예 지젝, 정혁현 옮김, 『이웃』(도서출판 b, 2010), 140). 샌트너의 이 글에서 조디 딘은 의미작용상의 스트레스로 표현되는 사회적 형성물의 '간극'이 사회 여건을 개선할 '실행의 실패'와 관련됨에 주목한다.]

우리를 이러한 간극에서 멀찍이 떼어놓는다.[19] 새로운 오락물, 요지부동의 걱정거리, 쌓여가는 부채가, [우리의] 실현되지 않은 것 ─ 노동조합과 집합적 투쟁의 실현되지 않은 잠재성, 거부巨富를 찬미하는 문화의 왜곡으로 실현되지 않은 평등의 요구, 빈곤을 바로잡고 위험과 보상을 재분배하는 과정에서 실현되지 않은 집합적 연대의 성취 ─ 의 위력적 효과를 삼켜버리려 시도하면서, 직접적인 것들과 눈앞에 닥친 것들로나 향하도록 우리의 주목을 빼앗는다. 따라서 이 책 초반부 두 장은 샌트너가 의미작용상의 스트레스로서 이론화한 간극·균열·결여를 다루되, 이른바 공산주의의 실패와 패배라는 것으로 짜인 여건 속에서[조차도] 분실된 공산주의는 저 자신을 감촉되게 만든다는 관점에서 그렇게 한다.

공산주의라는 표찰을 붙여 제시한 특징 중 셋째와 넷째는 실정적이다(현실화되지 않은 것이거나 부재하는 것이 가진 위력으로 나타나는 게 아니다). 다시 말해, 공통의 정치활동 및 공통의 경제활동 중에 있는 인민이 제시된다는 것이다. 이 특징들을 다루는 장에서 나는 오늘날

---

19   [옮긴이] "소통 자본주의"는 조디 딘이 사용하는 술어로서, 통신기술의 발달을 통해 소통 행위 및 소통의 결과물까지 전유하는 당대 자본주의의 성격을 표현하기 위한 말이다. 이후로 "communication"은 우리가 흔히 '통신'으로 이해하지만 이 단어가 집합성(collectivity)의 근간을 이루는 소통 행위를 표현하기 위한 말이며, 또한 '통신'이라는 현대의 기술적 산물보다 훨씬 이전부터 사회적 모둠(ensemble)으로서 인간의 기본적 행위를 표현하기 위한 말이라는 점에서, 이 책에서는 기술상의 '통신'을 지칭할 법한 경우에도 통일해서 '소통'이라고 표현하도록 하겠다. 그러므로 이후에 '소통 기업'이나 '소통 네트워크'라는 표현이 등장할 경우, 이것이 "통신 기업"이나 "통신 네트워크"로 우리가 알고 있는 말이라는 점을 기억해주기를 바란다.

의 계급투쟁 문제를 붙들고 늘어질 것이다. 네그리와 하트는 "소통 communication이 자본주의적 생산 형식이며, 이런 생산 형식 속에서 자본은 사회를 자본 체제에 전적으로 또한 전지구적으로 복종시키는 데 성공해왔다"라고 주장한다(나는 생산에서 소통이 이처럼 증폭된 역할을 맡게 된 것을 보여주기 위해 "소통 자본주의"라는 용어를 쓴다). 네그리와 하트의 주장이 맞는다면 (나는 그렇다고 생각하는데) 계급투쟁을 이해한다고 무슨 반향이 있을까? 계속해서 프롤레타리아트를 강조하는 일이 의미가 있나? 사람들이 "프롤레타리아트"라는 말로 염두에 둔 것이 경험적 사회계급이라면, 그와 같은 식의 강조는 말이 안 된다고 나는 주장할 것이다. 더 쓸모 있는 생각은 착취, 강탈, 비참의 과정으로서의 프롤레타리아화proletarianization라는 생각이다. 프롤레타리아가 만들어지는 과정은 거부巨富를 생산하며, 이 특권 계급은 나머지 우리를 뜯어먹고 산다.[20] 나는, 공산주의 주체의 일부 명칭 ─ 프롤레타리아트proletariat, 다중multitude, 몫이 없는 몫part-of-no-part ─ 에 대한 대안으로서, 분할적·분열적 위력으로서의 인민을 뜻하는 "나머지 우리로서 인민the people as the rest of us"이라는 관념을 제시한다.

  인민이 분할되는 방식, 또는 인민의 불일치가 변화되고 [그 권한을] 인정받는 방식은 정치의 일이다. 정치적 조직은 저 나름대로 분할

---

20   [옮긴이] 마르크스가 『자본』 제1권에서 언급한 "시초 축적"의 핵심 과정은 곧 근대적 프롤레타리아트의 탄생과 직접 관련된다. 신용을 통해 선대(先貸) 자본을 마련하는 일은 쉽다. 그러나 생산수단으로부터 자유로운 프롤레타리아트를 만들어내기 위해서는 폭력을 사용하지 않을 수 없다.

을 해석하고 지도함으로써 분할에 반응한다. 따라서 나는 이 책을 공산주의 정당의 문제에 관여함으로써 마칠 것이다. 바디우는 공산주의를 혁명적인 보편적 평등주의를 가리키는 이름으로 복구하기를 활발하게 요청하지만, 그가 고집스레 역설하는 공산주의는 정당과 국가라는 "케케묵은" 형식으로부터 절연된 공산주의다. 네그리와 하트 역시 정당과 국가를 거부한다. **"공산주의자가 된다는 것은 국가에 반대함을 의미한다."**[21] 대신에 이들은 욕망의 편성적 힘power과 다중의 정동적이고 창조적인 생산성을 강조하며, 이러한 것들이 자본주의를 지탱하면서도 상회하는 공산주의임을 부각한다. 내 시각은 다르다. 나는 정당이라는 조직된 형식이 없는 정치는 정치 없는 정치라는 보스틸스와 지젝의 입장에 동의한다.

당대에 우리가 처한 여건 가운데서 공산주의 정당의 개념을 마련하는 일은 지속되는 기획이며, 지속되는 기획이어야만 한다. "정당은", 보스틸스가 주장하듯, 역사적 철칙을 실현하기 위한 도구를 가리키는 것이 아니라 "예견할 수 없는 여러 정황의 한가운데서 사건들에 대한 충실성을 유연하게 조직하는 작업에 붙이는 이름"이다.[22] 여기서 나는 복잡성 이론의 용어들을 한번 이용해보고 싶다. 요컨대, 정당은 복잡하고 적응성을 띤 체계이며, 정당의 목적the end은 프롤레타리아혁

---

21   Antonio Negri, "Communism: Some Thoughts on the Concept and Practice", *The Idea of Communism*, ed. Costas Douzinas, Slavoj Žižek, London: Verso, 2010, 158.

22   Bosteels, *The Actuality of Communism*, 243.

명이다. 다시 말해, 그 목적은 착취하고 몰수하면서 **프롤레타리아화를 낳는** 자본주의 체제를 파괴하는 일에, 또한 각자의 자유로운 발전이 만인의 자유로운 발전과 양립가능한 생산양식 및 분배양식을 창조하는 일에 있다. 우리는 아직 공산주의 정당을 어떻게 건설할지 알지 못한다―이는 부분적으로 우리가 그에 관해 사고하기를 멈추었기 때문이며, 대신에 우리는 덧없이 흘러가는 사안들에, 클릭 한 번의 손쉬운 네트워크화한 정치에, 우리의 개별적 활동이 융합되어 창조 및 공유의 포스트자본주의적 다수성plurality을 이룰 수도 있다는 착각에 자리를 내주었다. 하지만 우리는 집합성을 향한 집합적 욕망을 견줘보고, 지켜내며, 함양할 수 있는 투쟁 양식을 찾을 필요가 있음을 안다. 그리고 우리는 우리가 과거로부터 배울 수 있으며, 현재 진행 중인 조직 형성상의 여러 실험으로부터 배우는 중임을 안다. 따라서 나는 점유가 어떻게 해서 그와 같은 조직 형식 즉 자본주의와 인민 사이 양립불가능성에 대한 정치 형식인지를 혹은 이러한 형식으로 생성 중인지를 고찰함으로써 결론을 마련할 것이다.

공산주의의 지평은 오래간만에 훌쩍 가까워 보인다. 자본주의가 문제없이 작동한다는 착각은 온갖 양상의 경제적·재정적 재앙으로 인해 산산이 부서져왔다―그리고 우리는 지금 곳곳에서 이런 재앙을 목도한다. 민주주의가 경제정의를 위해 위력을 행사한다는 판타지는, 은행들의 적자를 모면하기 위해 미국 정부가 은행에 수조 달러를 쏟아 붓고 유럽 중앙은행들이 각국 중앙정부들에 농간을 부리고 사회 프로그램을 중단하면서, 녹아 없어져 버렸다. 우리의 욕망의 시선을 공산주의의 지평에다 둠으로써, 우리는 이제 우리가 이미 공통으로 만들고 있는 집합으로서의 세계를 빚어내는 작업에 착수할 수 있게 되었다.

제1장

우리의 소비에트

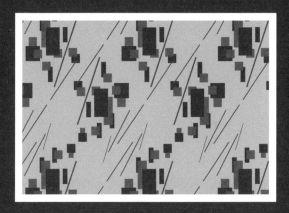

미국인들에게 가장 관례적인 공산주의의 지시대상은 소비에트 연방이다. 공산주의의 역사적·이론적 다양성multiplicity은 40여 년간의 냉전에 곧 미합중국의 정책 방향과 정체성, 염원과 두려움을 빚어낸 전쟁에 제자리를 빼앗기고는 [유일한] 하나의 것으로 응축된다—USSR[소비에트사회주의공화국연방].[1] 시간이 흘러 변화가 생기고, 정당과 운동의 국제적 분포를 아우르고, 혹은 미국에서 공산주의 활동이 인정되고 있을지언정 공산주의는 [그저] 하나이고, 이 하나는 USSR로 딱 고정되어 있다.

그렇지만 이 지시대상을 명백하게 하려다 보면 일은 복잡해진다. USSR은 결코 고정적이지도 않았거니와 하나이지도 않았다. 냉전의 이항대립이 USSR에 부과한 통일성은 틀린 것이고, 소비에트연방과 미국이 현실에서 맺었던 역사적 관계에 의해 그 토대가 무너지는 것이다. 그 역사적 관계는 공산주의가 미국의 자기동일성을 이루는 지반이 되는 한 공산주의를 USSR과 손쉽게 등치관계에 놓는 일

---

1   수전 벅모스는 냉전의 논리가 이미 제1차 세계대전 말기에 어떤 식으로 자리 잡았는지를 보여준다. 다음을 보라. Susan Buck-Moss *Dreamworld and Catastrophe*, Cambridge, MA: MIT Press, 2000.

을 훼방 놓는다. 저 두 체제[USSR과 미국]는, 때로는 동맹으로서 때로는 적으로서, 서로 깊숙이 접속되어 있었다. 둘은 서로가 상대편 체제에 자기 체제를 바라보고 평가할 입지점을 제공한다는 점에서 상징적으로 동일한 것이었다. 각 체제는 상대편에 자기 체제의 실패와 잠재성을 떠올리게 했다. 상대편 체제의 입지점에서 자기 체제를 바라봄으로써, 두 체제는 상대편 체제를 자기 체제 이해의 구성요소로 만들었다.

소비에트의 눈으로 자기 체제를 상상해볼 적에, 미국은 절대 충분히 평등해 보이지 않았다. 소비에트 체제 집합적 소유의 기획 및 평등의 천명에 대항해 안도할 적에, [미국 체제의] 분리정책, 짐크로법,[2] 가혹한 빈곤은 더더욱 수치스러워 보였다. 우리의 제일 큰 맞수는 자기네 시민들의 힘으로 우리가 우리 시민들의 힘으로 해나가는 것보다 더 낫게 잘해나가는 것 같았다. 그렇기에 시민권과 사회복지를 진전시키려는 충동의 핵심 열쇠는 USSR과 견주어 나빠 보이지 않으려는 미국 정부의 욕망에서 유래하는 것이었다.

미국은 소비 물품을 평등의 표지로 취급하는데, 이 뒤틀린 처방 역시 그 동일한 구조에서 비롯하는 결과였다 — 자본주의의 과잉은 민주주의의 이름으로 정당화되는 것에 그치는 게 아니라 나아가 바

---

2   [옮긴이] Jim Crow Law. 1876년에서 1965년까지 모든 공공기관에서 흑인과 백인을 분리하는 일을 합법적으로 승인했던 미국 주의 법률. '짐 크로'는 19세기 초 미국에서 인기를 얻었던 광대극 가무의 제목이자 그 노래 내용의 주인공 이름이다. 백인 유랑가수가 피부를 검게 분장하고 요란스레 춤추며 부르는 이 레퍼토리의 인기로 인해 이래로 짐 크로는 '흑인'을 대표하는 이름이 되었다.

로 민주주의를 정의하는 것이 되기에 이르렀다. 벅모스는 광고주들이 권장했고 미국 정부가 지지했던 "재화들의 민주주의Democracy of Goods라는 우화"를 구체적으로 설명한다. 그녀가 쓰기를, "미국 정부는 무제한의 소비 팽창에 전념하겠다는 정부의 이데올로기적 약속에 자본가 계급을 합류시켰다. 소비 스타일의 유사성은 사회적 평등의 동의어로 간주되기에 이르렀으며 평등의 결여에 대한 보상 수준을 넘어서게 되었다. 민주주의는 소비 선택의 자유**였다.** [이 규정과] 다른 식의 제안은 미국적이지 않은 것이었다."[3] 누가 소비 재화와 민주주의 사이 결합을 지지했는가? 미국인들은 아니었다. 미합중국-미국인들은 오랫동안 민주주의보다도 개인적 자유를 더 가치 있게 여겨왔다. 우리는 자본주의적 민주주의에 속한 불평등과 부적절함에 대한 모종의 보상이 필요하다고 생각하지 않았다. 소비 재화는 이데올로기적 지반이 없어도 그 자체로 충분히 멋지고 유쾌할 뿐만 아니라 민주주의라는 보충물을 필요로 하지도 않는다. 소비 재화를 평등의 표지 및 민주주의의 지침으로 취급하는 처방은 소비에트라는 상대편을 위한 것이었고, 미국은 이 상대편의 심판하는 눈길 앞에서 자기 자신을 상상했다.

어느 쪽 시민의 형편이 더 나았나? USSR에 대한 상징적 동일시는 미국으로 하여금 평등이라는 관점에서 이런 질문을 고찰하도록 했다. 평등을 두고 피어오른 불안은 공산주의의 나태와 사적 소유의 결여, 소비에트 생활방식의 참을 수 없는 획일성, 텅 빈 상점 진열대와

---

3   같은 책, 204.

끝없는 대기 줄에 대한 미국식 조롱에 생명을 불어넣었다. 미국은 [자기 체제의] 극소수의 부를 부각함으로써 시민 다수의 빈곤을 알아채기 어렵게 흐려놓았다. 이와 동시에 미국은 한 사회로서의 얄팍함에 대한 저 자신의 관심과, 소비지상주의와 사적인 삶이 원대한 투쟁 및 이상을 대신하게 두는 저 자신의 경향을 외면하려 했다. 소비에트의 시야에서 저 자신을 지켜보았을 때, 미국은 저 자신이 결여되어 있으며, 공산주의가 소비에트 시민들에게 보장했던 것을 자신의 시민들에게 보장하는 데 실패했음을 알아챘다.

(소비에트가 상상했던) 미국의 시야에서 [소비에트가 저 자신을 볼 때] 공산주의 성공의 척도는 생산성에 좌우되었다. 누가 저 전적인 중공업에 찬성했던가? 그것은 대체 어떤 시선 앞에서 상상되었나? 어려움을 겪던 소비에트 인민은 분명 아니다. 외려 저 시선은 미국인의 것이다. 소비에트의 목표가 서구를 "따라잡고 극복하자"는 것이었음을 상기하기만 하면 된다. 벅모스는, 초월적 생산자über-producer인 미국과 상징적 동일시가 이루어짐으로써 생겨난 생산성이라는 판타지가 어떻게 해서 소비에트의 정치·경제뿐만이 아닌 예술·문화까지도 구조화했는지를 지적한다. 시인과 예술가는 기계장치를 찬미했다. 영화와 소설은 철강 생산과 공장 건설에 바쳐졌다. 소비에트연방이 "경제 근대화를 정의하면서 자본주의적 중공업"을 받아들였다는 바로 그 이유로 인해, 사회주의는 경제 발전에서 몹시 한정적인 자본주의 모델에 계속 사로잡혀 있었다. 소비에트는 미국식 자본주의를 재구축하지 않았다. 소비에트는 이를 예찬했다. (확실히 몇몇 소비에트에서는 헨리 포드

Henry Ford야말로 성자로 받들 법한 존재였다).[4]

　　미국과 USSR 사이 (상호 간) 상징적 동일시는 자기들이 누구이며 무엇인지에 대한 그들의 감각을 민주주의가 상품 소비로 변이될 수 있고 생산이 즉자대자적 유토피아가 될 정도까지 빚어낸다. 미국의 현실에서 계급 분할과 인종 분할뿐만 아니라 USSR의 현실에서 민족 ethnicity 분할과 특권 분할 역시 서로를 탄복시킨 생산성의 이상 및 평등의 이상에 의해 종종 감춰질 수 있었다. 미국은 공평하지 않을지도 모르지만 생산적이다. USSR은 생산적이지 않았을지도 모르지만 공평했다. 두 체제는 상대편의 시선 앞에서 저 자신을 상상함으로써 통일성의 판타지 곧 각자 상대편 이데올로기에 대한 동일시를 탄압하는 일에 의지했던 판타지들을 ―얼마 동안은― 보장했다.

　　우리가 공산주의의 지시대상에 대해 질문하고 식별해보려고 할 때에, 착잡한 문제로 떠오르는 것이 미국의 자기이해 속에 있는 공산주의의 장소만은 아니다. 냉전 시기 공산주의에 대한 통합적 상상 imaginary이 억누르고자 하는 정당 사이, 장소 사이, 당파 사이, 시간대 사이 차이가 [이제] 거꾸로 소비에트 공산주의 역사 속에 새어들기 시작하기도 한다. 예를 들어 소비에트연방은, 그 지배 정당이 자기네를 공산주의 정당이라고 칭하기는 했지만, 공산주의를 성취했다고 주장한 적이 없었다. 소비에트연방의 공산당the Communist Party도 시간이 지나면서, 여느 정당이나 정치 체제에서 그렇듯, 가장 급격하게는 혁명

4　같은 책, 110.

정당에서 통치 관료 정당으로 옮아가면서 변했다. 통치체의 역할로서 보자면 공산당은 무엇보다 큰 변화를 겪었다. 이들 변화는 어떤 때는 폭력적이고, 어떤 때는 점진적이었으며, 자주는 당원 자신들의 목숨을 그 대가로 지불하기도 했다.[5] 이 당이 정치 정당이었고 소비에트 역사 대부분에서 유일하게 인정받은 정당이었다는 점에서, 이전 소비에트연방의 공산당은 예술, 문학, 과학에서부터 경제 발전, 대외 정책, 다양한 공화국 간 내적 관계 문제에 이르기까지 수다한 사안을 두고 벌어진 투쟁과 불화의 중심지였다. 통일된 전선을 드러내고, 공산당 내부에 현존하는 불화를 얕잡아 보는 노력들이 있었던 것은 확실하다. 하지만 이런 노력들은 표면상의 가벼운 차이들을 증폭하는 심각한 결과를 낳았다. 그리하여 사소한 일탈이 심오한 충돌의 신호가 되었다. 소비에트의 시민들, 동맹들, 마찬가지로 적들도 정치 방향의 중대 전환을 "터놓고 하는" 의견교환과 "동무다운" 의견교환의 구별에서 식별하는 법을 배우게 되었다. 줄여 말해, 소비에트연방은 별반 공산주의의 안정적 지시대상이 아니다.

미합중국 사람들은 이 같은 점에 대해 그다지 신경 쓰지 않는다.

미합중국 사람들이 요동치는 지시대상을 두고 피어오르는 불안으로부터 보호받는 방법은 고유명사 "스탈린"을 동반하는 (판타지 속

---

5   [옮긴이] 소비에트공산당은 정식 명칭을 "러시아공산당"(1918) → "전연방공산당"(1925) → "소비에트연방공산당"(1952)으로 바꿨다. 일반적인 공산주의정당(communist party)과 구별하기 위해 여기에서는 러시아혁명 이후 볼셰비키가 주축이 되어 창건한 소비에트 정당을 "공산당"이라고 옮겼다.

의) 안정성을 통해서다. "스탈린적"은, 소비에트 역사에 대한 비판적 조사의 유산이라기보다는 냉전의 유산으로, 소비에트 당국가 관료제에서 권력을 독점하고 강화하는 관습에 그 표찰을 붙인다. 소비에트연방으로서 공산주의가 — [공간적으로는] 중국에서 출발해 유고슬라비아를 거쳐 쿠바와 네팔에, 미국, 영국, 유럽에 이르고, 또한 [질적으로는] 의회주의 국가 형태 내부에서 다른 정당들과 공존하는 경우에서 시작해 다양한 수준의 명칭과 다양한 합법성 아래에서 활동 중인 혁명 투사들에게 이르는 — 광범위한 여타의 공산주의에 그림자를 뒤덮듯, 마찬가지로 스탈린주의로서 소비에트연방 역시 소비에트연방에서 스탈린-이후 발전 특히 현대화(매우 성공적인 우주탐사 계획을 포함해서)와 전반적 생활수준 개선의 성공과 관련한 발전에 그늘을 드리운다. 타리크 알리는 소비에트 반정부 인사 조레스 메드베데프Zhores Medvedev의 1979년 저술을 인용한다. "실업은 없고, 반대로 노동 공급이 부족하다 — 이는 노동자에게 훨씬 다양한 직업 선택지를 만들어준다. 평균적 노동자 가정은 자기들의 즉각적인 물질적 욕구를 손쉽게 충족할 수 있다. 곧 이들에게는 주거용 아파트, 안정적 고용, 아이들 교육, 의료보호 등이 제공된다. 필수 재화들 — 빵, 우유, 고기, 생선, 임대료 — 의 가격은 1964년 이래로 변하지 않았다. 텔레비전이나 라디오 및 그 밖의 내구재에 들어가는 비용은 (이전의 과도하게 높은 수준에서) 실질적으로 줄어들었다."[6] 미국은 소비에트연방을 이런 식으로 보지

---

6   Tariq Ali, *The Idea of Communism*, London: Seagull Books, 2009, 81-82.

않았고 지금도 이렇게 이해하지 않는다. 미국은 냉전에 시야가 막힌 채 회색빛 억압의 정적인 이미지에 붙들려 있을 뿐이다.

공산주의 = 소비에트 = 스탈린주의를 배경 삼아, 공산주의 붕괴를 둘러싸고 서로 맞물린 두 이야기가 두드러진다. 첫 번째 이야기는 공산주의가 제 무게를 못 이겨 붕괴했다는 것이다. 공산주의는 너무 비효율적이고, 인민은 몹시 비참하며, 생활은 그토록 침체해, 그 결과 체제가 끼익 소리를 내며 멈춰 서기에 이르렀다는 이야기다. 공산주의는 실패했다. 이 실패 이야기는 스탈린주의와 연결 고리를 이루어 기근·숙청·테러에 관한 내용을 주요 장으로 삼는다. 이 이야기 역시, 대부분의 이데올로기 구성처럼, 그다지 일관성 있지 않다. 스탈린 시기에는 미국과 USSR이 동맹이기도 했다는 사실을 빠뜨리는 것이다. 그 시대는 소비에트연방의 부정의injustice와 위법illegitimacy을 가장 전형적으로 나타냄과 더불어 USSR이 실패한 국가라기보다는 강인한 국가로 현시된 시기였으며, 당시 미국은 역사상 그 어느 때보다도 USSR 체제와 밀접했다. 공산주의 붕괴에 대한 두 번째 이야기는, [앞 이야기와] 관련되어, 바로 공산주의가 패배했다는 것이다. 우리는 저들을 때려 눕혔다. 우리가 이겼다. 자본주의와 자유주의적 민주주의는 (두 어휘 중간에서 '와'라는 접속사는 생략할 필요가 있는데) 세계사의 단계에서 월등한 우위를 보여주었다. 자유가 폭군정에 맞서 개가를 올렸다. 이 승리의 세부사항은 명백히 부정할 수 없는 사실에 비하자면 별반 중요하지 않다. 어찌 되었건, 소비에트연방은 이제 없다.

***

공산주의–소비에트연방–스탈린주의–붕괴로 엮인 사슬은, 공산주의적 대안을 억압하려는 자유주의, 민주주의, 자본주의, 보수주의 시도의 특징으로서 역사에 대한 호소에 필요할 기본 지침을 설정한다. 계급투쟁, 프롤레타리아혁명, 생산수단의 집합적 소유, 부르주아 민주주의 국가 타격을 정치 이론으로부터 배제하는 상황을 두고 여러 도전이 있어왔는데, 이러한 도전들에 응답해 저들은 역사를 자기들의 근거이자 증거로 들이댄다. 역사는 공산주의의 기획이 막다른 지경에 처했음을 보인다. 하지만 알랭 바디우가 우리에게 상기시키듯, "역사를 정치로 착각하는 일 다시 말해 대상적인 것을 주체적인 것으로 간주하는 일은, 기저에서는 언제나 힘센 자들의 이익을 위해서다."[7] 그렇다면 이렇게 역사를 호출하는 일의 두드러진 특색은 어떤 것들일까?

["공산주의적 대안을 억압하기 위해 호출되는 역사의 특색] 첫 번째는 객관성[의 과잉 강조]이다. 중립적이고 편향 없는 조사의 산물로서, 공산주의의 역사는 그 역사를 이루는 정치 및 투쟁들로부터 동떨어진 것으로 만들어진다. 그것["공산주의의 역사"]이 마치 사실들을 모아놓은 것이자, 구글로 검색해서 접근해야 할 정보에 불과한 듯이 말이다. 사실들이란 해석에는 영향을 받지 않고, 논쟁은 불가능한, 명시할 수 있는 지점이거나 대상이다.

---

[7]   Alain Badiou, *Theory of the Subject*, trans. Bruno Bosteels, London: Continuum, 2009, 44.

잠깐이나마 사실들의 가능성을 수용해, 그와 같은 사실들이 이전의 공산주의 투쟁에서 배울 우리의 자질에 결정적이라는 점에 동의해보자. 우리는 어디서 그 사실들을 찾을 건가? 마이클 E. 브라운과 랜디 마틴이 설득력 있게 주장하는 바는, 공산주의, 사회주의, 혹은 소비에트연방에 관해 믿을 만하게 확립된 역사 서술 문헌이 아직은 없다는 것이다. 우리가 아는 역사 대부분은 패권적 반공산주의라는 맥락에서 생산되었다.[8] 브라운과 마틴은, 소비에트연방에 관한 학술 연구에 포함된 방법론과 개념상의 결함이 다른 학술 분야에서 나타났다면 큰 추문거리가 되었을 것이라고 지적한다. 해당 [학술] 분야가 대체로는 대외 정책 수립을 위한 프로파간다 기구였기에, 그 결함들은 어쨌든 심각하지 않아 보였다. 이렇게 된 결과, 예를 들어 소비에트 체제의 어떤 면모들이 체제에 내재적이었고 어떤 면모들이 외부의 압력에서 비롯했는지 말하는 일은 여전히 불가능하다. 또 다른 예로, 소비에트연방은 과연 완전히 달리 구별되고 독특한 국가 형태였는지 아니면 소비에트연방이 공산주의를 보다 넓게 보아 전체주의의 한 부분집합으로 만들어버리는 속성을 미국이나 나치 독일과 공유했는지는 지금도 확실히 말할 수가 없다. 요약하자면, 사방에 침투한 반공산주의의 효과는 소비에트연방이 사멸한 후에도 계속 살아남아 있다. 브라운과 마틴은 다음과 같이 쓴다. "냉전기 공산주의의 도상은

---

8   진지하고 중요한 작업이 없다고 말하려는 뜻은 아니다. 가장 인상적인 작업 중 하나는 라스 T. 리의 『레닌 재발견』이다. Lars T. Lih, *Lenin Rediscovered*, Chicago, IL: Haymarket Books, 2008.

이제 부정적 이상형ideal type이다. 이에 반해 절대적으로 이상화된 자본주의 시장은 현실적인 것으로 받아들여질뿐더러 보편적 인류 조직체organization의 유일하게 지속가능한 패러다임으로 간주되기도 한다."[9] 공산주의-소비에트연합-스탈린주의-붕괴로 엮인 사슬을 재료 삼아 제도로서 편성된 역사의 호출은 냉전기의 이항대립을 거듭 강화할 뿐이지 생산자들로 조직된 사회가 직면하는 여러 도전에 초점을 맞추지 않는다.

공산주의적 대안을 억압하기 위해 호출되는 역사의 두 번째 특색은 그 연속성과 확정성이다. 공산주의를 자본주의 위기의 해결책으로 제시하는 적수에 직면할 때 역사의 호출자는, 마치 우발성으로부터 혁명이 방어되기라도 하듯, 필연적 절차를 상정한다. 그는 하나의 사실, 독특하고 구별되는 대상에서 시작해 일련의 결과 및 효과를 지어 올린다. 이러한 결과 및 효과들은 필연적이고 피할 도리가 없다. 즉 **레닌이 있다면 스탈린이 따라오고, 혁명이 있다면 굴라크gulag가 따라오며, 정당이 있다면 숙청이 따라온다.**[10] 몇몇이 학술 분야에 횡행한 결함과 딜레마를 인지하는 그 순간에도, 역사에 호소하는 사람들은 특정한 사실 및 계기들에 초점을 맞춘다. 이는 아마도 그들이 (프랑스나 이탈리아의 경우처럼) 의회제의 맥락 속에서 활동하는 특정 공산주의 정

9   Michael E. Brown, Randy Martin, "Left Futures," Michael E. Brown, *The Historiography of Communism*, Philadelphia, PA: Temple University Press, 2009, 177.

10   [옮긴이] 굴라크는 옛소련의 교정(矯正)노동수용소관리국(Glavnoye Upravleniye Ispravitelno-Trudovykh)을 말한다.

당들이 만든 타협안으로부터 배신당한 경험에서, 마치 그런 특정한 사실 및 계기들이 그 자체로 피해갈 수 없는 일련의 효과를 가리키는 표시인 듯이, 그렇게 하는 것일 터다. 한번 일어났던 일이라면 다시 일어날 것이고, 그에 관해 우리가 할 수 있는 건 없다. 이런 입장의 이상한 점은 공산주의가 그 결정 자질에서 독특한 것이 되고, 우발성을 제거할 수 있을뿐더러 특이한 벡터를 따라 행동을 이끌 수 있는 단 하나의 정치적 맞춤arrangement이 된다는 사실이다. 공산주의는 생산, 투쟁, 경험의 동역학에서 예외로 된다. 공산주의는 투쟁적 주체의 정치 대신에 다시금 상상의 대상, 만고불변의 대상이 되는데, 이 경우 공산주의는 정해진 종말이 있는 선형적 과정을 갖는다.

결과적으로, 역사는 자신의 역사성을 잃는다. 이것이 바로 공산주의적 대안을 억압하기 위해 호출되는 역사의 세 번째 특색이다. 이런 형태에서, 역사는 일종의 구조이자 상수常數로 작용하고, 이와 같이 기능하는 역사는 변화할 능력이 없으며 여기에 "외부의" 위력은 뚫고 들어갈 수 없다. 따라서 그 모든 특수한 계기는 이 본질적 전체essential whole가 담긴 그릇이다―레닌주의 정당, 스탈린식 공개재판, KGB, [전임 흐루쇼프의 해빙thaw, оттепель 이후] 브레즈네프 시대의 침체stagnation [застоя]가 그렇다. 이것들 각각은 공산주의의 오류의 사례로서 다른 것들과 바꿔놓을 수 있는데, 공산주의가 불변하기 때문이다. 역사적 공산주의는, 자본주의의 영구적 혁명과는 대조적으로, 어쩔 도리 없이 정지된 것으로 나타난다. 역사에 대한 호소는 이처럼 어찌할 도리가 없고, 불변적이고, 일정하고, 변치 않는 공산주의를 상정함으로써만, 특이한 한 가지 경우를 실패와 위험의 공산주의적 경험의 치명적 사례로 바꿔낼 수 있다. 그리고 그렇게 해서, 자본주의의 자기비판으로서 공산주의뿐 아니라 자본주의의 거울상, 동맹, 적수, 대타자Other로서 공산주의 또한 삭제함으로써 그것["역사에 대한 호소"]은 자신이 호소하는 바로 그 역사로부터 공산주의를 절연한다.

그러니, 역사에 대한 자유주의적, 민주주의적, 자본주의적, 보수주의적 호소의 감춰진 진실이 여기에 있다. 그 의도는 조사를 격려하거나 새로운 학술 탐구를 불러일으키는 데 있지 않다. 외려, 그 의도는 자본주의와 민주주의야말로 가능한 최선의 경제적·정치적 맞춤이라는 판타지를 보존하는 데 있다. 이렇게 역사성 없는 역사는, 자본주의 내부의 계급투쟁으로서 공산주의의 역사, 자본주의가 불러일으키는 비판과 혁명으로서 공산주의의 역사로부터 공산주의를 적출함으로써, 대안 없는 자본주의 안에 공산주의가 효과적으로 재설치해 놓은 필연성을 이유로 삼아 공산주의를 조롱한다.

변화에 면역인 듯한 역사에 호소함으로써 공산주의의 귀환을 좌절시키려는 시도가 낳는 역설적 효과에는 항구적 공산주의의 상정만 있는 게 아니다. 공산주의의 귀환에서 최전선에 서 있는 몇몇 사람도 마찬가지로 역사를 초월하는 공산주의라는 수단에 기댄다. 바디우는 역사를 국가의 관리영역purview으로 취급하되 공산주의는 영원한 정치 이념idea으로 간주한다. 브루노 보스틸스는 그와 같은 응수의 전술상 이득을 인정한다. "사실史實에 근거하라는 끊임없는 요구가 정치를 배제하는 효과를 낳는다는 점을 고려한다면, 이런 요청이 세계사의 법정 따위의 형상을 불러내는 더욱 몹쓸 효과를 낳는다는 점은 논외로 하더라도, 역사가 그것 자체로는 저 자신이 예전에 가졌던 해방을 위한 힘을 이제 갖고 있지 않다고 주장할 수야 있겠다."[11] 그럼에도, 보스틸스는 전술적 비역사주의ahistoricism가 역사에 대한 새로운 글쓰기와도, 공산주의가 거명하는 광범위한 투쟁과 운동들을 상기시키는 민중 반역의 새로운 역사와도 변증법적으로 결합되어야 한다고 역설한다. 보스틸스는, 공산주의의 피난처를 철학적 이데아Idea에서 구하는 바디우에게 가담하기보다, 과거의 실패를 실체화해 정당과 국가의 이론화, 조직, 점유를 막는 영구적 방벽처럼 만들어버리지 않는 공산주의 정치의 현실성을 견지한다.

역사에 호소하는 일에 대한 최선의 응답은 공산주의-소비에트연방-스탈린주의-붕괴로 엮인 사슬을 깨뜨리는 것이고, 각양각색으로 풍부한 운동과 투쟁으로부터 새것을 만들어내는 것이다. 이는 용기, 반란revolt, 연대로 이루어진 역사다. 이는 또한 공산주의의 현재에 마련되어 있다. 만약 소비에트연방의 종말이 공산주의의 종말과 같다면, 1991년이 소비에트 실험의 정당성을 자본주의적, 자유주의적, 민주주의적 현재와 갈라놓는 시간적 지평을 표시한다면, 공산주의는 흘러간 과거일 것이다―비잔틴제국과 다를 바 없을 것이다. 특수한 당국가의 형태로서, 공산주의는 분석되고 연구되어야 할 유물일 것이

11   Bruno Bosteels, *The Actuality of Communism*, London: Verso, 2011, 277.

다. 공산주의에 숨을 불어넣었던 것, 공산주의를 현실로 만들었던 것은 그 무엇이건 간에 사라진 것일 테다. 공산주의는 사장된 정치 언어일 것이다.

그러나 공산주의는 끈질기게 지속 중이다. 그것은 특히 전지구적 혁명과 신자유주의의 위기라는 우리의 현재 여건 속에서 살아 있는 현존 혹은 가능성으로서 종종 일깨워진다.

제2장

현존하는 위력

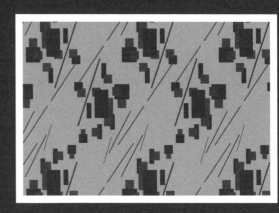

소비에트연방이 공산주의의 지시대상이라면, 공산주의는 특정한 정치적-경제적 맞춤을 기술하는 말로 생각된다. 형용사로 쓰인 "공산주의적"은 정당이자/이나 국가를 나타내는 명사를 한정한다. 21세기에는, 러시아, 폴란드, 헝가리, 체코, [그 밖에도] 이전의 소비에트 블록 국가들이 "새로운 자본주의" 국가라고 지칭되기보다 "소비에트-이후" 국가라고 지칭되곤 한다. 잠시간, 특히 강제 사유화privatization 초기에는 "마피아 자본주의Mafioso capitalism"라는 용어를 흔히 들었다. 2000년대 와서 이 용어는 사용되지 않게 되었다. "마피아 자본주의"는 지나치게 정곡을 찌르는 말이어서, 신자유주의의 잔혹하고 극단적이며 승자가 독식하는 자본주의 판본을 지칭하는 말로나 더 어울리지, 국가사회주의로부터 이행하는 동안과 관련되는 일시적 충격요법을 지칭하기에는 맞지 않는다.

다종다양한 단체와 이데올로기 유파가 보기에, 공산주의는 여전히 전지구적인 신자유주의적 자본주의가 수반하는 극단적 불평등, 불안정, 그리고 인종주의적, 국가주의적 자민족중심주의에 대한 대안의 이름이다. 당대 미국에서 "공산주의적"은 오명을 씌우는 데 사용되는 그 형용사적 범위의 특정성을 상회한다. 냉전이 결코 끝난 적 없다고 생각되기도 한다. 어떤 때 공산주의는 사회주의와 섞여든다. 또 어떤 때 공산주의는 파시즘과 결합한다. 그 차이를 아는 미국인은 극히 적은데, 이는 더 나은 일반 교육의 결손에서 비롯되는 것만큼이나 전체주의의 이데올로기 효과에서 비롯되는 것이다.

무엇이 공산주의적인가? 국가보건의료. 환경주의. 페미니즘. 공교육. 단체교섭. 누진과세. 유급휴가. 총기 규제. 월스트리트 점유가 그렇다. 자전거는 공산주의에 이르는 "습관형성약물"이다.[1] 카를 마르크스가 『독일 이데올로기』에서 일깨워낸 "개인의 자기실현이라는 매력적인 전망"을 드러내므로 웹 2.0은 공산주의적이다.[2]

누가 공산주의적인가? 이라크와 아프가니스탄에서 벌어진 미국의 군사침략에 항의하는 사람이라면 누구라도 그렇다. 부시 행정부에 비판적인 사람이라면 누구라도 그렇다. 부자에게 과세하고, 법인세 체계의 틈을 메꾸고, 파생상품 시장을 규제하기를 원하는 사람이라면 누구라도 그렇다. 실업보험, 식품구입권food stamps, 공교육, 공공분야 노동자들의 단체교섭을 지지하는 사람이라면 누구라도 그렇다.

[2012년 현재] 미국 대통령 버락 오바마에게는 공산주의자라는 딱지가 붙어 있다―물론 무슬림, 케냐인, 테러리스트라는 딱지도 붙어 있다. 2010년 1월, 〈새터데이 나이트 라이브〉의 전임 멤버 빅토리아 잭슨Victoria Jackson은 유튜브에 동영상을 하나 올렸다. "백악관에 공

---

1   [옮긴이] 습관형성양물(gateway drug)은 약물 중독의 도입부 역할을 하는 약한 약물을 말한다. 초기약물, 관문약물, 통로약물 등으로도 쓰인다.
2   Andrew Keen, "Web 2.0," *The Weekly Standard*, February 14, 2006, weeklystandard.com.

산주의자가 살고 있다There's a Communist Living in the White House"는 동영상이었다. 4월에 잭슨은 한 티파티 집회에서 그 노래를 불렀고, 집회 참석자들은 "백악관에 공산주의자가 살고 있다"라며 후렴구를 합창했다.[3] 블로그, 토크 라디오talk radio[인터넷에서 오디오 파일을 사용해서 라디오 방송과 같은 것을 시도하는 것], 케이블 뉴스로 이루어진 회로에서 엄청난 규모의 논평이 이어졌고, 그러면서 "공산주의자 대통령communist President"이라는 밈을 퍼뜨렸다.[4] 2년 후 플로리다주 하원의원 앨런 웨스트Allen West는 80명이나 되는 하원의원이 공산주의자라고 우겨댔다 — 의회진보모임의 민주당 의원들을 두고 한 말이었다.[5]

당대의 민주당 사람들이 공산주의자가 아닌 건 너무도 당연하다. 그 대부분은 레이건 시절 정책보다도 우편향적 정책들을 지지한다. 민주당은 전국민 단일 건강보험제 프로그램을 통과시키려는 시도조차 하지 않았다(대신 사람들은 사보험회사를 통해 보험에 가입하도록 요구받았다). 2008년 경제위기에 대한 오바마 행정부의 대응은 금융 분야에

3   [옮긴이] 본래 티파티(Tea Party)는 미국 독립운동 때 보스턴에서 동인도회사의 차를 폐기하면서 했던 저항운동을 가리키는 말이었다. 그러나 지금은 공화당을 지지하는 미국 보수파 중에서도, 미국의 정치적 자유주의 문화까지도 부정하고, 진리는 소수만 알아야 한다고 생각하면서, 국익(더 정확히는 미국 내 권력 엘리트의 이익)을 지키기 위해서는 거짓을 섞은 대중선동도 불사할 수 있다는 생각을 가진 강경 보수 세력의 집단운동을 가리키는 말이 되었다.
4   [옮긴이] 밈(meme)이란, 리처드 도킨스(Richard Dawkins)의 『이기적 유전자(The Selfish Gene)』(1976)에서 유전자(gene)에 상응하는 문화적 유전 전달 요인으로 제시된 개념이다. 일상적으로는 댓글 등을 통해 별 뜻 없이 유행하고 유포되는 이미지나 문구 등을 가리킨다.
5   [옮긴이] 의회진보모임(the Progressive Caucus)은 미국 민주당 소속 진보적 하원의원들의 의회 내 모임을 말한다.

집중되었다(대규모 일자리 정책을 입안할 수 있던 시기였는데도 말이다). 오바마 대통령 자신은 복지국가의 마지막 남은 구성요소들을 삭감할 가능성을 도입했다 — 바로 사회보장, 메디케어, 메디케이드다(이것들은 모두 막대한 수의 서민popular을 위한 사회보장 프로그램이다).[6] 미국 내에 암약하는 공산주의의 위협을 [유령을 불러오듯] 환기하는 일은, 따라서 냉전과 적색공포Red Scare 시기의 언어로 그토록 식상하게 귀환하는 것 같을 수 있고, 이전에 효과적이었던 두려움의 수사법을 향해 보수적으로 후퇴하는 것 같을 수 있다.

하지만 이와 같은 공산주의의 환기에는 그저 낡은 충돌을 먼지더미에서 오랜만에 꺼내보는 일 이상의 무언가가 있다. 공산주의와 사회주의에 손짓하는 것은 타당한데, 이는 시장이 실패한 때문이다. 미국 정부가 긴급구제를 통해 금융 분야를 살려내면서, 국가가 계급권력의 도구로 보이는 것을 부정할 수는 없게 되었다. 물론 국가는 언제나 계급 권력의 도구였다(국가란 바로 이런 것이다). 이뿐 아니라 미국에서 기업 엘리트 및 금융 엘리트는 자기네 이해관심을 보호하기 위해 내내 국가를 이용해왔다(가장 최근에는 노조를 뒤엎고, 세제를 조작하며, 규제를 회피하고, 자기네가 득을 보기 위한 경쟁을 구조화하면서 그렇게 해왔다). 그러나 은행에 대한 긴급지원은 민주주의 국가가 인민에게 봉사하고

---

6   [옮긴이] 메디케어(Medicare) 및 메디케이드(Medicade)는 사회보장법에 근거해서 만들어진 미국의 의료보장제도다. 메디케어는 연방정부의 운영에 따라 65세 이상 노인과 장애인의 의료를 지원하기 위한 제도고, 메디케이드는 주정부 운영에 따라 소득 기준 저소득층을 위해 의료를 지원하기 위한 제도다.

인민을 대표한다는 착각의 잔여물을 모조리 깨뜨려버렸다. 그 일은 정부가 경제에 개입한다는 것과 한쪽 계급 편에서 그렇게 한다는 것을 극적이며 반박불가능한 방식으로 드러내 보였다.

개념적으로 그다음 수순은 쉽다. 또 다른 계급을 위해 국가를 이용하라는 것, 계급을 만들어내는 조건들을 국가를 이용해 파멸시키라는 것이다. 이야말로 프롤레타리아독재의 정의定意이기에, 자유주의자들과 보수주의자들이 공산주의의 위협을 환기하는 것이 전혀 놀랍지 않다. 국가는 경제에서 어떤 역할도 맡지 않는다는 신화는 그 누구도 설득하지 못한다. 긴급지원은 집합적 인민의 공통적 이해관심을 위해 국가를 이용할 가능성과 필요성을 증명했다.

공산주의가 현존하는 위협이 되는 풍토에 한몫하는 또 한 가지는 "공산주의적"이란 단어를 사용하지 않고 그 대신 제거되거나 통제되어야 할 상회하는 원천으로서의 인민에 초점을 맞추는 밈이다. 미국, 영국, 유럽의 보수적 주류 매체는 부채와 경제 위기를 두고 인민을 비난하며, 이에 따라 삭감과 긴축 정책을 유일하게 실행가능한 해결책으로 둔다. 미국에서는 파생상품 시장과 모기지 채권 시장의 붕괴를 가난한 사람들 탓으로 돌린다. 이들이 [저 자신들이] 감당 못 할 저당권 담보 대출을 받았고 그 뒤에 채무를 이행하지 않음으로써 전지구적인 경제적 혼돈 상태를 초래했다는 것이다. 이와 비슷하게, 공공분야 노동자들—교사, 공무원, 경찰, 소방관 같은 사람들—의 고용안정, 연금, 수당, 적정 임금, 단체교섭권에 대한 요구는 [너무 돈이 많이 들어] 감당할 수 없다고 말해진다. 영국에서는 노동계급 [출신] 학생들의 교육받을 권리가 국가의 재정 여건을 넘어선다는 식으로 제시된다. 교육을 받고 싶은 사람이라면 누구나 그에 대해 돈을 지불할 용의가 있어야 한다. 그리스의 이야기는 충분히 일하기를 거절하고 일찍 은퇴하길 원했던 인민에 대한 것이다. 다종다양한 자본주의 정부가 똑같이 이야기한다. 인민의 상회가 문제고 그 해결책은 이들을 혹독히 대해 다시 복종하게끔 만드는 것이다, 라고.

인민에 대한 이런 이야기는 계급 전쟁에서의 일제사격이라는 ─ 다시 말해, 거부들의 도구인 국가가 노동자 인민으로부터 가치를 낱낱이 뽑아내려고 애쓸 때 이용하는 전술이라는─ 그 속내를 지우는 이야기로서, 그 진실은 인민이야말로 정치의 명분cause이자 경제의 명분이라는 사실이다. 유럽의 복지국가와 미국·영국의 케인스주의식 맞춤은 정치적 투쟁의 결과였다. 그것은 노동자 인민의 집합적 권력이 이뤄낸 성취였다. 노동자들은 임금을 위해, 수당을 위해, 연금을 위해, 고용 조건을 통제할 방법을 위해 싸웠다. 노동자들은 30년 넘게 요구했고, 그동안 자본은 지불할 수밖에 없었다. 자본은 스스로를 통제할 수 없었다. 인민은 자본을 규율했다disciplined. [그러나] "우리는 감당할 수 없다"라는 수사, 결손과 삭감이라는 수사, 긴축과 지불불가능한 부채라는 수사, 그 밖의 모든 수사는 자본이 이제 더는 지불하지 않겠다는 뜻을 밝히는 방식이다. 대출을 갚지 않는 일은 빌린 자에게보다는 빌려준 자에게 더 중요한 문제다(이 점은 감춰지는 경향이 있다). 자본은 더 많은 것을 원하고 더 많이 요구하는 중이다─자본은 강탈을 통한 축적을 원하고 요구한다.

인민을 비난하고, 그러면서 이들을 정치적이고 경제적인 명분으로 간주하는 이야기에 추가되는 또 하나의 진실은 인민의 여러 요구를 중심으로 전개된다. 그러나 이 이야기는 자본의 이야기이기 때문에 뒤집히고, 역행한다. 문제는 인민의 여러 요구에 **있긴** 하지만, 우리가 너무 많이 요구해왔다는 뜻에서 그런 건 아니다. 상황은 정반대다. 우리는 너무 적게 요구해왔다. 우리는 충분히 요구하지 않았었다. 우리는 더 많이 덧붙이거나, 거절하거나, 부딪쳐 **빼앗아오지** 않았다. 바로 이 인민들—강인하고, 대규모의, 잡다한motley 인민—이야말로, 부자들과 그들의 정치적 대행자들이 [자신들이] 싸울 대상인 양 이야기하고, 최소한의 도발에도 과잉 위력을 동원해 과녁으로 삼는 사람들이다(이와 같은 사실은 2011년 8월의 런던 폭동이 그토록 선명하게 만들었을뿐더러, 이어진 가을에 미국 도시들에서 점유 중인 사람들을 겨냥해 활용된 최루가스와 고무탄이 드러내 보여주었다). 저들이 두려워하는 대상은 바로 이 인민들—공산주의의 위협—이다.

슬라보예 지젝은 군림하는 이데올로기가 우리로 하여금 급진적[이자 근본적]인radical 변화가 불가능하다고 생각하기를 바란다고 주장한다. 지젝이 말하길, 이런 이데올로기는 자본주의를 지양하는 일이 불가능하다고 우리에게 속삭인다. 우세한 지배 이데올로기는 대안이 없다는 메시지를 영구적으로 되풀이함으로써, "자본주의 사회를 가로질러 찢는 적대의 불가능한−실재the impossible-real를 보이지 않게 만들려고" 시도한다.[7] 지젝이 기술한 내용이 10여 년 쯤 전에는 제대로 작동했을지도 모르지만 더는 그렇지 않다. 21세기 첫 10년의 끝자락에

와서, 이 시기는 중동, 유럽, 영국, 미국을 통틀어 대규모 봉기, 데모, 파업, 점유, 혁명들을 불러일으켰다. 미국에서 주류 매체는 그 구독자와 시청자들에게 급진적 변화가 벌어질 수 있다는 사실을 상기시키며, 우리로 하여금 그런 변화를 두려워하도록 자극한다. 우파는, 중도파까지도, 급진적 변화의 가능성을 주기적으로 환기하며 그런 변화를 공산주의와 연관시킨다.

어째서 공산주의인가? 신자유주의적 국가 정책 및 무모한 금융중심체제financialism 같은 극단적 자본주의가 촉발하는 엄청난 불평등이 가시적이고, 틀림없으며, 전지구적이기 때문이다. 수입income 불평등은 산업화된 국가들에서 최근 30년 넘게 심화되었지만, 특히 칠레·멕시코·터키·미국에서 치명적이다. 이 넷은 수입의 간극이 가장 큰 산업화된 국가다(포르투갈·영국·이탈리아가 이들과 더불어 10개국에 들어간다).[8] 미국의 불평등은 몹시 극단적이어서, 그 지니계수(45)는 독일(30.4)이나 영국(34)보다는 카메룬(44.6)이나 자메이카(45.5)와 비교되게 한다.[9] 자본주의 국가들을 가로질러 찢는 적대는 너무 명백해서 이제 지배 이데올로기의 위력들이 이를 못 보게 만들 수 없다.

7   Slavoj Žižek, "A Permanent Economic Emergency," *New Left Review* 65, July–August 2010, 94.

8   OECD, *Society at a Glance 2011 — OECD Social Indicators*, April 2011, oecd.org.

9   CIA, "Country Comparison: Distribution of Family Income-The Gini Index," *The World Factbook*, cia.gov.

미국은 전형적으로 극심한 불평등과 채무 및 부패를 어딘가 역외에 위치시킨다. 그러나, 심각한 전지구적 경제 불황, 주택 시장 및 모기지 시장 붕괴, 영구적인 비자발적 실업 증가, 은행에 대한 수조 달러 긴급구제, 연방·주·지역 예산 고강도 삭감은 우리가 **제3세계**답다고 생각했던 것을 **우리 세계**의 상황으로 바꿔놓았다. 지젝의 주장과는 반대로, **지금** 미국과 영국에서 자본주의 사회들을 가로질러 찢는 분할은 적어도 1920년 이래 그래왔던 것보다 **더 잘 보이고 더 손에 잡힐 듯한** 것이다. 우리는 더 많은 아이가 최근 역사의 그 어느 때보다도 빈곤 속에서 살아가고 있다는 사실을 알게 된다(2010년 현재 미국에서 20퍼센트의 아이들이 그렇다). 그리고 우리는 최고 거부—상위 1퍼센트—의 부가 극적으로 증가했던 반면에 우리 나머지들의 수입은 정체했거나 하강했다는 사실을 알게 된다. 또한 우리는 은행들이 가구주들에게 강제로 집행한 압류가 이유 없고 불법적인 몰수 행위라는 사실을 알게 된다(은행들은 누가 무엇을 소유하고 있는지 문서로 작성할 수 없고, 따라서 압류 절차를 정당화하는 데 필요한 서류를 갖추지 못한 상태다). 우리는 일시적으로 해고한 노동인구workforce를 다시 고용하는 대신에 현금 뭉치를 쌓아놓고 그 위에 앉아 있는 기업들에 대해 읽고 있다. 신자유주의하에서 이들은 이윤을 생산에 되돌리기보다는 헤프게 만끽한다—제라르 뒤메닐과 도미니크 레비는 이를 "축적거부disaccumulation"의 노골적 전략이라고 부른다.[10]

10   Gérard Duménil, Dominique Lévy, *The Crisis of Neoliberalism*, Cambridge, MA: Harvard

실제로 우리는 중산계급이 근본적으로는 끝장났다는 기사를 읽고 있다. 광고산업계의 주요 잡지인 《애드에이지Ad Age》는 대중부유층의 종말을 선언하는 보도를 냈다.[11] 이 보도는 마치 적대적인 두 큰 계급 사이 충돌이 최근에 모습을 드러낸 것처럼 묘사하면서, 노동계급 수입의 침체와 상층계급 수입의 기하급수적 성장을 특기한다. 그에 따르면, 수입지출 대부분이 상위 10퍼센트 가구에서 나온다. 광고주가 다가갈 가치가 있는 유일한 소비자는 "부유한 엘리트들로 이루어진 소수의 금권계층plutocracy"으로, 이들은 "특히 거대한 구매 영향력"을 갖고 있으며, 이러한 영향력이 "사치품에 점점 집중된 시장"을 창조한다.[12]

널리 인정되듯, 미국의 대중매체가 갑부를 부르주아지라 하고 나머지 우리를 프롤레타리아트로 지칭하는 경우는 몹시 드물다. 대중매체는 "월스트리트" 대 "메인스트리트" 같은 용어들을 더 즐겨 쓴다—이는 '월스트리트를 점유하라Occupy Wall Street'라는 슬로건이 하나의 운동으로서 대단히 강력해졌던 이유 중 하나로, 사람들이 은행들을 구하기 위해 이루어졌던 그 모든 일에 대해 이미 익히 들어왔기 때

University Press, 2011, 64. [제라르 뒤메닐·도미니크 레비, 김덕민 옮김, 『신자유주의의 위기: 자본의 반격 그 이후』, 후마니타스, 2014]

11   [옮긴이] 대중부유층(mass affluent)은 기존의 부유층과 초부유층 외 자산관리 서비스 시장의 주요 고객으로 분류되는, 일정액 이상의 개인 금융자산과 가계 수입의 조건(지역/국가에 따라 상이)을 충족하는 계층을 말한다.

12   Sam Pizzigati, "Madison Avenue Declares 'Mass Affluence' Over," *Campaign for America's Future*, May 30, 2011, ourfuture.org.

문인 것이다. 때때로 미국 대중매체는 1퍼센트와 99퍼센트 사이 직접적 대비를 피하면서, 대신에 경영진 보수와 돈에 쪼들리는 소비자들을 병치한다. 이들이 세일을 찾아다니거나 지출을 깎아 줄인다는 것이다. 2010년에 최고경영진의 보수 중앙값은 23퍼센트 늘었다. 바이어컴의 CEO 필립 P. 다우먼Philippe P. Dauman은 8,450만 달러를 벌었다.[13] 최상위 은행의 CEO들은 36퍼센트 보수 상승을 누렸는데, JP모건체이스의 제이미 다이먼Jamie Dimon과 골드만삭스의 로이드 블랭크페인Lloyd Blankfein이 명단 제일 위에 있었다.[14] 커다란 손실과 위축을 겪은 회사들의 CEO조차도 극도로 높은 보너스를 얻어갔다―제너럴일렉트릭의 CEO 제프리 R. 이멜트Jeffrey R. Immelt는 회사 매출은 7퍼센트 감소했지만 6년간 매년 평균 잡아 1,200만 달러를 받아갔고, 딘푸즈의 CEO 그레그 L. 엥글스Gregg L. Engles는 회사 매출이 11퍼센트 감소했는데도 6년간 매년 평균 잡아 2,040만 달러를 가져갔다.[15] 초고액 보수는 해낸 일에 대한 보상이 아니다. 그것은 도둑질의 한 형식이며, 거부들은 이 도둑질 형식을 통해 스스로를 챙기고, ["자기네 계급에"] 후하게 하사해 자기네 계급 안에 돈을 간직하게 된다.

---

13 Pradnya Joshi, "We Knew They Got Raises. But This?," *New York Times*, July 2, 2011, nytimes.com.

14 Megan Murphy, Sharlene Goff, "Bank Chiefs Average Pay Rises by 36 Percent," *Financial Times*, June 15, 2011, cnbc.com.

15 "In Pictures: Worst Bosses For The Buck," forbes.com.

"사업에 좋은 것이 아메리카에도 좋다"는 주문이 50년이 넘도록 울려 퍼져온 미국과 같은 여건에서, 분할을 부인할 수 없는 지금의 상황은 의미심장하다. 불평등은 [현상의] 요인factor이자 어떤 위력으로 나타나고 있으며 심지어 범죄로 보이기까지 한다. 미국 사회 모든 부문에서 계급 충돌을 이 국가의 일순위 충돌로 간주한다.[16] "공산주의"라는 이름이 우리 귀에 들리고 있는 것도 놀랍지 않다―자본주의 사회들을 갈라 찢는 적대가 손에 잡힐 듯 압박하는 중인 것이다.

우파는 공산주의를 위협으로 자리매김한다. 자본주의의 패배와 그 대안에 공산주의가 이름을 주기 때문이다. 공산주의는 자본주의 내의 다음과 같은 위기들을 알아본다―과잉축적은 부자들이 현금 더미를 깔고 앉아 있는데도 투자를 할 수는 없게 만든다―산업 능력은 이용되지 않고 노동자들은 고용되지 않은 상태로 있다―전지구적 상호접속은 중국 대부분 지역에서도 미국에서와 다름없이 불필요한 고층건물, 광케이블, 쇼핑몰, 주택단지들을 만들어낸다. 이와 동시에, 심각한 문제 다발이 ―기후변화에서 기인하는 식량 부족이나 석유 의존도에서 기인하는 에너지 부족과 연동되는 문제건, 민간 제약회사의 위험 투자 실패에서 기인하는 의약품 부족과 연동되는 문제건 간에 ― 건드려지지도 않은 채 그대로 남아 있다. 이것이 거대한 규모의 계획과 협력 같은 것을 요청하는데도 자본주의는 그런 계획

---

16   Rich Morin, "Rising Share of Americans See Conflict Between Rich and Poor," *Pew Research Center*, January 11, 2012, pewsocialtrends.org.

과 협력을, 특히 금융과 소통 사업이 추동하는 당대 자본주의의 육화 incarnation 가운데서는, 좌절시켜버리기 때문이다. 데이비드 하비가 설명하는 바에 따르면, 요즘의 자본가들은 연간 3퍼센트 정도 성장하는 경제를 건전한 것으로 이해한다. 세계경제가 연간 3퍼센트 성장을 지속할 공산은, 그러나, 작다. 이는 부분적으로는 잉여자본을 재흡수하기가 어렵기 때문이다. 2030년이 되면 3조 달러에 이르는 투자처를 찾아야 할 텐데, 이는 2010년에 찾아야 했던 기회의 2배가량 된다.[17] 자본주의의 미래는 그래서 몹시 불확실하다 ― 그리고, 자본주의자들에게는, 암울하다.

신자유주의자들과 네오콘들은 자본주의의 필멸성을 감지하기 때문에 공산주의의 위협을 환기한다. 우리는 매체의 장막이 우리를 속이게 두어서는 안 된다. 우리는 오바마가 공산주의자라는 둥 평화는 공산주의적이라는 둥이라는 비난이 우리를 속임으로써 공산주의가 전지구적 금융, 교역, 통화통제라는 더 진지한 정치를 가리거나 왜곡하는 이미지에 불과하다고 여기는 식으로 생각해서는 안 된다. 그런 정치는 희망이 없고, 그런 정치는 광대극farce이며, 또한 그런 정치는 금융 엘리트 및 경제 엘리트들이 나머지 우리의 노동을 계속 착취하는 데에나 좋은 일시적 맞춤에 도달하려는 시도다.

---

17   David Harvey, *The Enigma of Capital and the Crises of Capitalism*, New York: Oxford University Press, 2010, 216. [데이비드 하비, 이강국 옮김, 『자본이라는 수수께끼: 자본주의 세계경제의 위기들』, 창비, 2012]

자, 나는 지금까지 우파가 공산주의의 위협과 맺는 관계를 집중적으로 살펴보았다. 다시 말해, 반공산주의 수사학을 보강하는 여러 가정과 인민에게 가해지는 공격에 초점을 맞춰온 것이다. 그렇다면 민주주의 좌파는 어떠할까? 우파가 공산주의를 현존하는 위력으로 취급하는 반면에, 좌파는 상실의 위력에 따라 구부러져 있다. 즉 좌파는 공산주의적 이상을 박탈당했거나 배반했기에 저 스스로 취하게 된 일그러진 형체를 띠고 있다.

당대의 좌파는 [저 자신들의] 실존하지 않음을 표방한다. 우파는 어느 곳에서나 좌익left-wing의 위협을 보는데도, 좌파 진영은 "우리"라는 용어를 어떤 식으로든 쓰기를 삼가면서 대신에 이슈 정치issue politics를, 정체성 정치identity politics를, 자기들 스스로 다중이나 특이성으로 파편화되기를 강조한다. 바디우는 "공산주의의 죽음" 공표의 궤적을 따라 글을 쓰되, 소비에트 당국가 붕괴에 대한 설명이 적절했는지를 도전적으로 검토하면서, 다음과 같이 지적한다. "이제 더는 '우리'가 없지만, 오랫동안 우리는 없었다. '우리'는 '공산주의의 죽음'보다 훨씬 이전에 황혼기에 접어들었던 것이다."[18] 30년을 넘긴 고삐 풀린 자본주의의 득세는 이기주의egoism와 개체주의를 시대의 질서로 만들어 집합성은 이미 의혹의 눈길 아래 있을 정도가 되었다. USSR의 종언이 "우

18   Alain Badiou, *Of an Obscure Disaster — On the End of State-Truth*, trans. Barbara P. Fulks, Netherlands: Jan van Eyck Academie and Arkzin d.o.o., 2009, 11. [알랭 바디우, 박영기 옮김, 『모호한 재앙에 대하여』, 논밭, 2013]

리"를 죽인 게 아니었다.

공통의 강령이나 전망의 부재는 [좌파의] 부재로 나타나는 여건 곧 "우리" "우리의" "우리를"을 우선 말하는 좌파의 상실로 나타나는 여건과 ["강령이나 전망의"] 부재가 [무관계한 듯이] 절연되는 바로 그 순간에 일반적으로 애통하게 여겨진다. 이슈들, 사건들, 기획들, 데모들 demonstrations, 유연단체들類緣團體, affinity groups이 있는데도, 좌파는 실존하지 않음을 표방한다. 좌파의 멜랑콜리는 정치적 대안의 결여를 애통하게 여기지만, 이때 현실적인 정치적 대안은 그 상실이 좌파의 지향 없음을 규정짓는 바로 그것 — 공산주의 — 이다.[19]

좌파 진영 일부는 공통의 정치적 전망이나 강령의 부재를 강인함이라고 본다.[20] 그들이 갈채를 보내는 대상은 자신들이 정당 노선의 독재적 명령dictate으로부터의 자유라고 해석하는 것이며, 잠재적 급진 정치라는 결과를 가져올 개체적 선택의 기회라고 해석하는 것이다. 2011년에 스페인과 그리스의 광장에서 일어난 점유는 가장 적합한 사례다.[21] 수십만의 사람들이 높은 실업률과 긴축 정책 시행에 반대하면서 엄청난 규모로 움직여 거리에 나왔다. 다양한 목소리가 — 논평

---

19   제5장에서 자세히 다루겠지만, "좌파의 멜랑콜리(left melancholia)"라는 진단은 웬디 브라운의 글에서 따온 것이다. Wendy Brown, "Resisting Left Melancholia," *boundary* 2 26:3, 1999, 19–27.

20   이 "사변적 좌파"의 이론적 경향과 성격에 대한 논의의 결정판이 필요하다면 다음을 참조하라. Bruno Bosteels, *The Actuality of Communism*, London: Verso, 2011.

21   C. G., "Democracy is born in the Squares," June 6, 2011, occupiedlondon.org.

자들뿐 아니라 참가자들도 — 항의시위자들을 통일하는 공통의 노선, 플랫폼, 방향설정orientation이 전혀 없었다는 점을, 그들이 정치적이지 않았다는 점을 강조했다. 치열하고도 흥겨운 분위기와, 통상의 정치가 가하는 제약으로부터의 단절은 많은 이에게 사회변화의 새로운 확신을 불러일으켰다. 이와 동시에, 대표함representation에 대한 거부와 결정 기구 시행에 대한 거리낌은 현실적인 논쟁에 방해가 되었으며, 그러면서 카리스마적 개인 연설자들speakers로 하여금 군중을 움직여 (그들이 어떤 지위에 있었건 상관없이) 지도자 비슷한 지위를 얻을 수 있게 했고, 정치적 차이를 뚫고서 집합적 계획을 향해 나아갈 가능성에 제약을 가했다.

이와 동일한 경향성이 '월스트리트를 점유하라'에서 다시 나타났다. 한편으로, 저 운동의 개방성, 정당 지지에 대한 거부는 미국의 계속되는 실업, 심화하는 불평등, 정치적 침체에 불만이 있던 폭넓은 다수를 처음에 불러 모으게끔 했다. 다른 한편으로, 이러한 포용성은 (스페인과 그리스의 점유로부터 차용한) 총회General Assembly의 특성을 띤 합의 기반 절차와 결속되자 해로운 결과를 낳았는데, 저 운동이 자본주의에는 반대하고 공통 자원의 집합적 통제에는 찬성하는 강인한 태도를 취할 능력을 [포용성이] 저해했기 때문이다.[22]

---

22   [옮긴이] 포용성(inclusivity)은 회원이나 참가자들을 성, 인종, 계층/계급, 젠더, 장애 등을 이유로 배제·추방하지 않는다는 비차별주의적 방침을 말한다.

정치적 이상으로서 공산주의를 부인하는 일이 좌파Left의 형체들을 만든다. 파편화된 지류이자 추세야말로, 특수한 기획과 부분적 대상으로 이루어진 분기와 네트워크야말로 공산주의의 상실로 인한 좌파의 형식이다. 계급투쟁 및 경제투쟁을 능가할 길을 찾는 스페인·그리스·미국의 여러 항의시위에서의 "정치-없는-정치" 노선은 새로운 것이 아니었다. 30년 넘게, 좌파의 다수가 이처럼 부분적이고 산개된 정치야말로 계급과 투지에 대한 이전의 강조를 뛰어넘어 전진한 것이라고 주장해왔다(물론 이런 주장은 1968년의 가장 강인한 유산이리라). 정치적 입장을 취할 때 딸려오는 분할과 적대를 피하면서 이들은, 마치 정치의 내용은 — 정체성의 문제로서 — 이미 주어져 있거나 또는 포용의 사실에 견주어 부차적인 것처럼, 자신들의 에너지를 포용 및 참여와 관련된 절차상의 관심사에 쏟아붓는데, 이는 정치투쟁의 결과물을 투쟁 과정보다 덜 중요하게 만든다. 이 좌경분자leftist들은 자기네의 목표를 민주주의라고 명명한다. 이들은 좌파 진영이 벌이는 투쟁을, 자본주의의 철폐, 생산수단의 집합적 소유, 민주주의가 이미 작동하는 여건에서의 경제적 불평등에 대한 투쟁으로 상상하기보다는 민주주의를 위한 투쟁으로 특정해 그려낸다.

민주주의에 대한 강조는, 프랑스혁명, 아이티혁명, [나중에는] 2월 혁명으로 이어진 러시아의 정치적 자유를 위한 첫 싸움에서 그랬듯이, 몇몇 여건에서는 급진적이고 근본적이다. 이는 식민주의와 제국주의에 대항하는 투쟁에서도 마찬가지였고, 구동구권의 당국가 관료체제가 빚어낸 권위주의에 반대하는 일에서까지도 그랬다. 민주주의에 대한 지지는 민주주의의 배제로 편성된 질서에 대한 저항이었다. 하지만 당대 의회민주주의 가운데서, 좌경분자leftist가 자기네 목적을 민주주의를 위한 투쟁에 두는 것은 기묘한 일이다. 이는 현상태status quo를 옹호하는 일이자 헛고생을 부르는 일이다. 민주주의는 우리를 에워싼 주위 환경이며 당대 정치의 헤게모니 형식이다(바로 이렇기 때문에라도, 우파는 민주주의에 대립하는 것을 지칭하는 데 공산주의라는 이름을 이용할 수 있다). **지금은** 민주주의에 대한 좌파의 언어 용법이, 정말로 놓쳐버린 유일한 게 참여일 뿐인 듯 굴면서 1퍼센트와 나머지 우리 사이 정초적 적대를 방지하고 있다.

급진 민주주의자들은, 좌파에게 민주주의란 공산주의의 상실이 취하는 형식이자 공산주의가 [제 자리에서] 전치轉置, displacement되는 형식임을 인정하기를 꺼리면서, 민주주의를 민주주의 그 자체가 공산주의를 대신할 것처럼 다룬다. 절차와 참여에 대한 민주주의적 집착 속에 이루어지는 공산주의의 승화는 자본주의를 자원·노동·재화를 생산하기 위한 최고의 체제로 수용하는 반응을 낳는다.

당대 좌파가 공산주의의 실패라는 주류의 이야기 ─ **그것은 될 일이 아냐**. 여기서 "그것" 자리에 올 것은 매우 다양한 불특정의 정치적 노고다 ─ 에 어쩌면 동의하는 것으로 보일 수 있으나, 저런 실패의 언어는 [좌파에게] 더 위험할뿐더러 불안마저 불러일으키는 생각 ─ **공산주의는 성공했다** ─ 을 숨긴다. 좌파는 실패를 염려하는 것이 아니다. 좌파는 성공을, 인민의 에너지와 분노의 성공적인 동원을 두려워하는 것이다. 좌경분자들은 혁명의 피비린내 나는 폭력에 정말로 공포를 느끼며, 그렇기에 이들은 화anger를 보다 안전한 절차적, 소비지상주의적, 감성적 경로들에 옮겨놓는 일에 초점을 맞춘다. 피터 홀워드가 강조하는바, 반자코뱅주의의 유산이란 다른 부류의 폭력들은 제쳐두고 어떤 부류의 폭력들을 힐책하기를 선호하는 것이다—좌경분자들은, "훨씬 심한 1871년 [파리] 코뮌 유혈 탄압"은 사실상 무시하면서, 혁명이 빚어내는 테러revolutionary Terror는 맹렬히 비난하는 것이다.[23] 자기 자신을 개방되고 다종다양한 좌파 성좌의 일부라고 간주하는 사람들조차도 인민들이 자신들을 억압했을 수 있는 자에게 사용하는 폭력을 힐난한다. 국가폭력과, 반혁명의 위력은 당연하게 여겨지고, [사실일 것으로] 상정되고, 선차적 적법성에 가려지거나 또는 질서[에 걸린 이해]를 위해 정당화되어야 한다고 추정된다. 홀워드는 이처럼 쓴다. "이미 확립된 [신분적인] 것의 관점에서, '일반적 선을 생산해내는 것은 항상 소름끼친다terrible'고 생쥐스트Saint-Just는 지적했다. 자코뱅의 테러는 공격적인 것이라기보다는 방어적인 것이었고, 분기탱천한 인민의 폭력을 풀어놓는 문제라기보다는 그것을 제한하는 문제였다. '우리가 소름끼치는 자들이 되자'고, '그러면 인민은 그럴 필요가 없을 것'이라고 당통은 말했다."[24] 좌파가 하향식 조직, 전위, 엘리트에 반대하면서 발하는 목소리들은, 그렇다면, 인민

23　Peter Hallward, "Communism of the Intellect, Communism of the Will," *The Idea of Communism*, ed. Costas Douzinas, Slavoj Žižek, London: Verso, 2010, 128.

24　같은 글.

의 [억눌려 있다] 폭발된 분노에 대립함으로써 취하는 형식임이 틀림없으리라.

도대체 어째서 좌경분자들은, 말하자면 우리의 참여를 당의 형체·강령·행동에 영향을 미치는 것으로서 이해하려기보다, 우리의 참여로 이루어진 당을 두려워하는 걸까? 우리는 폭력을 가할 수 있는 우리 자신의 자질을 두려워하나? 아니면 우리는 자기들을 착취하는 체제에 맞서기 위해 동원된 인민의 통제될 수 없는 위력을, 대학 정문들로는 가로막을 수 없는 위력을 두려워하는 걸까? 어쩌면 이 두려움을 인정함으로써 좌경분자들은 그것을 집중시켜 강인함으로 만들 수 있을 것이다. 다시 말해, ["두려움을 인정함으로써"] 인민이 가진 쓸어내고 새로 만드는 집합적 힘에 대한 확신으로 향할 수 있는 것이다.

집합적 권력과 맺는 관계야말로 우파와 좌파를 가르는 정초적 차이이다. 우파는 개체를, 개인의 생존을, 개인의 능력을, 개인의 권리를 강조한다. 좌파는 모름지기 인민의 집합적 권력에 헌신해야 한다. 좌파가 저 자신을 한정해 우파가 차지하고 선 개체주의와 민주주의의 개념 어휘들에 묶여 있는 한, 좌파가 집합적 에너지를 떠도는 감성적 경험들과 절차상의 성취들 속으로 산개시키는 한, 좌파는 평등을 쟁취하려는 전투에서 계속 지고 말 것이다.

우리가 자유주의자들과 민주주의자들로 전향할 적에 좌경분자들은 우리가 공산주의의 지평을 뛰어넘어 있다고, 민주주의가 공산주의 전치체轉置體의 당대 형식 역할을 맡을 때 그것이 공산주의의 자리를 대신한다고 사고하는 실수를 저지른다. 계급투쟁 속에서는, 자본이 노동자 인민인 나머지 우리를 선점advances하고 있는 속에서는, 우리 자신의 복잡성[같은 것]은 볼 수도 없고 인식할 수도 없다. 우리는 마치 정치투쟁이 자본주의에서 축소불가능한 차원이라는 점을 잊어버린 것 같다―자본은 자기의 냉랭하고 실존하지 않는 심장에 깃든 선량함으로부터 저 자신의 이해관심을 쫓는 일을 멈추지 않는다. 자본주의는 언제나 그리고 필연적으로 충돌, 저항, 조정accommodation, 요구들과 서로 이어져 있다. 이와 같은 투쟁에 관여하기를 거절하는 것이나, 이와 같은 투쟁의 조건을 거부하는 것은 자본주의가 취하게 되는 형식에 영향을 끼친다. 노조 가입자들의 규율과 조직된 좌파가 부재할 적에, 자본은 ―특수하게는 자본의 가장 강력하고 악랄한 부분인 기업 및 금융 분야는― [저 자신이] 할 수 있는 한 모든 것을 포섭하고, 전유하며, 착취한다.

뤽 볼탕스키와 이브 샤펠로가 1960년대부터 1990년대까지 경영[자들의] 언어에서 일어난 변화를 분석한 내용을 떠올려보라.[25] 둘은, 계급에 기초해서 일에 접근하는 방식이 와해되는 양상을 자세히 보여주었고, 또한 개체의 창의성, 자율성, 유연성과 관련해 일을 바라보는 새 전망이 조립되는 양상을 잘 기록해두었다. 집합의 행동보다는 개개인의 이득에 더 큰 무게가 실리게 되었고, 그럼으로써 고용주의 입지는 굳어졌다. 그 결과, 책무가 조직으로부터 개체에게로 옮아갔으

---

25   Luc Boltanski, Eve Chiapello, *The New Spirit of Capitalism*, trans. Gregory Elliott, London: Verso, 2007.

며, 이 책무 이동은 이전에 안정성을 보증하던 것들의 기반을 약하게 만들었다. 유연한 고용의 현실성은 불안정성precarity이었다 — 임시직, 하청계약, 과제 중심 고용, 다중업무, 인맥에 달린 기회가 그랬다. 여기서 중요한 점은 일에 대한 이해의 변동인데, 계급, 단체, 집합적 차원에 관한 강조가 개개인의 선택, 노고, 의미 중심지로서 일을 바라보는 시각으로 변동했다는 것이다. 개별적인 일이라는 발상이 일을 공통된 조건으로 느끼는 감각을 대체했고, 그럼으로써 집합적 위력으로서 노동자들과 협상해야만 할 때에 자본이 직면했던 제약들로부터 자본을 해방하는 과정에 한몫했다.

미국발 증거는, 일에 대한 개념파악이 계급에 기초해 이해하는 쪽에서 개체주의적으로 이해하는 쪽으로 이동했음을 확인해주거니와, 여기에 더해 이런 식의 이동이 인민 대다수의 경제적 안녕에 부정적 충격을 가했음을 확인해주기도 한다. 사학자 제퍼슨 코위는 일에 대한 개체주의적 접근 방식이 1970년대에 위력들이 충돌하던 국면에서 나타나는 것으로 그려낸다. 1970년대가 시작하자마자, 산업노동자들은 전후戰後 노동–자유주의 합의labor-liberal consensus 속에 자기네를 봉쇄하는 것에 저항하며 반란을 일으켰다. 그렇지만 상대적으로 급속하게, 노동의 동요는 낙태, 포르노그래피, 버싱, 범죄, 소수집단우대정책affirmative action, 게이 권리를 아우르는 몹시도 다종다양한 문화적 충돌이라는 배경에 파묻혀 희미해져버렸다.[26] 코위가 설명하기를, "계급

26   [옮긴이] 버싱(busing [bussing])이란 인종차별 철폐 정책의 일환으로 슬럼지대 흑인/소수민

은 용해되어 민족의식과 원한감정으로 흩어짐과 더불어, 불평등은 집단적 책무보다는 개개인의 숙명으로 인지되기 시작했다.”[27] 계급투쟁의 “내면화internalization”를 거드는 일이 기업 측에서는 공세적 반反노조 전략이었다. 이 전략에는 친비즈니스적 로비 단체 활동의 극적인 증가, 주요 노동법 개정 법안 입법의 실패, 제조업을 북부에서 남부(및 해안가)로 이전하는 일, 그리고 직접적이고 공세적인 부당 노동 관행의 급증 다시 말해 자기들 자신을 조직할 권리를 행사하는 노동자의 자질을 방해하는 행위 등이 포함되었다. 1970년대 말이 되자, 노동자들은 투표를 통해 노조를 몰아냈다. 최종적으로, 계급으로 조직된 사업 측의 공세적 노력들이 집합적 위력으로서 노동[측]을 약하게 만듦에 따라, 성과 인종에 기초를 둔 차별에 대한 법적 인정 자체가 개별화되었다. 차별과 성적 괴롭힘에서 보호받는 일은 폭력과 상처에 대한 **개별적** 권리주장을 통해 보장되었다. 요컨대, 일터의 평등을 위한 투쟁은 광범위한 경제정의로부터 벗어나 “보다 개체주의적인 ‘직업상 정의’— 고용기회의 평등, 다양성 옹호, 소수집단우대정책, 괴롭힘 방지 —의 지형으로” 옮아감을 수반했다.[28] 노동자들은 그들이 집합적으로 더욱더 야수적 자본주의 경제에 노출되어 취약해지던 바로 그

족 거주지 학구와 교외 백인 거주지 학구가 학생들을 서로 교환토록 강제하는 제도다. 이들 학생에게 통학버스를 제공한 데서 그 이름이 비롯했다.

27   Jefferson Cowie, *Stayin' Alive: The 1970s and the Last Days of the Working Class*, New York: The New Press, 2010, 216 –217.

28   같은 책, 239.

순간에 차별로부터 자유로워질 개체적 권리를 누렸다.

널리 알려진 브루스 웨스턴과 제이크 로젠펠드의 연구는 탈노조화deunionization야말로 민간 부문에서 일하는 미국 남성들의 수입 불평등 심화 경험에서 적어도 셋 중 하나[의 이유]를 직접 해명해준다는 사실을 예증했다. 노조 쇠퇴로 인한 간접적 결과는 훨씬 더 많이 말해진다. 노조가 폭넓은 사회적·문화적·정치적 메아리와 더불어 공평·연대·공정에 대한 일단의 기대로서 "도덕경제"를 확립했던 한에서 노조는 노동시장 전반에 걸쳐 노동자들에게 유익했다.[29] 웨스턴과 로젠펠드는 다음과 같이 쓴다. "미국에서 노동의 쇠퇴 및 이와 연계된 임금 불평등의 심화는, 정치제도로서 노동시장이 쇠락했음을 알리는 신호였다. 노동자들은 자기들의 조직적 삶에서 서로에게 덜 연결되기 시작했으며 그럼으로써 자기들의 경제적 자산에서 더 떨어져 나오게 되었다."[30] 계급 관점에서 일이 이해될 적에, 집합적 기대는 자본에 대항할 굳센 위력을 제공했다. 일에 대한 개체주의적 개념파악으로의 이동이 그 위력의 기반을 약화했다.

---

29   [옮긴이] 도덕경제(moral economy)는 18세기 영국에서 당시 농민들의 생활방식과 관련해서 논해지던 개념을 가리키는 말이다. 이 개념의 논자들은 18세기 영국 농민들이 시장 상인들의 경제와는 다른 관념에 기초한 방식으로 즉 선의나 정의(각자의 몫을 각자에게), 유대 등의 관념을 중심으로 삶을 꾸려나갔던 방식에 주목했다. 영국의 사학자 E. P. 톰슨(E. P. Thompson)이 이 개념을 부각했던바 있다.

30   Bruce Western, Jake Rosenfeld, "Unions, Norms, and the Rise in American Wage Inequality," *American Sociological Review* 76: 4, 2011, 513–537.

좌파에게 민주주의는 공산주의의 상실이 취하는 형식이다. 좌파는, 집합적 이상을 위해 싸우면서 우리 나머지 편에 선 투쟁에 종사하기보단 거듭해서 민주주의를 들이대고 이미 있는 것을 요청한다. 민주주의를 향한 이런 기원들은 라캉이 충동drive이라는 정신분석의 관념을 통해 묘사한 것 같은 경향성을 띤다. 충동이란, 욕망과 마찬가지로, 주체가 자기의 향락(주이상스jouissance)을 배열하는 방식을 가리킨다. 욕망과 관련될 적에, 향락은 주체가 결코 닿을 수 없는 무엇이며, 주체가 원하나 결코 얻을 수 없는 무엇이다―'아니, 그거 아냐'인 것이다. 충동은 [충동의] 향락이 누가 자기 목표를 놓치는 데서 비롯된다는 점에서 [욕망과] 다르다. [충동에서는] 그녀가 원하지 않을지라도, 주체는 향락을 얻는다.[31] 향락은 주체를 계속하게끔 하는 그 약간의 추가금이다. 주체는 자기 목표에 가 닿는 일을 거듭하지만 언제나 실패하며, 거듭되지만 늘 실패하는 주체의 그와 같은 노력은 그 자체로 만족스러운 일이 된다.

좌파의 민주주의에 대한 호소는, 이들이 [같은 자리 주위를] 내내 맴돌고 있는 한, 충동의 구조를 띤다. 우리는 영구적으로 우리 목표를 놓치는 중이며 바로 이런 놓침missing을 통해 만족을 얻는다. 혹 우리는 현실적 목표를 가져본 적조차 없으며, 목표의 부재야말로 일종의

---

31   다음을 참조하라. Slavoj Žižek, *The Ticklish Subject: The Absent Centre of Political Ontology*, London: Verso, 2000. [슬라보예 지젝, 이성민 옮김, 『까다로운 주체: 정치적 존재론의 부재하는 중심』, 도서출판 b, 2005]

강인함이라고 여긴다. 우리는 말하고, 투덜거리며, 항의한다. 우리는 페이스북에서 단체를 만든다. 우리는 탄원서들에 서명하고서는 연락처에 있는 사람마다한테 전송한다. 활동성activity은 불활성passivity 곧 어떤 회로 안에 옴짝달싹할 수 없게 막혀 있는 우리의 상태가 되는데, 그러면 이런 상태는 이상들의 부재 또는 더 나아가 정치적인 것 그 자체의 상실로서 애도의 대상이 되고, 그러고 나서는 민주주의에 대한 간청을 통해 또다시 돌아가는 경로가 된다. 진짜 문제가 자본주의임을 아는 데는 천재가 필요한 것도 아닌데 말이다. 좌경분자들이 정치적인 것의 상실이라고 부르는 것이야말로 안개가 되며, 그들은 공산주의의 지평을 시야에서 상실해버렸기에 저 안개 속을 이리저리 헤매다닌다.

당대의 일부 이론가는 충동의 승화를, [충동에서 나타나듯] 욕망의 불가능 대상이[32] 부분적 대상들과 과정 반복적 몇 조각 향락들로 대체되는 양상을 권유한다. 예를 들자면, 그물망을 이룬 디지털 매체 회로들 속 다수의 목소리는 소통 자본주의를 찬양하는데, 소통 자본주의가 작은 승리와 잠깐의 즐거움을 얻을 기회를 제공한다는 이유에서다. 수백만 명이 전쟁과 빈곤 가운데 죽지만, 적어도 우리에겐 인터넷이 있다. 또 다른 이론가들은 충동의 창조적 파괴에 대해 곧 충

---

32   [옮긴이] 흔히 불가능 사물이라고 번역되는 impossible object는, 끊임없이 올라가는 계단 같이 그려질 수는 있지만 현실에 입체로 있을 수는 없는 형상들을 가리킨다. 불가능 형상(impossible figure)이라고도 한다.

동이 옛것을 부수고 새것을 여는 방식에 대해 감탄한다. 물론, 동일한 행위를 계속 되풀이함으로써 질서에서 혼돈으로 이행할 수 있다—가려운 데를 여러 번 긁는 일이 있다면, 이와는 완전히 다르게, 뼈에 이르도록 할퀴어 찢는 일이 있다. 여건에서 일어난 변화에 응답하는 데 실패하더라도 반복 자체는 여건을 변화시킨다. 하지만 충동을 파괴로서 적극적으로 받아 안는 일은, 충동을 승화로 보는 시각과 마찬가지로, 필요한 경계선을 긋지도 않은 채 우리가 처한 여건의 한 특색[만]을 대안으로 취급한다. [경계선으로서의 질문은 다음과 같다.] 대체 뭐가 우리 여건 속 하나를 어떤 다른 형성물, 어떤 다른 정치, 이뿐 아니라 비판에 속한 특색으로 만드는가?

당대 소통 자본주의의 그물망들 가운데서, 충동은 일종의 피드백 회로가 되어 우리가 가진 최상의 에너지를 포획해 담는다.[33] 정치적 대안으로서 공산주의를 활기 있게 만들기 위해서는 위와 같은 정동적 그물망을 갈라 찢을 수 있는 집합적 욕망을 증폭해야 한다.

---

33   [옮긴이] 피드백 회로(feedback circuit)란, 전기장치에서 출력의 일부를 입력 측으로 되돌리기 위한 회로를 가리킨다. 되먹임 회로, 궤환 회로라고도 한다.

제3장

인민주권

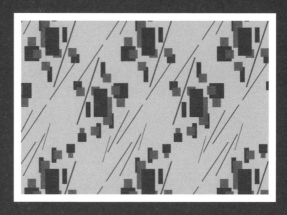

앞선 내용에서 나는 작금의 우리 여건에 포함된 두 특색 곧 지나간 소비에트 실험과 현존하는 위력이라는 특색에 붙일 표찰로서 공산주의를 논해왔다. 나는 [공산주의의] 위협과 상실 사이에서 우파와 좌파의 구별 즉 공통적으로 민주주의를 상정하는 데 깃들어 있는 둘 사이의 구별을 거쳐 공산주의의 현존하는 위력을 서술해왔다. 우파는 공산주의를 민주주의에 대한 계속되는 위협의 자리에 가져다놓는다. 좌파는 저 자신들의 공산주의적 욕망에 대한 억압의 현실성인 민주주의적 충동에 붙들려 있다. 각각의 경우에 공산주의는, 당대 자본주의가 펼쳐지는 우리의 현재 여건이 짜이면서 대립하는 무엇에 대한 이름이다.

왜 공산주의가 그런 이름인가? 공산주의가 인민의 주권을, 전체 인민이나 통일된 인민이 아니라 일과 삶과 미래가 소수의 금융상 향락을 위해 몰수되고 현금 처리 되며 투기 대상이 되는 **나머지 우리로서 인민** the people as the *rest of us*의 주권을 지칭하기 때문이다. 죄르지 루카치는 러시아혁명에 대한 레닌의 성격 규정 속 인민 개념의 변증법적 변형을 설명할 때 바로 이런 의미의 인민을 불러들인다. "모호하고 추상적인 '인민' 개념은 거부되어야만 했으나, 이는 오로지 혁명적이고 차별적인 '인민'—**억압받는 자들의 혁명적 연합**으로서 인민 —의 개념을 프롤레타리아혁명의 조건들에 대한 구체적 이해로부터 전개할 수 있기 위해서였다."[1] 이번 장에서 나는 나머지 우리로서 인민이라는 이념을 공산주의 주체로서 프롤레타리아트라는 이념을 조정한 것으로 제시할 것이다.

인민이 공산주의의 주체라면, 이들의 주권은 자유주의적 민주주의의 산개한 개체들이 갖는 그런 것이 아니다. 외려 인민의 주권은 마르크스주의 이론이 프롤레타리아독재라고 언급하는 정치 형식에, 집합적 인민을 억압하고 착취할 법한 자들 곧 모두에게 공통으로 귀속된 것을 자기만을 위해 가로챌 법한 자들에게 가해지는 집합적 인민의 직접적이고 오싹한 지배에 상응한다.[2] 프롤레타리아독재는, 레닌이 『국가와 혁명State and Revolution』에서 서술하다시피, 억압자를 압박하려는 목적purpose을 띤 피억압자의 조직이다. 민주주의를 그저 팽창시키는 일 이상이자, 더 많은 인민을 민주주의의 관리영역 내에 포함하는 일 이상으로서, 프롤레타리아독재는 민주주의가 "돈주머니money-bags[자본가]"가 아니라 다수에게 기여하도록 만듦으로써 민주주의의 목적이자 목표를 실천으로 옮긴다. 결과적으로 그리고 필연적으로, 프

---

1   Georg Lukács, *Lenin: A Study on the Unity of His Thought*, trans. Nicholas Jacobs, London: Verso, 2009, 22–23. [루카치 외, 김학노 옮김, 『레닌』, 녹두, 1985]

2   마르크스와 엥겔스가 저술하던 여건에서 독재라는 이념 및 이 이념이 민중적(popular) 주권에 대해 갖는 연관을 설명하는 내용으로는 다음을 보라. Hal Draper, *The Dictatorship of the Proletariat from Marx to Lenin*, New York: Monthly Review Press, 1987, 특히 제1장을 볼 것. 프롤레타리아독재라는 이념을 당대에 옹호하는 내용으로는 다음을 보라. Étienne Balibar, *On the Dictatorship of the Proletariat*, trans. Grahame Locke, London: Verso, 1977.

롤레타리아독재는 규제들을 부과한다. 곧 자본가, 착취자, 억압자들의 자유를 규제하는 것이다. 이런 자들에게는 제 마음껏 행할 자유가 없고, 나머지 우리가 이들을 통치하고, 제어하며, [이들에게] 한계를 부여한다. 이윽고, 이와 같은 통치와 제어와 규제 부여는 유효하게 자본가계급을 없애게 된다. 그러나 자본주의를 가능케 하는 불평등을 완전히 없애기까지, 조직된 국가권력은 인민이 통치를 수행하는 데 사용할 도구의 역할만 아니라 소수의 이득이 아닌 집합의 이득을 위한 통치를 보증하는 데 사용할 도구의 역할을 한다.

프롤레타리아트를 공산주의의 주체로서 보는 마르크스주의적 시각의 이점은, 그 시각이 생산에서의 본질적 역할을 정치에서의 본질적 역할과 엮는다는 데 있다. 프롤레타리아트는 보편적 계급의 이름이며 역사의 주체대상subject-object의 이름이었다.[3] 이는 프롤레타리아트의 해방이 자본주의 권력의 기초에 놓인 계급과 소유 사이 관계를 해소함으로써 우리 모두를 해방하기 때문이다. 프롤레타리아트는 그냥 노동자가 아니다. 프롤레타리아트는 급진화한 노동자이자 정치화한 노동자다. 일례로 레닌은 "결합 서사merger narrative"라는 발상을 받아

3　[옮긴이] 조디 딘이 "주체대상"이라는 단어를 사용하는 이론 맥락에서 "subject-object"는 에른스트 블로흐의 책 *Subjekt-Objekt. Erläuterungen zu Hegel*(Aufbau-Verlag, Berlin, 1952)의 제목에 표현된 관념을 가리키는 것으로 보인다. 블로흐는 주체와 대상 사이 분리와 대립이 (헤겔과) 마르크스를 거치면서 새로운 차원으로 옮아갔다는 관점을 갖고 있었으므로, "subject-object"는 주체와 대상 사이 반정립을 넘어서 있는 무엇일 것이다. 미번역된 블로흐 책의 제목을 이제까지 『주체-객체』라고 불러왔으나, 주체와 대상의 반정립을 넘어서 연결된 양상을 더 잘 드러내기 위해 여기에서는 "주체대상"으로 붙여 옮겼다.

들였는데, (본래는 카를 카우츠키가 가다듬었던) 이 발상은 이전에 분리되어 있던 두 정치적 지반$_{element}$ ─ 노동계급 투쟁과 사회주의 ─ 을 단일한 서사로 결합한 것 곧 사회주의 건설을 노동자 투쟁의 **목표**이자, 실상, 노동계급의 **역사적 임무**로 만드는 서사로 결합한 것이 마르크스의 독특한 성취라고 보는 내용을 담는다.[4]

　　결합 서사는 조직상에 영향을 미치며 정치적 반향을 남긴다. 이는 사회주의 정당으로 하여금 사회주의 정당의 책임을 확립해 노동자들의 정치적 지위에 대한 "좋은 소식"을 노동자들에게 가져다주게 만든다. 사회주의자들의 과업은 "프롤레타리아트를 정치적으로 조직하고, 프롤레타리아트에게 프롤레타리아트의 지위와 과업에 대한 자각을 주입하며, 프롤레타리아트가 정신적·육체적으로 투쟁에 적합하게 만들고 그 상태를 유지하는 것"이다.[5] 결합 서사는 일반적으로, 레닌이 그것을 러시아의 맥락에 구체적으로 연장했던 경우와 마찬가지로, 19세기 공장노동자들의 증대하던 반력$_{反力}$에 경험적으로 들어맞는 가정인, 노동자들의 투쟁에 깃든 활발한 투지를 전제로 한다. 저항의 정신은 이미 노동자들에게 현존하며 노동자들을 조직된 투쟁을 향해 밀어붙인다. 정당은 활동하는 노동자들의 이런 투쟁의 물길을 아우르고 방향을 잡아서 사회주의 쪽으로 향하게 한다. 정당은 이미 활동하는 위력에 정치적 지향을 제시한다.

4　　Lars T. Lih, *Lenin Rediscovered*, Chicago, IL: Haymarket Books, 2008.

5　　같은 책, 48.

우리에게 이 서사가 말이 되는가? 영국, 미국, 유럽연합에 사는 좌경분자들이 프롤레타리아트의 선도적 역할이라는 관점에서 계속 사고한다는 게 의미가 있는가? 우리 입에서 "프롤레타리아트"니 "부르주아지"니 하는 말들이 새어 나올 때 이것이 이상하게 느껴진다는 사실은 자본주의 이데올로기의 심도가 얼마나 깊은지를 가리키는 것일 수도 있겠다. 저 이상한 느낌은 경쟁, 효율성, 주식시장, 보너스, 재정상 성공이라는 관점에서 우리가 사고하게 만드는 엘리트의 계급 권력이 어느 정도인지를 보여주는 지표인 것 같다. 참으로 민망한 것은 "브랜드 구축branding"이라는 용어가 퍼져나가서 마르크스주의·페미니즘·좌파의 "새 브랜드 구축rebranding을 반어적 어조 없이 말할 수 있는 지경에까지 이르렀다는 점이다. [이를 통해 깨달을 수 있듯] 조직된 자본의 권력은 왜 미국 내의 소수만이 "프롤레타리아트"와 "부르주아지"라는 관점에서 사고하는지에 대한 충분한 설명이 된다. 그러나 (조직된 자본의 권력이 분명 그렇게 하려고 하지만) 계급, 노동, 분할, 불평등, 특권에 대해 우리가 인지하는 것을 이런 권력이 막지는 못한다. 이 모든 것은 가시적이고, 실체적이며, 피할 도리가 없다. 이렇기에 나는, 나머지 우리로서 인민에 대한 강조가 이전에 "프롤레타리아트"를 통해 수행했던 일을 할 수 있다는 데 내기를 건다.

나머지 우리로서 인민이라는 생각에 찬동하는 또 하나의 이유는 프롤레타리아트를 산업 노동 계급으로 그려낸 형상의 한계들과 관련된다. 물론 마르크스와 마르크스주의자들이 "프롤레타리아트"를 축소해 한 특정 유형의 노동자를 경험적으로 지칭하는 말로 삼는 건 아니다. 엥겔스는 『공산당 선언Manifesto of the Communist Party』의 1888년 영어판 출간에 붙인 서문에서 "프롤레타리아트"란 "자기 자신의 생산수단을 갖지 못해, 살기 위해 자기 노동력을 판매하기에 이른 현대의 임금노동자 계급"을 가리킨다고 말한다. 유사한 맥락에서 에티엔 발리바르도 다음처럼 쓴다. "프롤레타리아트는 동종적이고 불변적인 분류군이 아니며, 단번에 명백하게 기입되고 누가 봐도 알도록 새겨진 이름과 숙명을 품은 그런 집단이 아니다. 프롤레타리아트란 역사의 결과물로서, 자본 축적 과정의 뒷면인 영속적 프롤레타리아 편성 과정이 도출한 것이다."[6] 엥겔스와 발리바르는 프롤레타리아트가 순수하거나 고정된 계급이 아니라는 점을 분명히 한다. [프롤레타리아트가] 사회 내의 정적인 분류군이 아니라 그 이상이라면, **프롤레타리아화**는 일종의 동역학이자, 자본주의가 자신이 필요로 하는 노동자들을 생산하고 소모하고 내버리는 과정이다(이는 국가를 자본주의적으로 이용함으로써 촉진되는 과정이다). 이 과정은 중국, 브라질, 그 밖에 농민들이 일자리를 찾아 자신들의 땅을 버리고 도시로 옮겨감에 따라 급격하고 극적인 도시화를 겪는 중인 국가들은 물론이고 미국·영국·유럽연합의 대다수 인민에게 충격적 영향을 미친다. 나머지 우리로서 인민이라는 발상을 받아들이는 일은, 결합 서사가 사회적, 정치적, 기술적 위력들의 한 특정한 구성에 상응했다는 사실을 인정하는 것이다. 이러한 구성은, 다양한 영향을 아우르는 폭넓은 과정으로서 프롤레타리아화가

6   Balibar, *On the Dictatorship of the Proletariat*, 83-84.

끈질기게 지속하는 중에도, 변해왔다.[7]

　미국에서 조직된 노동의 정치적 힘이 쇠퇴한 상황은 민간 영역 노조 가입자 수의 상당한 감소, 일에 대한 개체주의적 개념파악의 확산, 미국 민주당 내부의 재편과 발맞추어 일어났다. 제조업 및 산업 생산의 중요성도 미국 경제가 재화의 생산으로부터 서비스의 공급으로 방향을 옮김에 따라 마찬가지로 줄어들었다. 사학자인 주디스 스타인에 따르면, 미국은 "공장을 금융과 교환했으며", 이 과정은 일반적으로 신자유주의 경제 정책들로 정책 방향을 전환한 일과 엮여 있었다.[8] 더그 헨우드는 다음과 같이 지적한다. 1991년에 "금융업finance, 보험업insurance, 부동산중개업real estate, 그러니까 이 셋을 합쳐 'FIRE' 산업이라고 부르는 영역이 GDP 기여도에서 제조업을 넘어섰고, 이어진 기간 동안 그 주도권을 넓혔다"는 것이다.[9] 2010년 5월 기준으로, 미국의 고용자 중 가장 높은 비중을 차지하는 사람들은 소매업체 판매 종사자, 계산원, 사무직원, 식재료 산업 및 요식업 서비스 노동자, 간호사, 접대원, 고객 응대 업무 종사자들이다.[10] 1969년에 미국 일자리 셋 중 하나가 재화 생산 산업에 있었다―2007년에는 미국 내 일자리의

7　　Michael Hardt, "The Common in Communism," *Rethinking Marxism* 22:3, 2010, 346–356.

8　　Judith Stein, *Pivotal Decade*, New Haven, CT: Yale University Press, 2010, xii.

9　　Doug Henwood, *Wall Street*, London: Verso, 1998, 76.

10　　Bureau of Labor Statistics, "Retail salespersons: occupation with highest employment in 2010," May 20, 2011, US Department of Labor, bls.gov.

17퍼센트만이 재화 생산 산업과 관련되었다.[11] 프롤레타리아화가 애초에는 땅을 가진 사람들이 이를 탈취당하는 과정을 지칭했다면, 당대의 프롤레타리아화는 안정된 직업과 제대로 된 임금과 숙련된 일자리의 몰수이자, 하인(미소 지어야 하고 돌봐야 하며 소통해야 하고 친근한 태도가 몸에 배기를 요구받는 사람들)의 창조인 셈이다.

제조업에서 서비스로 방향을 전환한 상황이 미국에만 독특하게 해당하는 건 아니다. 1970년부터 2010년 사이에 독일, 이탈리아, 프랑스, 일본, 스웨덴, 네덜란드, 캐나다, 오스트레일리아, 미국, 영국이 제조업 고용인원 비중의 감소와 서비스업 고용인원 비중의 증가를 경험했다. 이 중 영국의 감소율이 가장 높아서 23.9퍼센트에 이르렀다.[12] 자본주의 내 변화들을 이러한 통계는 짚어내며, 흔히 탈산업화 deindustrialization, 포스트포디즘, 지식기반경제 또는 정보기반경제의 융성이라는 표제 아래 논의된 그 변화들은 산업 프롤레타리아트의 형상을 당대의 공산주의 주체에 적용할 수 없음을 암시한다(이런 점은 농민 동원에 의존했던 공산주의 운동으로부터 이미 물려받은 것이다). 물론 여전히 산업이 있고 여전히 제조업이 있는 건 맞다. 그러나 저 변화들은 정보 소통 기술의 확산과 적용에 연계되거니와 이와 동시에 신자유주의라는 이데올로기로 조직되어 일하는 인민에게 가해지는 정치적

---

11   Lawrence Mishel, Jared Bernstein, Heidi Shierholz, *The State of Working America*, Ithaca, NY: ILR and Cornell University Press, 2009, 232.

12   Bureau of Labor Statistics, "Charting Annual Comparisons of International Labor Force Statistics, 2010," US Department of Labor, bls.gov.

공격과도 연계되며, 이처럼 양쪽 모두에 연계된 자본주의 내의 저 변화들이 암시하는 바는 공장 노동자들을 선차적 항목으로 삼아 조직된다고 그려지는 반대의 한계다.

안토니오 네그리와 마이클 하트가 보기에, 탈산업화, 서비스 영역 노동의 융성, 이런저런 기술의 팽창이 불러일으키는 변화들은 "프롤레타리아트"보다 더 유연적이고 포함적인 개념의 필요성을 지시한다. 네그리와 하트는 "다중multitude"을 대체 개념으로 제시한다. 다중이란 발생적이고 창조적인 위력이며, 자본주의가 의존하고, 동원하며, 통제하려고 애쓰는 생산적 권력이다. 그러나 "다중" 개념은 너무 많은 존재를 ―사실상 모든 사람을― 포함하며, 이와 같은 식의 포함은 적대antagonism를 그 대가로 주게 된다. 자본에 대립하는 노동, 가진 자에 대립하는 못 가진 자, 1퍼센트에 대립하는 99퍼센트가 아니라, 우리에게 주어지는 것은 가동적이고 유동적이며 소통적이고 정동적인 그물망 속에서 결속하고 재결속되는 특이성들의 다중이다. "다중"은 "프롤레타리아트"보다 소통 자본주의 하의 생산에 더 잘 들어맞는데, 네그리와 하트가 전지구적 정보 소통망의 결정적 역할을 강조하는 한에서는 특히 그렇다. 소통 자본주의 아래에서 역사의 주체대상이라는 발상과 더 잘 공명하는 것은 사회학적 계급이 아니라, 피드백 고리feedback loops나 조직된 네트워크 혹은 새롭게 부상하는 형성물들이다. 이런 것들 속에서 우리는 우리 자신을 새로운 무엇으로 발생시키고, 이런 자리들에서 우리는 우리 자신의 여건을 만들어내고 우리 세계의 모양을 짜냄으로써 우리 활동의 대상이 된다. 하지만 다중이 분할을 표현할 능력이 없다는 문제가 여전히 남는다.

자크 랑시에르의 "몫이 없는 몫part-of-no-part"개념은 저 포함적 다중이 제기하는 문제를 푸는 데 도움을 준다.[13] 랑시에르는 플라톤 및 아리스토텔레스를 읽어나가는 맥락에서 저 개념을 전개하는데, 이와 같은 읽기를 통해 그는 정치에서 부분집단the parties을 헤아리는 중에 벌어지는 오산miscount의 작용을 보여주고 있다. 저 고대 철학자들이 인민을 폴리스의 한 부분으로 다루고, 인민을 과두정 지도자에게 속한 부와 귀족정 지도자에게 속한 덕성에 비견될 법한 소유[인 자유]를 갖고 있는 분류군으로 다루고 있기는 하나, 인민은 실질적으로 아무 것도 가진 게 없다. 추켜세워진 이들의 자유는 부와 덕성의 부재를 대신하는 허구로 이해하는 게 더 마땅하다. 자유가 인민에게 배타적으로 주어진 소유라고 말하는 건 허구인데, 자유란 인민이 부유한 자들 및 고귀한 자들과 공통적으로 소유하는 것이기 때문이다. 이 허구는 강력한 위력을 행사한다. 그러니까, 실상은 공통적인 무엇을 종별적인 것으로 다룸으로써 데모스가 "동음이의관계homonymy를 통해 공동체 전체와 동일시되는" 것을 가능케 한다. 모두에게 공통적인 자유를 인민은 자기들만의 것이라고 주장한다. 자기들이 부도 덕성도 그 어

---

13   [옮긴이] 진태원은 랑시에르의 『불화』를 번역하며 "la part-des-sans-part"를 "몫 없는 이들의 몫"이라고 옮겼다. 이 말은 한편으로 몫을 갖지 않은 자들에게 주어지는 몫이라는 뜻을 가질 수 있다. 그런데 이 책에서 조디 딘은 이를 영어로 "the part of those who have no part"라고 풀어쓰기도 하고, "The part-that-is-not-a-part"라고 풀어쓰기도 한다. 따라서 이 말은 "몫이 없는 자들(les-sans-part)로 구성된 부분집합(part)"이라는 뜻이나, "부분이 아닌 부분집합"이라는 뜻까지 담을 수 있다. 여기서는 이러한 사정을 고려해 이를 "몫이 없는 몫"이라고 옮겼다.

떤 몫도 소유하지 않은 바로 그 순간에, 이 몫이 없는 몫은 스스로를 공동체 자체로서 식별한다. 랑시에르는 이렇게 쓴다. "몫 없는 이 ─ [고대의] 빈민, 근대의 제3신분, 프롤레타리아트 ─ 는 그 어떤 자건 간에, 실은 전부 아니면 전무 외의 아무런 몫도 소유할 수 없다."[14] 요컨대, 몫이 없는 몫이란 정치 영토로부터 배제된 경험적empirical 분류군의 객관성을 지칭하지 않는다. 몫이 없는 몫 개념은 주변화된 타자의 위치를 정함으로써 동일성 정치를 나타내는 또 다른 한 방식이 아니다. 프롤레타리아트의 유의어 또한 아니다. 외려 몫이 없는 몫은 몫을 소유하지 못한 자들이 주어진 질서에 일으키는 **중단**interruption을 지칭한다.

랑시에르의 몫이 없는 몫 개념은 나머지 우리로서 인민에 관해 사고하고, 분할하며 불화를 일으키는 위력으로서 인민을 사고할 방식을 제공해준다. 인민을 몫이 없는 자들로 이루어진 부분집합으로 떠올릴 때에, 우리는 인민을 경험적 소여로 축소하거나 혹은 인민을 공동체의 총체totality로 취급하는 일로부터 벗어나게 된다. 대신에 이제 인민은 어떤 간극을 표시하고, 어떤 간극에 따라 표시된다. 인민은 자신들로부터 몫을 (고대 텍스트들에서는 부와 덕성을) 빼앗아간 범죄와 부정의를 통해 한정될뿐더러 이러한 범죄와 부정의로 인해 정치화된다.

부분이 아닌 부분집합part-that-is-not-a-part은 현존 질서에 있는 간극 곧 해당 질서와 여타 가능한 맞춤 사이 간극을 지칭한다. 몫이 없

---

14   Jacques Rancière, *Disagreement*, trans. Julie Rose, Minneapolis, MN: University of Minnesota Press, 2004, 9. [자크 랑시에르, 진태원 옮김, 『불화: 정치와 철학』, 도서출판 길, 2015]

는 몫과 뜻이 같은 라캉의 용어는 대상 a(objet petit a)다. 대상 a는 과정 혹은 관계의 상회로서 생산된 어떤 불가능성이자 형식적 대상이고, 자극하거나 거슬리게 만드는 일종의 간극이며, 우리의 주목을 끄는 놓침 혹은 약간-모자람not-quite-rightness이면서, 샌트너가 말한 의미작용상의 스트레스다. 라캉에게서 유의어를 도입함으로써, 이 몫이 없는 부분part-of-no-part이 어떤 실체적 부분이 아니라는 사실, 어떤 경험적 지시체로서 배제가 사람들에 대한 배제이므로 이들에 대한 포함이 반드시 정치적 선이라는 내용을 담는 게 아니라는 사실이 강조된다. 예를 들어보자. "종교 근본주의자"는 자유주의 질서에서 몫이 없는 부분을 가리키는 명칭이 될 수 있다. 이 ["몫이 없는"] 부분을 포함하는 일은 근본주의 종교의 배제에 입각한 질서를 비틀고 방해할 것이다. "자본주의자"는 공산주의 질서에서 몫이 없는 부분의 이름이다. 자본주의자를 포함하는 일은 사적 소유와 착취의 철폐에 기초한 질서를 위태롭게 할 수 있다. 요약하자면, 랑시에르의 몫이 없는 몫 개념이 주는 이득은 이 몫이 없는 몫이 보편적 계급의 자리를 차지한다거나 새로운 역사의 주체대상을 명명하는 데 있는 게 아니다. 몫이 없는 몫 개념의 이점은 그것이 인민의 굴절 및 한정을 시사하며, 인민이 인민 그 자신과 불일치함을 명시한다는 데 있다.

나머지 우리로서 인민, 몫이 없는 몫으로서 인민이 "프롤레타리아트"나 "다중"보다는 당대의 공산주의 주체를 지칭하는 말로 더 낫긴 하지만, 사회를 드러내는 정초적 적대의 명칭으로서 계급투쟁은 여전히 핵심적으로 남는다—부유한 자들과 나머지 우리 사이 분할이 남아 있는 것이다. "계급투쟁"이 두드러지게 보여주는 사실은 사회 이룸sociality 자체에 편성적인[그래서 본질적인] 관계들을 질서 정연 하게 모아놓은 집합이란 하나도 존재하지 않는다는 점이다.[15] 모든 원소가 완벽하게 제자리에 채워진 사회란 없다. 대신에 사회는 실패와 해결, 연합, 억압, 분할, 배제를 통해서 등장한다. 사회는 불완전하고, 파열되어 있으며, 논쟁거리가 된다. "계급투쟁"은 이런 불완전함, 파열, 논쟁을 지칭하는 것이지, 경험적으로 주어지고 인구통계적으로 떠올려지는 사회 분류군들 사이 충돌의 실정성을 지칭하는 것이 아니다. 자본주의는 마르크스가 본원적 축적에 대한 그의 유명한 해명에서 분명히 하다시피, 계급투쟁의 **결과물**effect이다.[16]

자본주의는, 계급투쟁이 일정 생산양식에서 자명해진다는 점에서, 계급투쟁을 가리키는 또 다른 용어라고 말할 수 있기도 하다. 지젝은 다음처럼 쓴다. "계급투쟁은 사회 현실 내부의 특수한 행위자들 agents 사이 충돌로 축소될 수 없다. 또한 계급투쟁은 행위자들(상세한 사회 분석을 수단 삼아 기술될 수 있는 여러 작인(作因)) 사이 차이가 아니라 바

---

15   더 진행된 논의를 위해서는 나의 책 *Žižek's Politics*, New York: Routledge, 2006, 55~60쪽을 참조할 것.

16   [옮긴이] 마르크스는 『자본』 제1권에서 자본주의 생산양식을 정초한 본원적 축적이 자본가의 경제적 절약이나 화폐의 축장에서 일어난 것이 아니라, 농민을 그들의 생산도구인 토지로부터 쫓아내고 일하지 않으려는 사람들을 강제로 주어진 시간 동안 일하게 만든 법의 제정으로 일어났다고 말한다(카를 마르크스, 강신준 옮김, 『자본 1-2』, 도서출판 길, 2008, 961~1023쪽). 본원적 축적은 경제적 행위가 아니라 정치적 행위였다. 또한 본원적 축적은 "억압, 분할 및 배제를 통해서" 프롤레타리아트를 형성하고, 잉여가치 생산을 담당할 임노동자 계급을 만드는 과정이었다.

로 이러한 행위자를 편성하는 적대('투쟁')이다."[17] 계급은 계급을 생산하는 투쟁보다 선재先在하지 않으며, 다양한 지형에서 — 문화적, 법적, 기술적, 민족적 지형, 그 밖에 과거의 투쟁들이 실제 경우로 나타난 이런저런 지형에서 — 벌어진 투쟁보다 선재하지 않는다. 그리고 계급이 이와 같은 투쟁보다 선재하지 않기 때문에, 불가피하거나 자연적으로 생겨난 이런저런 이해관심의 필연적 소산이라는 식으로 계급의 정치가 미리 주어지는 것이 아니다. "계급투쟁"이 지칭하는 대립은 정치적 결정을 향해 개방되어 있다. 이 대립은 종교적, 민족주의적, 대중주의적, 자유주의적 지향으로, 그 밖의 이런저런 지향으로 짜일 수 있다. 그러므로 공산주의자들이 직면한 도전은 특수한 계급 전위를 식별하는 것이 아니라 어째서 공산주의가 최선의 대안인지 명료히 밝히는 것이며, 공산주의를 향한 투쟁을 조직하고 심화하는 일에 참여하는 것이다.

지젝의 라캉 독해는 결합 서사가 우리에 대해 갖는 적실성과 그 서사가 프롤레타리아트에게 역사적 미션을 수행토록 서품식을 거행하는 일에 대항할 더 나아간 논변을 제공한다. 곧 대타자는 실존하지 않는다는 것이다. 정사의 대타자Other of History란 없으니, 불가피한 진보 혹은 세계 속 자유의 실현과 같이 우리의 행동을 받쳐주고 보증해줄 이야기란 어디에도 없다. 우발적 사태와 이런저런 결정의 다수성에는

17   Slavoj Žižek, *Living in the End Times*, London: Verso 2011, 201.

체계, 경향성, 경로의존성이 딸려온다.[18] 인간의 행동들은, 계획적이거나 무계획적이거나 간에, 조직적이거나 개별적이거나 간에 ― 예상할 수 없을 사건들과 아울러, 또한 복잡하게 상호접속되어 예측불가능한, 인간 및 인간 아닌 것non-human의 행동 결과들과 아울러 ― 소급적으로 역사라고 이해되는 과정 및 유동들에 여파를 일으킨다. 정치적 선택들은 역사의 논리에 따라 주어지는 것이라기보다 피할 도리 없이 개방적이고 불분명하다. 어떤 일들은 언제나 끔찍이도 잘못될 수 있다. 결합 서사와 관련해, 좌경분자들은 역사가 사회주의적 예측을 따라 펼쳐지지 않았다는 사실을 붙들고 씨름했어야 했다. 사회주의는 공산주의로 이어지지 않았다. 만국의 노동자들은 단결하지 않았다. 자본주의는 자기가 생산한 위기들에 대응해 상대적으로 잘 적응해왔고, 그 대부분은 지배계급의 국가권력 이용을 통해 이루어졌다. 우리는 더는 공산주의 건설을 프롤레타리아트의 미션으로 삼았던 역사서사에 의지하지 않는다.

결합 서사가 흐트러졌다는 게 노동자들이 자본 착취에 대항해 투쟁하지 않는다는 의미는 아니다. 노동자들이 지배 자본가 계급 편에서 통치하는 국가에 대항해 봉기하지 않는다는 의미도 아니다. 그것은 살아남기 위해 자기의 노동력을 판매하도록 강요받는 인간들과

---

18   [옮긴이] 경로의존성(path dependencies)이란 사회에서 과거에 이루어진 제도·법·문화 등의 선택이, 그것이 비효율적이거나 처음의 조건이 변경되었다 하더라도, 쉽게 변하지 않는 현상을 가리키는 용어다.

그렇지 않은 자들 사이 적대라는 개괄적 용어로 마르크스와 엥겔스가 이해했던 투쟁, 그 피할 수 없는 계급투쟁의 정치적 형체에 관해 미리 주어진 것이나 불가피한 것이 아무것도 없다는 의미다. 마르크스와 엥겔스가 이 적대를 생산수단의 소유자인 부르주아지와 임노동자인 프롤레타리아트 사이 투쟁으로 묘사했던 데 비해, 당대 미국·영국·유럽연합에서 이런 대립은 부자와 나머지 우리 사이 투쟁으로 보는 쪽이 더 잘 들어맞는다.

갑부 가운데 상당수는 생산수단을 소유하고 있지 않다. 이들은 공공적으로 소유된 기업의 CEO들이다. 이들은, 천문학적 연봉과 보너스 액수가 나머지 우리 대부분이 평생 받아야 할 수준을 훌쩍 초과하긴 하지만, 피고용자다. [그러나] 고용된 지 1년가량만 지나면, 은행가들과 헤지펀드 운용자들은 "살아남기 위해 자기의 노동력을 판매하도록 강요받는다"라고 말해질 수 없다. 신자유주의적 자본주의는, [남북전쟁 이후 번창했던] 금박시대Gilded Age 자본주의와 마찬가지로, 금융 패권 즉 금융 기관들 수중을 향한 권력 집중에 의존한다. 뒤메닐과 레비는 다음과 같이 설명한다. "신자유주의는 수입 상위에 해당하는 자들을 위한 수입 창출을 겨냥하는 사회질서이지, 생산에 대한 더욱이 사회 발전에 대한 투자는 전혀 겨냥하지 않는 사회질서다. 중심부 국가들에서는 상위 계급들에 이득이 될 수입 배분을 지지해 국내 자본 축적을 희생시켰다."[19] 당대의 자본주의는, 물건들의 생산에 방향

19   Gérard Duménil, Dominique Lévy, *The Crisis of Neoliberalism*, Cambridge, MA: Harvard

이 맞춰져 있는 게 아니라, 1퍼센트에게 이득을 주고 1퍼센트의 끊임없이 증가하는 소비를 지탱하는 금융상 및 상업상의 실천들을 지향하고 있다. 나머지 우리 중 일부는 아마 회계사나 상담가로서, 어쩌면 문화, 음식, 건강관리, 운전 서비스 제공자로서, 몇 안 되는 이들은 그들의 후계를 교육하는 사람으로서 이들 금융 엘리트 및 기업 엘리트를 위해 고용된다. 나머지 우리 중에 훨씬 더 많은 비중을 차지하는 사람들은 실업 상태거나, 불완전고용 상태거나, 퇴직했거나, 장애를 입었거나, 우리가 하는 일 대부분을 (특히 돌봄노동에서) 무보수로 행하는 중이다. 전 세계적으로 우리 중 최소 10억 명이 기업에서 소유권을 주장하는 일을 무보수로 해주는 중이라는 사실을 우리는 문득 보게 된다. 이러한 불불노동의 자본화 중에 가장 잘 알려진 사례에 해당할 기업은 아마 페이스북Facebook일 텐데, 여기의 CEO는 세계에서 제일 어린 억만장자다.[20] 우리가 온라인에 접속하거나 이동전화를 쓰는 거의 매 시간 우리는 누군가 다른 사람을 위해 생산하는 중이며, 저들이 자기네 소유라고 주장하는 데이터와 자취들을 창조하는 중이다. 우리의 집합적 행동은 부자를 창조한다. 그것은 또한 저들을 파멸

University Press, 2011, 22.

20   [옮긴이] 마르크스는 자본주의 생산양식에서 본원적 축적 즉 대다수 인민의 프롤레타리아화가 이루어지고 나면, 절대적 잉여가치 생산이나 상대적 잉여가치 생산과는 별개의 차원에서 온갖 불불노동이 일상화된다고 말하고 있다. 직장이나 공장에서 노동자를 스스로 협력하는 행위 등도 자본의 입장에서 보면 잉여가치를 낳는 불불노동에 해당한다. 어떤 방식으로든 가변자본(노동력)에 투하된 가치 이상의 가치가 생산된다면 이는 모두 불불노동일 것이기 때문이다.

시킬 수도 있다.

"나머지 우리로서 인민"은 우리 중 자본주의로 인해 프롤레타리아화된["살아남기 위해 자기의 노동력을 판매하도록 강요받은"] 사람들을 지칭하며, 최고 거부의 향락을 위해 우리의 실천 활동 및 소통 활동을 착취, 추출, 몰수함으로써 생산된 인민을 지칭한다. 우리가 공산주의를 정치적 가능성의 지평으로 삼을 때에, 인민주권이 가리키는 방향에는 집합성으로서의 **우리를** 위해 통치하는 데서 **우리가** 이용하는 것으로서의 국가라는 시야가 펼쳐진다. 인민주권이란 우리 공통의 선common good을 위해 우리 공통의 미래를 우리가 집합적으로 조타하는 행위다.

미셸 푸코는 주권적 지식sovereign knowledge의 한계가 경제적 자유주의 형성에 결정적임을 간파했는데, 그의 이런 통찰은 공산주의를 인민주권으로서 이론화할 실마리를 제공한다. 『생명관리정치의 탄생The Birth of Biopolitics』이라는 제목으로 이후에 출간된 1978~1979년 강연에서, 푸코는 18세기 말 유럽(잉글랜드, 프랑스, 독일)이 절대왕정으로부터 자유주의로 이동했던 것을 통치 이성governmental reason의 변화로 제시한다.[21] 푸코는 변화가 주체[복종자]subject의 새로운 모형뿐 아니라 통치성

---

21   [옮긴이] 푸코의 biopolitique 관념은 biopouvoir라는 다른 관념과 연결되어 있으며, 네그리와 하트의 푸코에 대한 적극적 독해에 따르면 둘은 언제나 길항하는 관계를 이룬다. biopolitique가 통치의 전략과 연관된 관념이라면 biopouvoir는 대항의 전략과 연관된 관념이라는 것이다. 이러한 맥락에서 biopouvoir의 저항적 의미에 초점을 맞출 때, biopolitique는 『공통체(Commonwealth)』

governance을 가능할 새로운 척도를 제공하는 진실의 새 영토의 출현에 달려 있다고 주장한다. 이와 같은 진실의 새 영토의 출현은 이전엔 국가 내에서 조립되었던 권위와 이성을 그것의 방향을 돌려 이러한 방향 재설정을 통해서야 생겨난 시민사회로 가져다 놓음으로써, 주권 권력[의 속]을 도려낸다.

그 새 영토는 경제학political economy이었다.[22] 경제학은 수요공급의 법칙, 인과의 논리, 유인책과 보상의 결정을 동반하는 자연적 과정 일습을 발견함으로써 통치[또는 정부]government를 가능할 질료를 제공한

의 한국어 번역본에 사용된 "삶권력"이라는 번역어와 짝을 맞춘 "삶정치"라는 번역어가 더 나을 수도 있을 것이다. 다만 여기에서는 본문에 언급된 푸코 저서에 대한 한국어 번역본인 『생명관리정치의 탄생: 콜레주드프랑스 강의 1978~79년(Naissance de la biopolitique. Cours au Collège de France. 1978-1979)』(미셸 푸코, 오르트망[심세광, 전혜리, 조성은] 옮김, 난장, 2012)을 기준 삼아 biopolitique를 "생명관리정치"라고 옮겼음을 밝혀둔다.

　　[옮긴이] "통치성(governmentalite; government reason)"은 주권자가 권력을 행사해 신민이자 주체인 자sujet의 말과 행위를 바꾸기 위해 사용하는 모든 전략전술의 신경망을 가리킨다. 통치를 위해서는 국가장치가 필요하며, 통치성을 추구하는 주권자는 자기 권력의 보호가 아니라 국가의 다스림을 목표로 하게 된다. 통치성 속에는 푸코가 분석했던바 규율권력과 삶권력이 모두 겹쳐 작용하며, 따라서 통치성이란 현재 공공기관 등에서 흔히 "거버넌스" 혹은 "협치"라고 말해지는 것까지 포괄하는 개념이다.

22　　[옮긴이] 다소 복잡한 연원을 갖지만, 18~19세기에 political economy는 프랑스·영국·독일에서 다 같이 오늘날 우리가 '경제학'이라는 말로 이해하는바, [가정사(oikos)를 벗어나 정치체(polity)와 관련된] 생산·소비·분배 등의 경제활동 전반에 관한 학문을 가리키는 말이었다. 현재 '경제학'으로 번역되는 economics는 1900년대 초반에 경제 현상에 대한 수학적 접근법이 시도되면서 광범위하게 사용되기 시작했다고 한다. political economy의 기존 번역어인 '정치경제학'은 경제학의 고전적 시기 몇몇 사상가에게 한정된 뜻을 담거나, 소위 주류경제학과 대비되어 마르크스경제학이라는 뜻만 담는 경우가 있다. 그러나 현재 본문의 맥락이 근대 이후 주권 권력 내에 새로 생겨난 진실(즉 학)의 영토를 언급하고 있으며, 20세기 후반부터는 경제학이 다시금 현상의 수학적 이해 수준을 벗어나 행동경제학 등 인간의 사회활동 전반을 포괄하는 쪽으로 그 범위가 넓혀졌다고 보아, 여기에서는 "political economy"를 일반적 의미를 담은 "경제학"이라는 말로 옮겼다.

다. 경제학의 입장에서 위와 같은 과정들은, 무엇보다 이 과정들이 자발적 기제機制에 따라 작동하는 것처럼 보인다는 점에서, 진실truth의 장소다. 정부[또는 통치]에 대한 자연적 제한이라는 진실이 속한 장소인 것이다. 주권자the sovereign는 세금을 부과할 **당연권right을 가질 수 있겠지만, 그게 좋은 통치[또는 정부]**일까? 푸코가 설명하기로, 이 질문을 던지는 것은 주권 권력에 제한을 설정하는 것이며, 통치governance의 논리를 정초적으로 변동시키는 일이다. 진실이 시장에 자리 잡고 있다면 진실은, 자연법 이론가들뿐만 아니라 프랑스대혁명이 수호했던, 당연권의 법적 결정이라는 원리들로부터 쫓겨난 셈이다. 통치를 위한 명분reason과 통치의 척도는 국가로부터 벗어났다. 시장에 진실이 투하될 때에 즉 시장이 진실발화veridiction의 현장으로 부상할 적에, 통치[또는 정부]의 과업은 이 장소의 안전을 보장하고, 이 장소의 경계를 정해주며, 이 장소를 관리감독 하는 일이 된다.[23]

호모에코노미쿠스*Homo economicus* 이른바 경제인은 경제학이라는 새로운 영역에 어울리는 주체다. 자기가 예측할 수도 통제할 수도 없는 세계에 몰두한다는 점에서, 경제인의 이해관심은 일련의 우발적 사태에 달려 있고 그가 알 수도 없고 알지도 못하는 행동과 타자들에 달려 있다. 푸코의 설명은 이렇다. 경제인이 속한 상황은 "그러므로

---

23   Michel Foucault, *The Birth of Biopolitics*, trans. Graham Burchell, New York: Palgrave Macmillan, 2008, 116.

이중으로 불수의적이고involuntary, 무규정적이며, 비총체적입니다."[24] 이런데도 —여기에 보이지 않는 손의 수수께끼가 있다— 집합적 맹목의 조건들 속에서, 각인各人은 이득을 얻을 수 있다고 말해진다. 사실 이 집합적 맹목의 조건은 각인이 이득을 얻기 위한 **필연적** 조건으로 정립된다. 공공선public good 같은 것을 확실케 하려는 그 어떤 시도건, 개체 자신의 이해관심 추구를 통해서만 **오로지** 집합의 이득이 보장될 수 있기 때문에, 반드시 실패할 수밖에 없다.

주권자 또한, 개별 경제 행위자들이 전체를 볼 수 없는 것과 꼭 마찬가지로, 전체를 볼 수 없다. 눈에 보이는 손은 아무런 수단이 될 수 없는 셈이다. 그것은 부분적이고 뒤틀려 있으리라. 그것은 경제적 이해관심의 다수를 결속하는 데 실패할 것이다. 경제학이 선포하는 바는 "경제학에는 어떤 주권자도 없다, 경제적 주권자란 존재하지 않는다"라는 것이다. 푸코의 강연대로라면, 호모에코노미쿠스는 "주권자에게 이렇게 말합니다. 당신은 하지 말아야 한다고. 그런데 왜 그는 하지 말아야 할까요? 당신은 할 수가 없기 때문에 하지 말아야 한다는 것입니다. 그리고 당신은 '권력이 없다powerless'는 의미에서 할 수가 없다는 것입니다. 그렇다면 왜 당신은 권력이 없고, 할 수가 없을까? 당신이 할 수 없는 이유는 당신이 알지 못하기 때문이며, 당신이 알지 못하는 이유는 당신이 알 수가 없기 때문입니다." 요컨대, 경제인은 주권 권력을 그저 제한하는 게 아니다. 외려 경제인은 "그가 주

24   같은 책, 278.

권자의 본질적이자 정초적이고 주요한 무능력incapacity을 폭로하는 만큼 다시 말해, 경제 영역의 총체성을 통어할 수 없음을 폭로하는 만큼 주권자에게서 권력을 벗겨낸다."[25] 자유주의는 경제학을 적극적으로 받아들임으로써 법적[으로 부여된] 주권의 속을 도려낸다. 이는 상호 간 조건을 이루는 여러 선택 및 결정의 모둠ensemble을 정립함으로써 이루어지는데, 이러한 모둠에 대한 지식은 필연적으로 주권자를 피해 빠져나간다.

주권 권력의 속을 도려내는 일은 다종다양한 해답이 나타날 수 있게 한다. 그 하나는 주권자를 시장에서 배제하는 주권의 영역 구획 같은 게 될 것이다. 또 다른 하나는 주권자에게 시장 과정을 관리 감독 하고 검증하는 책임을 지게 하는 것이다. 이 두 번째 판본에서 관리감독과 연계된 바로 그 통치 활동들의 실천은, "과학적이고 사변적인 합리성"에 견주어 주권 이성을 보잘것없이 만들 수 있었을 것이다.[26] 실제 일어난 것은, 푸코에 따르면, 세 번째 경우로서, 통치[또는 정부]를 새로운 영토—시민사회—로 연장한 것이다. 시민사회는 통치 권력 행사의 새로운 영역이 되어, 경제인을 경영하기 위한 위치를 제공한다. 시민사회는 [일종의] 기준면plane of reference으로 여기서 개체들은 당연권의 주체 또는 경제 행위자로서 통치되는 게 아니라, 사법적 관심사와 시장 관심사를 여타 요소(건강, 교육, 재생산)와의 관계 속에 밀

25   같은 책, 283, 292.

26   같은 책, 292.

어 넣으면서 결합하는 어떤 새로운 모둠을 거쳐서 통치된다.

　　자유주의(그리고 이후의 신자유주의)가 도려낸 주권은 인민의 주권
이다―여기서 인민이란 개체로서의 인민, 사고 팔고 계약을 맺으면
서 시민사회[부르주아 사회]에 행위자로 포함되는 그런 사람들이 아니
다. 이들은 지배력을 획득할 자질을 지닌 **집합적** 신체body로서의 인민
이다. 예를 들어 뱅자맹 콩스탕이 루소의 일반의지를 받아들이기보
다는 사유재산을 적극적으로 포용했던 일은, 집합화된 정치적 위력보
다 개별화된 경제적 위력이 궁극적으로는 더 강력하다는 이념에 기댄
다.[27] 콩스탕은 다음처럼 쓴다.

> 화폐는 폭정에 대해 가장 효과적인 억제책이다. (…) 위력은 폭
> 정에 대항하기에 쓸모가 없다. 화폐는 폭정 자체를 봉쇄하거나
> 그것을 피해 달아난다. (…) 고대인들 사이에서는 신용이 오늘
> 날 우리가 그것에 부여하는 만큼의 중요성을 갖지 못했다. 고
> 대인들의 정부[또는 통치]는 사적 개체들보다 더 강력했다. 오늘
> 날에는, 그 반대로, 사적 개체들이 정치권력보다도 어디에서나
> 더욱 강인하다. 부富는 모든 이해관심에 대해 훨씬 용이하게 행
> 사되는 위력이며, 결과적으로 부는 훨씬 현실적이며 **훨씬 복종**

27　[옮긴이] 뱅자맹 콩스탕(1767~1830)은 나폴레옹 시기 프랑스의 정치가이자 문필가다. 자기
의 연애사를 다룬 자전적 심리소설 「아돌프(Adolphe)」(1816)로 잘 알려져 있다. 영국의 영향을 받
은 자유주의 정치사상을 품고 있었다.

하기에 용이하다.[28]

콩스탕은 화폐 권력을 개체의 권력과 결합시킨다. 폭정을 억제하는 것에 대한 콩스탕의 이야기는, 아주아주 부유한 개체들만이 정부[또는 통치]보다 강력할 수 있는 화폐를 갖고 있다는 사실은 피해가지만, 인민에게 한껏 행사되는 현실적이고 강력한 위력의 부상에 대한 이야기이기도 하다.

푸코가 해설하기로, 18세기 말과 19세기 초에 드러난 이론적 문제는 법right과 의지의 주체를 경유해 착상되는 통치성과 이해관심의 주체를 경유해 착상되는 통치성 사이 양립불가능성이다. 전자의 통치성은 나눔과 포기를 요구하며 이는 전통적으로 사회계약이라고 표현되었던 것이다. 개인들은 사회계약을 통해 각자가 자진해 부과한 일련의 제약에 동의함으로써 통일체를 이뤄 모인다. 반면에 후자의 통치성은 주체[복종자]가 그의 자기이익을 추구하기를 요구하며 나아가 이를 명령하기까지 한다. 후자의 자유주의적 개념파악은, 더욱이 경제학으로서 자기이익의 이런 추구를 위한 영역과 틀을 설립하고, 이 영역과 이 틀은 자유의 자리뿐 아니라 진실의 새로운 영토가 된다. 푸코는 다음과 같이 쓴다. "자유주의는 바로 이러한 핵심적 양립불가능성의 공식화와 더불어 그 근대적 꼴을 갖추게 됩니다. 즉 근대 자유주

28　Luciano Canfora, *Democracy in Europe*, trans. Simon Jones, Malden, MA: Blackwell Publishing, 2006, 64에서 인용.

의의 상은 경제적 주체들의 총체화불가능한 다양성과 사법적 주권의 총체화하는 통일 사이 양립불가능성과 함께 떠오르는 것입니다."[29] 경제의 어떤 판본, 일차적으로는 시장에 중심을 두었고 이후에는 협소하고 기묘한 경쟁 관념에 치중했던 판본이 통치성을 막는 일종의 장벽으로 제시된다. 통치[또는 정부]가 알 수 있고 행할 수 있는 것에 가로놓인 일종의 한계로서 경제의 이런 판본이 제시되는 것이다. 이 한계는 유럽에서 민주주의의 확산과 더불어 나타나는데, 이 경우 민주주의는 자연권과 사회계약과 사법적 의지라는 관점에서와 이와 같은 이념들을 참정권 확대와 대중정당의 제도화를 통해 예시화instantiation 한다는 관점 모두에서 이해되는 민주주의다.

자유주의 경제학은 경제 문제들을 감독하고, 인도하고, 지시하고, 조직할 의지를 지닌 집합적 위력인 인민에게 제한을 부과하는 일이다. 자유주의 경제학은 집합적 강인함으로부터 자질을 빼앗아가는 일이며, 집합적 강인함을 파편화해 애초부터 경쟁하고 대립하는 개체들로 추정하는 일이다(이 점에 대해서는 마르크스가 「유대인 문제에 대하여 On the Jewish Question」에서 설명하고 있다).[30] 인민의 집합적 권력을 제한하는

---

29   Foucault, *The Birth of Biopolitics*, 282.

30   [옮긴이] "**이기적** 인간은 해체된 사회의 **수동적** 결과 내지 그저 **주어져 있는** 결과요, **직접적 확실성**의 대상이요, 따라서 **자연적** 대상이다. 정치적 **혁명**은 시민적 삶을 그 구성요소로 해체시켰으나 그 구성요소 자체를 **혁명화**하고 비판의 대상으로 삼지 못했다."(360쪽) "정치적 해방은 인간을 한편으로는 시민사회[즉 부르주아 사회]의 구성원, **이기적인 독립적** 개인으로, 다른 한편으로는 **공민** 즉 도덕적 인격(Person)으로 환원시키는 것이다. // 현실적이고 개별적인 인간이 추상적 공민을 자신 속으로 환수하고, 개별적 인간으로서 자신의 경험적 삶, 개별적 노동, 개별적 관계 속에서

제3장 인민주권   105

일은, 시민사회에 대한 논의에서 푸코가 명확히 한 바와 같이, 인민을 활동적 행위자에서 수동적 인구population로 돌려세운다. 인민은 오로지 개체로서만, 극히 적은 기업가나 사업체의 경우에만 활동적이다. 시장의 자유로서 나타나는 것은 그래서 사람들이 공통으로 나누고 생산하는 것에 행사될 인민의 집합적 권력을 압류하는 일에 달려 있다. 관건은 권력—사람들이 살아내는 기초적 조건들에 영향을 끼치는 인민의 권력—이지만 이는 집합적이어야만 현실적인 힘이며, ["인민의 권력은"] 인민이 듣기로 그들이 알 수 없기 때문에 다스릴 수도 없다고 하는 경제에 자리를 내주고 쫓겨난다. 경제가 행하는 것은 인민이 행할 수 없기 때문이다. 인민이 개별적 단독성으로 제한됨에 따라, 경제는 집합적 활기와 관여를 행사할 위력과 권력을 획득한다.

자유주의가 주권의 속을 도려내는 일은 주권이 총체적 지식을 요구한다는 주장에 의탁한다. [그렇다면] 경제에 행사될 주권은 표면적으로 불가능한데, 그 이유는 경제적 과정들에 대해 알 수 없기 때문이라는 것이다. 우리가 이러한 주장을 받아들일 필요는 없다. 주권적 권력이든 주권적 지식이든 전체적이지도 완성적이지도 않다. 주권적 권력이나 주권적 지식은 부분적이고, 변화하며, 서로를 규정한다. 그 것들은 수정, 재조합, 논쟁에 열려 있다. 인민주권은 우리가 알고 있는

유적 존재가 되어 있을 때, 그리고 인간이 자기 '고유의 힘(forces propres)'을 **사회적** 힘으로 승인하고 조직하며, 따라서 그 사회적 힘이 더 이상 **정치적** 힘의 형태로 자기 자신으로부터 분리되지 않을 때, 이때 비로소 인간 해방이 완성된다."(361쪽) 칼 마르크스, 전태국 외 옮김, 「유태인 문제에 대하여」, 『마르크스의 초기 저작: 비판과 언론』, 열음사, 1996, 332~370쪽.

것에서 뻗어 나오지 않는다. 인민주권은 우리가 행하는 일로부터 솟아오른다. 우리는 우리 자신을 창조하는 세계를 창조하는 것이다.

푸코가 제공하는 방식이 공통 의지에 따라 생산과 분배를 인도할 능력을 지닌 집합적 위력으로서의 인민주권에 부정적으로negative 접근하는 것이라면 ― 다시 말해, 푸코의 자유주의와 신자유주의에 대한 설명으로 인해 이 집합적 위력이 경제학의 압류 대상으로 나타나게 되었다면 ― 수전 벅모스는 동일한 요점에 보다 직접적으로 접근할 길을 보여준다. 그녀가 설명하기를, 소비에트의 법 이론은 사회주의 국가를 노동자 인민의 정치적 주권에 의지하게끔 둔다. 프롤레타리아독재는 그야말로 명시적으로 인민주권을 가리키는 명칭이라는 것이다.[31] 벅모스는 프랑스 사학자 프랑수아 퓌레François Furet를 따와서, 프롤레타리아독재를 프랑스대혁명으로부터 뻗어 나온 정치의 궤적 가운데 위치시킨다. 프롤레타리아독재는 통치[또는 정부]와 피통치자 사이 불가능한 동일시를 확립함으로써 인민의 권력을 현실화한다. 지젝이 말하다시피, **"'프롤레타리아독재'란 민주주의의 폭발 그 자체에 속한 폭력의 또 다른 이름이다."**[32]

---

31   Susan Buck-Morss, *Dreamworld and Catastrophe*, Cambridge, MA: MIT Press, 2002, 19. [수잔 벅-모스, 윤일성·김주영 옮김, 『꿈의 세계와 파국: 대중 유토피아의 소멸』, 경성대학교출판부, 2008]

32   Slavoj Žižek, *In Defense of Lost Causes*, London: Verso, 2008, 416. [슬라보예 지젝, 박정수 옮김, 『잃어버린 대의를 옹호하며』, 그린비, 2009]

벽모스는 인민주권에 대한 이런 식의 풀이를 [그 풀이가] 속임수에 기대고 있다며 비난한다. 인민의 통일이 그 통일을 생성해내는 폭력과 배제보다 먼저 있지 않다는 것이다. 이와 같은 폭력은, 적을 명명하고 제거하는 일을 통해 전형적으로 행사되는 것으로서, 정당화될 수 없다. 폭력을 정당화할 사람들은 아직은 한 집합으로 편성되지 않는다. 요컨대, 권력의 상회는 인민과 인민주권 사이 비동일성이 발생하는 지점 다시 말해 통치[또는 정부]와 피통치자 사이 간극이 발생하는 지점을 짚어낸다. 벽모스는 다음처럼 쓴다. "민주주의의[군중지배의] 주권이 인민의 합법적 구현체로서 자신이 독점하고 있는 모든 폭력을 인민과 **대결시킨다면**, 민주주의 주권이 사실상 입증하는 바는 이것["민주주의의 주권"]과 인민 사이 **비**동일성이다."[33] 벽모스가 보기에 이 비동일성은 악순환이나 "야생 지구wild zone"를 낳는 파급력을 갖는데, 이와 같은 곳에서 합법과 불법은 분간되지 않는다. 인민주권이 전체성wholeness 즉 데모스의 통일에 기초해 겉보기엔 합법성을 보증해야 할 곳에서, 인민주권은 외려 분할을 동원한다.

"소급적retroactive 결정"에 대한 지젝의 설명은 "야생 지구"의 문제를 풀어낸다. 그 어떤 결정이든 그것이 이뤄지기 이전에 속속들이 다뤄지지 않는다. 결정은 언제나 의문에 부쳐질 뿐만 아니라, 결정 그 자체는 그것이 의문에 부쳐지는 여건의 생성에 한몫한다. (정치적 상관관계는 부름the call을 정당화할 자들을 불러내는 중이다.) 그렇다면 방비 없이 노

---

33   Buck-Morss, *Dreamworld and Catastrophe*, 7.

출된 상태는 주권에만 특정한 문제가 아니다. 이는 그 복잡성이나 비결정성 및 명령이라는 모든 면에서 법 구조의 한 면모다. 주어진 그 어떤 지점에서나 지배의 법적 지위는 불확실할 수 있고, 강행이나 해석에 의존하거나, 법정에서 대기하거나, 호소에 시달리거나, 다툼·개정·재해석의 과정에 있을 수 있다. 선행하는 그 무엇은 그것을 준수했던 일이 지나가고 난 뒤엔 그저 선행하는 것일 뿐이다―이후에 그 무엇은 파괴될 수도 있고 부인될 수도 있다. 합법과 불법 사이 불안정함은 애초에 법 안에 있다. 이 불안정함은 주권이 민주주의적으로 예시화되는 경우에만 특정되는 문제가 아니다.

보다 중요한 점은 인민과 그 주권 사이 비동일성 및 인민과 통치[또는 정부] 사이 잃어버린 고리missing link에 관한 벅모스의 강조다. 물론 그녀는 이런 분할의 동원을 문제로 다루지만, 나는 이것["이런 분할의 동원"]이 공산주의 주체로서 인민이라는 관념을 구성하는 데서 불가결한 물적 요소라고 본다. 분할은 포퓰리즘적 인민의 상상된 총체성으로부터 공산주의적 인민을 분리한다. 현실 속의 사람들로부터 주권적 인민의 집합적 권력으로 나아가는 원만한(자연적인) 흐름이 있다기보다는, 전체 사물 혹은 전체 질서라는 환상이 허위임을 보여줌으로 해서 전체적인 것을 파열시키는 간극이 있다. 주권이 얼마나 대중적이건 간에, 인민과 정부[또는 통치]가 동시에 현시되는 일은 없다. 인민이 현시되는 곳에는 혼돈이 있고 혼란이 있다. 정부[또는 통치]가 현시되는 곳이 있다면, 거기에 인민은 현시되지 않는다. 인민이 결코 완전히 현시될 수 없는 한에서―일부는 나타나지 않았고, 무슨 일이 벌어졌는지 듣지 못했고, 힘 있는 웅변가에게 오도되었고, 시작부터 계산착오가 있었고, [대의에] 전혀 동의하지 않아서 자기네를 셈에서 빼기를 원했고, 참석이 차단되었기에 — 인민의 필연적 부재는 정치에 속한 간극이다. 랑시에르의 말로는, "'노동자', '인민', '프롤레타리아트'라는 용어들이 뜻하는 현실은 물적 조건의 실정성으로 환원될 수도 없었고 상상 속의 피상적 사견conceit으로 환원될 수도 없었다. 저 용어들이 뜻하는 현실이 항상 지칭했던 바는, 경험의 파편들과 상징화의 형식들 사이의 ([불완전과 불공정이라는] 두 의미 모두에서) 부분적인 partial 연결, 잠정적이고 논쟁적인 연결이다."[34] 나뉘고, 분할되고, 불가능해 인민은 정치적으로 있을 수 없다. 이들은 하나, 조금, 또는 일부로서 그리고 하나, 조금, 또는 일부를 통해서 오직 정치적일 수 있다(결코 직접적 구현이 아닌, 오직 제한적으로만 말이다). 요컨대, 하나는 우리를 우리 자신에게 다수로서 재현한다. 조금few은 이런저런 주제와 이념idea을 가능케 하고 조직하며 제공한다. 일부some는 모든 일을 수행한다. 인민은 언제나 비非전체다. 다수란 개방되어 있고 완전하지 않다는 단순한 이유에서가 아니라 인민은 자기 자신을 총체로 만들 수 없어서다. 지도자의 지배, 정당의 지배, 혹은 헌법의 지배는 인민과 정부[또는 통치] 사이에서 사라진 접속사의 구멍을 보충하거나 메운다. 그럼에도 이와 같은 지배가 인민주권이 동원하는 분할을 넘어설 수는 없

34　Jacques Rancière, *Staging the People: The Proletarian and His Double*, trans. David Fernbach, London: Verso, 2011, 14.

다. 분할은 더 내려갈 데 없이 내려가기 때문이다— 적대는 정초적이며, 축소불가능하다.

조르조 아감벤 또한 인민의 비동일성을 논급한다. 아감벤은 이 비동일성을 주권의 간극이라는 관점에서 이해하기보다는 어떻게 해서 인민이라는 단어의 지시대상이 모두로부터 일부로 옮아가는지에 관해, 어떻게 해서 [인민이라는 단어의 지시대상이] 신화적이고 불가능한 **우리 모두**로부터 특권을 가진 자들과 나머지 우리 사이 분할로 옮아가는지에 관해 고찰한다. 그는 다음처럼 쓴다. "우리가 '인민'이라고 부르는 것은 실제로는 통일된 주체가 아니라 상반된 양극 사이에서 진동하는 변증법적 떨림인 것 같다. 한편에는 전체적인 정치적 신체 political body로서 **인민**People의 집합이 있다. 다른 한편에는 궁핍하고 배제된 몸뚱이들의 파편적 다수로서 인민의 부분집합이 있다."[35] 인민 내부의 편성적 분할이 저 스스로를 표현하는 것은 언어로서다. 저 용어["인민"]는 "인민주권"이라는 표현에서 그렇게 하듯이 모든 사람의 상상된 통일을 나타낼 수 있다. 저 용어는 또한 못난 자, 가난한 자, 노동하는 자, 착취당하는 자, 삶과 노동이 소수의 이득을 위해 몰수당한 다수를 나타낼 수도 있다. 이 두 번째 의미의 인민에 착목하는 일은 소수와 다수 사이 분할을 표현하고 정치화하는 것이며, 다수를 다수

---

35   Giorgio Agamben, *Homo Sacer*, trans. Daniel HellerRoazen, Stanford, CA: Stanford University Press, 1998, 177. [조르조 아감벤, 박진우 옮김, 『호모 사케르: 주권 권력과 벌거벗은 생명』, 새물결, 2008]

자신들의 필요와 권력 속에서 드러내는 것이다.

아감벤의 "변증법적 떨림"은 그럼에도 너무 이르게 멎고 만다. 그의 "변증법적 떨림"은 두 위치 사이에서 진동하지만, 세 번째 즉 궁핍하고 생산하는 몸뚱이들이 정치적 신체가(주권이) **되는** 위치도 있고, 네 번째 자리까지도 있다. 이 네 번째 위치에서, 궁핍하고 생산하는 몸뚱이들이 정치적 신체라는 **저 사실**은 어떤 불가능을 —**정치적인 것을 하나의 신체로 총체화하고 구획 짓는 일이 불가능함을**— 드러낸다. 그런데 이러한 추가적 움직임이 없이도, 아감벤의 언어는 내가 제안하는 바인 인민 내부의 분할 읽어내기를 난처하게 만든다. 그는 분할에 속한 상이한 이미지를 한데 엮는다. 다시 말해, 아감벤은 상반된 양극을 언급하면서도 하나로 통일된 전체와 이로부터 배제된 무엇을 언급하는 것이다. 상반된 양극 사이 분할은 어떤 영역 (이 영역은 연장 extension이 있되 필요경계선이 없는 상태를 특징으로 한다고 말할 수도 있겠다) 속에서의 분할이다. [반면에] 전체와 그 외부의 무엇 사이 분할은 이 내적 분할을 대체하고, 이렇게 함으로써 개방된 영역을 통일된 신체로 바꿔 표현한다. 이제 정치의 문제는 인민 내부의 대립, 착취자와 피착취자 사이 대립으로부터 이동해 인민에게서 배제되는 일의 문제로 (벅모스의 뇌리를 사로잡고 있는 문제로) 된다. 이에 상응하는 정치적 해결책은 포함으로 드러나고, 인민 내부의 분할과 대립이라는 애초의 과제는 지워진다.

인민 내부의 분할을 깨닫는 더 나은 방식, 전체로서도 아니고 통일로서도 아니라 집합성 내에서 집합성으로서 있는 인민의 권력을 표현할 수 있는 방식은 욕망과 충동 사이 정신분석학적 구별을 활용한다.[36] 프로이트의 충동 관념이 겪는 우여곡절은 일반적으로 알려져 있지만(반대물로 뒤집히고, 주체 자신을 향해 돌아서서, 억압 및 승화가 이루어지는 변천 과정), 좀 덜 친숙하더라도 라캉이 충동에 대해 가졌던 관념 중 두 특성은 강조될 필요가 있다. 이 중 첫 번째는 주이상스와 관련해서 충동과 욕망 사이 차이에 관한 것으로, 다시 말해 주체가 그녀의 향락과 관련해서 구조를 형성하는 이런저런 경제에 관한 것인 셈이다. 욕망은 언제나 욕망에 대한 욕망이요, 절대로 채워질 수 없는 욕망이자, 절대로 획득할 수 없는 주이상스 혹은 향락을 향한 욕망이다.[37] 대조적으로, 충동은 도달하지 못하는 반복적 과정 가운데 주이상스를 획득한다. 사람들은 즐기기 위해 목표에 도달하지 않아도 된다. 향락은 과정에 부착되며, 그럼으로써 주체를 사로잡는다. 향락은, 그것이 얼마나 조그맣거나 덧없거나 부분적이거나 간에, 사람들이 충동의 순환고리를 고집스레 지속하는 이유가 된다. 두 번째 특성은 충동과 욕망에서 대상 a의 서로 다른 지위에 관한 것이다. 지젝은 다음과 같이 쓴다.

물론 두 경우 모두에서 대상과 상실 사이 연결고리는 결정적이다. 그러나 [욕망과 충동의 경우에 서로 다른 점이 있다] **욕망**의 대상

---

36 나의 글 "Drive as the Structure of Biopolitics"(Krisis 2, 2010)을 참조하라.

37 Slavoj Žižek, *The Ticklish Subject*, London: Verso, 2000, 291.

으로서 대상 a의 경우, 우리는 본래적으로 상실했던 대상을 갖는다. 이 대상은 그것 자체의 상실과 동시에 생겨나며, 상실된 것으로 나타난다. 반면에 충동의 대상으로서 대상 a의 경우, 그 **"대상"은 곧 상실 그 자체다** — 욕망으로부터 충동으로 옮아가면서 우리는 **상실한 대상으로부터 대상이 되는 상실 그 자체로** 이행한다. 다시 말해, "충동"이라 불리는 괴상한 움직임을 몰고 가는 것은 상실한 대상을 향한 "불가능한" 탐색이 아니다. 반대로 **"상실"** —그 간극과 베어냄과 거리— 자체를 직접 활성화하려는 몰아붙임이 곧 "충동"이다.[38]

충동이란 상실로부터 빚어지는 위력이다. 충동은 위력으로서의 상실이거나, 상실이 욕망의 영역에서 행사하는 위력이다.

욕망하는 인민은 욕구들을 가지며, 인민은 함께, 집합적으로, 활발하게, 공통으로만 이 욕구들을 다룰 수 있다. 욕망하는 인민의 주권은 이들 수數의 다수성으로도 축소될 수 없고, 이들이 수행하는 절차들로도 축소될 수 없다. 외려 인민의 주권이란 통치[또는 정부]를 위한 대의와 이성을 명명한다. 공통의 선을 욕망하는 집합적 인민이 그 이름이다. 충동에 붙들린 인민은 파편화되어 그물망과 지류들 속으로 산개한다. 충동의 반복적 순환고리에 묶인 채, 인민은 이들이 통치성의 대상으로서 [총체화된] 인구가 되는 바로 그 순간에도 자신들의 [파

---

38   Žižek, *In Defense of Lost Causes*, 328.

편화된] 분리된 사업을 추구한다.

내가 벅모스 및 아감벤과 맞서본 것이 공산주의를 경제 속 주권인 인민의 위력으로 보는 시야를 얻기 위해서만은 아니다. 나는 또한 포함/배제의 쌍이 공산주의자들에게는 정의의 주된 중심축을 나타내지 않는다는 사실이 강조되기를 바란다. 인민주권이라는 관념이 주는 개념적 이득은 그것["인민주권이라는 관념"]이 모든 것을 포함하지는 **않는다는** 점이다. 인민주권이라는 관념은 분할한다. (하지만 자유주의적 민주주의자들에게, 그 누구라도 민주주의 절차에 참여할 기회로부터 혹은 자본주의 시장에서 벼락부자가 될 가능성으로부터 배제되지 않음을 확실히 해두는 일이야말로 참된 정치적 사안이라고 주장하는 이들에게 포함/배제의 쌍은 꽤 근사하게 작동한다.) 일례로 당대의 긴급한 사안은 미등록 이주노동자에 관한 것이다. 미등록 이주민 문제에서 구제책은 이들에게 등록증을 발급하는 것 ― 따라서 국가 구성원 자격을 주는 것 ― 이다. 이는, 나쁘지 않은 목표이겠으나, 국가권력을 접수하거나 변화시키는 것이 아니라 [현존하는] 국가권력을 연장하는 식의 목표다. 이와 유사하게, 늘어가는 수백만 빈민가 거주자들이 제기하는 딜레마에 대한 해법이 재산권이며, 이는 소유자들을 공식적 시장 경제 내부로 끌어들임으로써 셈해지지 않은 사용과 교환이 시장에 제기하는 위협을 제거하는 구제책이라고 주장하는 일부 사람들이 있다. 이런 입장은 공산주의자가 취할 게 아니다. 자본주의란 편성적으로 인민을 배제하는 체제가 아니라 편성적으로 인민을 착취하는 체제이기 때문이다.

지젝은 바디우와 랑시에르로부터 다음과 같은 주장을 만들어낸다. 포함된 자들과 배제된 자들 사이 적대가 오늘날 자본주의를 파열시키는 근본적 적대(따라서 공산주의 이념에 결정적)**이다**라는 것이다. 지젝은 배제에 초점을 맞추는 일이 "사회적 적대라는 온당한 마르크스주의 관념을 잃고 (…) '개방성'이라는 자유주의적-관용적-다문화적 논점"을 흔히 묵과한다는 점을 인식한다.[39] 그러나 그는 프롤레타리아트의 포함은 다른 부류의 포함이자, 자본주의를 사실상 와해시키며 자본주의가 징후적으로 배제하는symptomal exclusion 지점("몫이 없는 몫")의 포함이라고 주장한다.

여기에서 "프롤레타리아"라는 관념에는, 자본주의 내의 여러 변화에 대한 나 자신의 논의가 입증하듯, 많은 것이 달려 있다. 한편으로 지젝은 "프롤레타리아"를 공장으로부터 정당하게 떼어놓으면서, **프롤레타리아화**를 인간들에게서 "실체"를 박탈하고 이들을 [복종하는 자로서] 순수한 주체로 축소하는 과정인 것으로 다룬다. 다른 한편으로 그는 배제를 특수한 종류의 프롤레타리아화로서, "실체 없는 주관"을 직접 구현하도록 누군가가 만들어지는 과정으로서 식별해낸다. 이 누군가는 체제의 물적 잔여물이자, 체제의 피할 도리 없이 필연적인 부산물이다. 전체 체제가 이들을 배제하는 일에 (혹은 이들을 잔여물로서 포함하는 일에) 의지하기 때문에 ―왜냐면 자본주의가 인간쓰레기를, 아무런 역할이나 기능을 갖지 않은 잉여 인구를 생산한다는 진실을 바로 이들이 구현하므로― 이들을 포함하는 것은 체제 자체를 파멸

---

39   Slavoj Žižek, *First as Tragedy, Then as Farce*, London, Verso: 2009, 100.

시킬 수도 있다.

지젝의 논변은 그것이 프롤레타리아화를 과정으로서 착상할 때에 가장 설득력 있다. 하지만 그가 프롤레타리아화를 (착취보다는) 배제의 형식으로 바꿔놓을 때, 이 해석은 프롤레타리아화가 수행하는 필수적이고 생산적인 역할을, 프롤레타리아화가 인간 노동에 대한 자본주의의 포획 및 포함 양식이 되는 방식을 모호하게 만든다. 본원적 축적의 폭력적 과정은, 마르크스가 『자본』에서 그려내고 있듯이, 자본이 필요로 하는 노동자들을 자본에 제공한다.

신자유주의는 (생산 투자의 감소, 금융으로의 자본 전환과 더불어) 프롤레타리아화 과정을 증폭한다. 일례로 경제학자 데이비드 아우터와 데이비드 돈은 지난 30년간 소위 선진 경제권에서 발생한 고용 양극화 양상에 대해 서술한다. 고숙련 일자리 수는 증가해왔다(둘은 이 일자리들이 어디에 있는지에 관해서는 논의하지 않는다). 중간 정도의 숙련을 요하는 중간계급 일자리는 한결같이 감소했으며, 저숙련 비서비스 분야 일자리도 사정은 마찬가지였다. 동시에 저숙련, 저임금 서비스 분야 일자리는 급증했다. 이에 따라 채광, 제조, 조작, 운송 일자리 수는 줄어들고, 보육, 미용, 요식, 가정 간병, 청소, 정원 관리 일자리 수는 상당히 (1980년부터 2005년 사이에 53퍼센트가) 늘어났다. 아우터와 돈은 이런 서비스 분야의 증가가 컴퓨터 기술이 광범위하게 채택된 탓이라고 보고, 다음과 같이 쓴다. "컴퓨터 기술 가격의 하락이 반복 작업에 지불되는 임금을 끌어내림에 따라, 저숙련 노동자들은 자신들의 노동 공급을 자동화하기 어려운 서비스 업종으로 재할당했는데, 이는 이들

업종이 재치, 유연한 대인對人 의사소통, 직접적인 신체 인접에 강하게 의존하기 때문이다."[40] "재할당reallocation"이란 프롤레타리아화를 바꿔 말해 자본주의가 자신이 필요로 하는 노동자들을 생산하고 소비하는 과정을 적시한다.

프롤레타리아화와 몫이 없는 몫을 결합한 지젝의 경우, 그의 이런 결합은 내버려진 프롤레타리아들에 제한적으로 초점을 맞추고 생산적 (재화뿐만 아니라 서비스를 생산하는) 프롤레타리아트를 빠뜨린다는 점에서 일면적이다. 지젝의 프롤레타리아트가 갖는 특징은, 랑시에르가 그려낸 고대[그리스]의 데모스처럼, 그 자유에 있다. 지젝 판본에서 프롤레타리아트는, 몫이 없는 부분과 마찬가지로, "사회적 신체 내부에서 그들["프롤레타리아트"]의 장소를 합법적으로 만들어줄 [부나 덕성 같은] 특수한 자질"을 결여하고 있다—"이들은 사회의 어떤 부분집합에도 귀속됨 없이 사회라는 집합에 귀속된다."[41] 이런 프롤레타리아트는 부유浮游한다는 의미에서 자유롭다. 이 프롤레타리아트 계급은 주어진 장소 안에 제약되지 않으며, 상황 속에 이 계급을 위치시키는 특징들에 따라 결정되지 않는다는 뜻에서 자유로운 것이다. 그러나 마르크스가 『자본』에서 설명한 바와 같이, 노동자의 자유란 자본에 대한 의존 형식이며, 자본주의 체제 속에 노동자를 포함하는 것이다. 부

---

40   David Autor, David Dorn, "The Growth of Low Skill Service Jobs and the Polarization of the U.S. Labor Market," April 2012, econ-www.mit.edu/files/1474.

41   Slavoj Žižek, *In Defense of Lost Causes*, 413.

르주아 국가는 이러한 포함을 승인한다. 곧 국가의 입각점에서 보자면, 개별 노동자는 개별 자본가와 평등하며 양측은 상대와 계약을 맺을지 말지 선택할 자유가 있다.

그 밖에 부가되는 어려움은 당대 소통 자본주의를, 마치 소통 자본주의가 개개인을 몫이 없는 부분으로 지칭하는 편성적 배제를 특징으로 한 어떤 전체인 것처럼 다루는 데에서 비롯된다. 볼탕스키와 샤펠로가 요약하는 대로, 오늘날 포함/배제의 쌍은 전체가 아니라 네트워크와의 관련을 지칭한다.[42] 배제된 사람들이 취약한 이유는 이들이 절연되어 있기 때문이다. 즉 이들에게는 기회, 안전, 생계수단의 네트워크와 엮인 연결고리가 결여되어 있다. 네트워크 모형에는 징후적 지점이 없다. 즉 포함됨으로써 전체 체계를 파멸시키는 지점이 없는 것이다. 네트워크 모형에는 그저 더 많은 연결고리가 있다. 연결고리는 네트워크 형식에는 거의 충격을 가하지 않은 채로 더해질 수도 있고 떨어져나갈 수도 있다. 분명 네트워크는 과부하를 경험할 수 있다. 즉 스스로 조직되어 와해와 붕괴에 이르는 치명적 임계 상황을 경험할 수 있는 것이다. 하지만 네트워크의 과부하라는 이미지는 전체 및 그 구성적 배제라는 이미지와는 동일하지 않은데 특히 네트워크가 보통은 파탄을 우회할 수 있는 한에서 그러하다.

---

42   Luc Boltanski, Eve Chiapello, *The New Spirit of Capitalism*, trans. Gregory Elliott, London: Verso, 2007.

네트워크는, 특히 당대 소통 자본주의의 거대하고 빠르며 정동적인 네트워크는 욕망의 간극에 매달리고, 욕망의 간극을 열어둔다는 특수한 문제를 제시한다. 업로드·공유·검색에 대한 즉각적 요구는, 정치 활동이 참여 미디어 회로 속으로 수월하게 흡수되는 상황과 더불어, 결여를 승화시키고 이를 일상 속에 되돌려 퍼뜨림으로써 결여를 상실로서 판짜기한다format. 정치적 충돌이 네트워크로 짜인 매체의 지형으로 자리를 바꾸는 일은, 싸움 중인 사람들의 위치·의도·연합의 신호를 [네크워크가] 부단히 보내는 바로 그 순간에, 투쟁의 지세 topography를 영구적으로 확장하는 예상 밖의 파급효과를 낳는다. 지금껏, 이런 확장은 위기와 비상사태의 가속화를 먹고 자라면서 소통 자본주의를 강인하게 만들어왔다. 이런 팽창은 또한 현장에서 활발한 항의시위와 저항에 종사하는 사람들을 더 많이 노출시키고 더 많이 취약하게 만든다.[43]

나머지 우리로서 인민이 공산주의의 주체가 되고, 주권이 우리의 공통된 자원과 조건들에 대한 우리의 집합적 조타 장치가 된다면, 이 경우의 조종 양상은 어떻게 이해되어야 할까? 뒤에 남은 장에서 나는 이 문제를 소통상 공통communicative common의 생산성 및 정당의 조직 역할과 관련지어 다루고자 한다. 이번 장의 남은 자리에서는 의지주의voluntarism에 대한 피터 홀워드의 도발적 옹호를 고찰해보자. 결

---

43   나의 책 *Blog Theory*(Cambridge: Polity, 2010)에서 논의하는 내용을 보라.

합 서사의 역사적 결정론이 더는 설득력이 없어진 마당에, 노동하는 인민이라는 폭넓은 계급의 연대도 [그리고] 이 계급의 이해관심도 당연히 주어진 것으로 여겨질 수 없는데, 집합적인 정치적 의지를 떠올리기 위해 가능한 최선의 방법이 의지주의일까?

홀워드는 바디우가 제공한 사유의 궤적을 발전시켜, 당대 이론에 널리 퍼진 의지주의 거부에 반대 주장을 펼침으로써 인민의 의지의 "변증법적 의지주의"를 긍정하고자 한다. 비결정(틈에 처한 것, 혼종적인 것, 양가적인 것, 모조적인 것, 결정불가능한 것, 혼돈된 것 ……)이나 과잉결정('무한한' 윤리적 의무, 신성한 초월, 무의식적 충동, 트라우마적 억압, 기계에 의한 자동화)의 다양한 형식을 특권화함으로써 자기결정과 자기해방의 가치를 폄하할 법한 사람들에 **반대해**, 홀워드는 넓게 보아 루소식 혹은 자코뱅식으로, 일반의지를 집결한mobilized 인민의 정치적 의지로 설명하는 쪽을 옹호한다. "의지will"라는 말로 홀워드가 뜻하는 바는 주어진 것이나 실행가능한 것의 수준을 넘어선 실천적practical 자유의 상회다. 요컨대, "규범적prescriptive 의지가 최우선임을 긍정하는 것은 정치에서 결정의 모든 외부적 형식이 (…) 어쨌건 이차적이라는 사실을 고집스레 주장한다는 것이다." "인민"이라는 말로 그가 뜻하는 바는 "주어진 어떤 상황에서건, 분할하고 배제하는 성격의 이해관심 모두를 웃도는, 전적으로 공통적인 (그러므로 전적으로 포함적이고 평등주의적인) 이해관심을 공식화하고, 확언하고, 지탱하는 사람들"이다. 그리하여 "인민의 의지"가 지칭하는 바는 "집합적 자기결정의 숙의적이고 해방적이며 포함적인 과정이다. 인민의 의지의 행사는, 모든 종류의 의지와 마찬가지로, 의지적이고 자율적이며, 실천적 자유의 문제다. 또한 인민의 의지의 행사는, 집합적 행동의 모든 형식과 마찬가지로, 회합 및 조직을 수반한다."[44]

홀워드의 의지주의에서 변증법의 구성요소는 인민과 의지 사이 관계에서 나타난다. 홀워드는 인민을 특수한 토지의 주민, 특수한 국가의 시민, 특수한 사회계급의 구성원을 가리키는 경험적 지칭으로 다루지 않는다. 외려 그는 인민의 활동적 의지행위active willing를 통해 다시 말해 일반적 이해관심으로 떠오른 것에 대한 인민의 활동적 동일시를 통해 인민을 떠올린다. 홀워드는, 루소와 마찬가지로, 공통적이고 평등주의적인 이해관심이라는 면에서 일반적인 의지와 부분적이거나partial 특수한 (일반화할 수 없는) 의지 사이에 차이를 둔다. "의지"와 "인민"은, 따라서, 서로가 서로를 결정한다.

인민이 전적으로 공통된 이해관심을 공식화하고, 확언하고, 지탱하는 사람들인 한, 이들은 사람들의 무매개적 조립을, 주어진 운동이나 시간을 모두 상회한다. 공식화, 확언, 지탱이 가리키는 대상은 달리 말해 헤겔이 인륜적 삶과 결부시키고 마르크스가 투쟁의 역사들 속 물질적 인자로 취급한 보다 폭넓은 전통이자 실천이다. 인민이 전적으로 공통된 이해관심을 공식화하고, 확언하고, 지탱하는 사람들이라할 때, 이들 속에 포함된 자들은 이 이해관심에 자신을 바쳐 사유와

---

44   Peter Hallward, "The Will of The People: Notes Toward a Dialectical Voluntarism," *Radical Philosophy* 155, 2009, 17–30.

창조를 수행했고, 싸우고 죽어간 사람들이다. 이들은 우리일 수 있고 우리였을 수 있는 사람들이다. 이들은 의미작용상의 스트레스와 간극과 파열 속에서, 현존에서 이들이 행사하는 [위력] 만큼인 부재의 위력으로, 저 자신을 선언한다.

마찬가지로 인민은 구체적인 정치적 연계 속에서 저 자신을 선언하며, 제도와 관습이 투쟁의 현장이 되는 것은 이 때문이다. 제도와 관습이 인민의 의지가 선언된 것 곧 인민 의지의 결정과 표현의 매개물이 되었고 또한 그럴 수 있게 된 이래로, 이러한 의지는 전적으로 투명하고 알려진 것으로, 더욱이 자발적인 것으로는 이해될 수 없다. 개체들의 의식적 선택으로 축소불가능한 저 의지는, 그 또한 투쟁의 중심지인 더 폭넓은 주관에 생명을 불어넣는다. 그렇다면 일반의지란 욕망의 구조를 지칭한다고 말해볼 수 있겠다. 그러니까 ["일반의지란"] 집합으로 또 집합을 위해 집결한 인민 속의 필연적 간극을 지칭한다는 것이다. 공통된 이해관심과 특수한 이해관심 사이 충돌은 끝이 없다. 또한 단번에 해소되지 않는다. 이와 같은 충돌은 운동이자 과정으로서, 내내 이루어져야 할 명료화와 집중과 조직의 과업을 요구한다.

분할된 정치적 주체로서 인민은 그 실천을 통해 저 자신을 생산한다. 인민의 의지는 무엇을 의지해야 하는지에 대한 앎에 선행할 뿐만 아니라 인민 자신보다도 더 앞선다. 인민은 의지의 내용이 특정 요구의 관점에서 이해될 수 없을 때에도 의지행위를 계속한다. 일반의지가 그것을 지탱하는 (관습practices으로 축소되지는 않더라도) 실천들

practices[45]로부터 분리될 수 없는 한, 점유와 회합의 새로운 실천, 일상으로부터 단절된 저 실천들은, 일반의지 자체가 다르게 사고하고, 행하고, 욕망하게 만들도록 애씀으로써 일반의지 자체를 새롭게 판짜는 과정 중에 있는 인민[의 상]을 제시한다. 바리케이드, 점유, 파업, 문건작성, 보이콧, 항의시위 등은 적들에게보다는 의지적으로 이를 행하는 이들에게 어쩌면 훨씬 더 크게 작용한다. 그러나 이와 같은 대중적 의지의 발흥enactment이 소통 자본주의를 긍정하고 강화하는 습관들로 물러나게 된다는 사실은 일반과 특수 사이 충돌이 이전에 현실화되었던 바를 계속 의지해야willing 한다는 점을 시사한다. 다시 말해, 지속적이고 끈질긴 일반의지라는 과제를 시사하는 것이다. 기존의 친숙한 것으로 철수하기는 쉬우며, 이는 종종 우리를 부지불식중에 사로잡곤 한다. 그래서 우리가 새로운 무언가를 행하고 있다고 생각할 찰나에 우리는 문득 자본주의가 우리의 열정을 새것novelty에 나눠준다는 사실을 깨닫게 되는 것이다. 욕망은 충동으로 승화될 수 있다. 찰나의 투쟁들은 그럼에도 무의미한 것이 아니다. 요컨대, 이런 투쟁들이 일으킨 의미작용상의 스트레스는 남게 되며, 이를 기입하고, 기억하고, 해석하는 실천은 공통의 평등주의적 이해관심을 공식화하고. 확언하고. 지탱하게 돕는 것이다. 우리가 우리 자신을 편성하는 실천들을 편성하고 있는 한, 과제는 평등주의적 연합의 영속적 형식을 발

---

45 [옮긴이] practice의 복수형 단어 practices는 대개는 "관습"으로 옮겼으나, 여기에서는 인민의 점유 및 회합 과정에서 새로운 무엇을 형성하는 과정을 강조하고 있어서 "실천"으로 옮겼다.

전시키는 데에 있다. 우리가 우리 자신을 우리가 원하는 인민으로 만들 수 있게끔 하는 연합의 형식의 발전에 말이다.

홀워드의 변증법적 의지주의는 인민주권을 평등주의적이고 보편주의적인 집합적 욕망의 관점에서 이해할 수 있게 해 준다. 활동적이고 의지적인 인민은 수동적이고 개별화된 인구와 동일시되지 않기 때문에, 또한 집합적이고 평등주의적인 것에 대한 욕망은 일련의 주어진 제도와 관습이 무엇이건 이를 반드시 상회하기 때문에, 인민의 지배를 명명하기에는 '독재'보다 주권이라는 명칭이 더 낫다. 역사적으로 볼 때 독재는 일시적 맞춤을 일컬어왔다. 독재는, 로마 공화정 헌법의 한 조항이건 국가의 소멸을 향한 제일보로서건 간에, 합법과 불법, 위력과 권리right의 예외적 융합을 표시한다.[46] 그 제약된 일시성은, 비상수단과 예외 상태를 시사하는 것으로서, 석명 책임이 부여된 관계 밖의 행위나 오직 혁명의 백열白熱로써만 정당화되는 행위를 허용한다. 예외적인 것으로서, 이와 같은 행위들은 피할 도리 없다기보다는 지나치다 할 폭력의 한 원인이 된다. 과잉은 상황과 결합한다. 지배의 폭력은 예외인 채로, 잘못된 채로, 그렇더라도 정당화를 필요로 하는 채로 남아 있는 편이 낫다. [그리하여 질문들이 떠오른다.] 그건 필요했나 아니면 복수, 향락, 사사로운 일이 그걸 부추겼나? 그건 공통의 좋

---

46   [옮긴이] 로마 공화정에서는 로마의 인민(평민과 귀족)이 정무관에게 권력을 부여했는데, 이 정무관 자리 가운데 독재관(dictator)은 비상시 6개월 임기로 공화정의 전권을 위임받은 자였다고 한다.

음에 기여했나? 기여했어도 그 폭력의 정당화는 일반적 의지에 의한 것이었나? 인민의 혁명적 분노에는 한계나 통제가 없다. 하지만 이것이 통치 형태나 입헌 형태에 (프롤레타리아독재건 인민주권이건 간에) 함입될 수는 없고 그래서도 안 된다. 그런 일은 혁명적 변화의 이름 아래, 인민의 변형이 마치 그 끝이 있는 과정인 양, 과잉 수단들을 불러오고 허용할 것이다.

인민의 지배야말로 지고至高하다. 이것이 취하는 형식은 다양할 수밖에 없다—인민주권이 오로지 국가주권의 형식을 띠어야만 하는 것이 아니다. 국가주권 또한 마찬가지로 인민이 국가 형식들을 상회하는 한에서는 제약되고, 잠정적이고, 불완전하다. 그러나 인민이 없는 세계여야만 인민의 지배가 필요 없으리라. 인민의 지배는 자기통치성, 자기통제성, 자기조타성이라는 면에서 사고될 수 있다. 그렇다면 이 지배는 관주관적trans-subjective인 것과 곧 상호 결정하는 자기들selves의 조건들과 결속·사유될 수 있고 결속·사유되어야 하며, 이에 따라 집합적 자기통치가 없는 자기통치성이란 존재하지 않는다. 마르크스는 공산주의를 각인의 자유로운 발전이 모두의 자유로운 발전과 조화를 이루는 것으로 그려낸다. 마르크스의 이와 같은 묘사야말로 앞서의 상호결정 혹은 변증법적 의지주의를 표현한다. 인민의 조건들에 대한 인민의 집합적 결정 없이 각인은 자유롭지 못한 채 남게 된다.

나머지 우리로서 인민의 주권은 이러한 뜻을 지칭한다. 공산주의가 바로 이 주권을 명명하는 한, 공산주의 운동은 공산주의를 위한 조건들이 생겨나게끔 분투한다. 이 조건들이 물질적이라는 점을, 인민의 정치적 주권은 우리 삶의 기초 조건이 우리의 집합적 결정 바깥에 있을 때엔 불가능하다는 점을 완전히 파악한 채로. 되풀이하자면, 이 주권은 피할 도리 없이 부분적이고 불완전하다. 우리 삶의 중요한 결정요소들은 ─ 우리가 언제 태어나는지, 언제 죽는지, 우리 부모가 누구인지, 우리가 누구를 사랑하는지, 모국어나 기후 같은 것들은─ 우리의 결정 바깥에 남아 있다. 주권의 한계에 유념하는 것이 온당할 것이다. 그렇지만 이와 같은 한계들이 의미하는 바가, 그 밖의 결정요소들마저 이를 조타하려는 우리의 시도 바깥에 놓여 있다는 건 아니다. 우리는 누가 무엇을 얻을지, 누가 무엇을 소유할지, [우리가] 무엇에 보상할지, 무엇을 처벌할지, 무엇을 증폭시킬지, 무엇을 좌절시킬지를 결정할 수 있으며, 이미 결정하고 있다. 이런 만큼, 인민으로서의 우리 자신들에 가해질 우리의 주권을 가능케 할 조건들 다시 말해 공산주의적 욕망을 살아 숨 쉬게 할 조건들을 확보하는 일은 필연적으로 주권에 부가적 한계를 가져온다 ─ 주권은 그것 자체의 가능 조건들을 없애버릴 수 없고 절대적인 것으로 남을 수 없다.

공통과 공유물

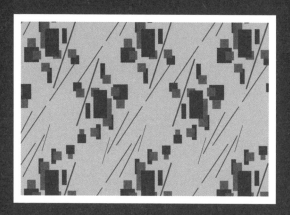

공산주의는 당대의 여건에 속한 네 번째 특색을 두드러지게 한다. 곧 공통 및 공유물의 이념이 그것이다. 마이클 하트는 **공통**the common이라는 관념을 이용해 인민에 대한 신자유주의 공격의 특정성을 끌어낸다. 하트가 보기에, 신자유주의란 공공 재산과 서비스의 사유화를 함축하는 정책을 넘어선 것이다. 신자유주의는 공통인 것—지식, 언어, 이미지, 정동—의 장악이다.[1] 슬라보예 지젝은 **공유물**the commons을 강조하면서 이에 대한 참조가 "공산주의 관념의 소생을 정당화"하는 한에서라는 단서를 붙인다. "그것[공유물에 대한 참조]은 우리로 하여금 진척 중인 공유물의 '종획enclosure'이 그들 자신의 실체로부터 배제되는 사람들에 대한 프롤레타리아화 과정이라고 볼 수 있게 해준다."[2] 프롤레타리아화 개념이 주는 이득은, 제3장에서 설명한 것처럼, 이것이 우리의 주목을 경험적 계급으로부터 돌려세워 자본의

1   Michael Hardt, "The Common in Communism," *The Idea of Communism*, ed. Costas Douzinas, Slavoj Žižek, London: Verso, 2010, 136.

2   Slavoj Žižek "How to Begin from the Beginning," The Idea of Communism, 213. 이와는 대조적으로, 닉 다이어위데포드는 공유물을 "중앙화된 명령 경제이자 억압적 국가"로 축소된 공산주의에 대한 대안으로 위치시킨다. 그의 글을 참조할 것. Nick Dyer-Witheford, "Commonism", *What Would It Mean to Win?*, ed. Turbulence Collective, Oakland, CA: PM Press, 2010, 106.

축적을 동반하는 강탈 과정들로 향하게 한다는 데 있다. 이 자리에서 나는 소통 자본주의에 특정한 착취와 몰수의 과정에 대해 고찰할 것이다. 공통 및 공유물의 각 개념은 이와 같은 설명에 한몫할 텐데, 이 개념들이 집합성의 새로운 경험을 집중적으로 살펴보게 하면서도 이들 경험의 정치화를 막아주기 때문이다.

언어, 생각, 지식, 정동을 그 자체로서 이미 공통인 것으로 보는 하트의 개념파악은 적대를 차단한다. 이 개념파악은 마치 우리가 공약수 없는 다수 언어로 말하지 않는 것처럼, 마치 지시대상과 의미체계가 서로 충돌하지 않는 것처럼, 마치 지식이 충돌을 통해 충돌 속에서 떠오르지 않는 것처럼 진행된다. 하지만 적대가 인간 경험의 편성적 특색이라고 할 때, 우리는 그것을 부정해야 할까? 외려 그것을 요구하고, 그것을 차지하고, 그것을 저 방향이 아니라 이 방향으로 강제해야 하지 않을까? 오늘날 공산주의자에게 어느 쪽이 더 나은 접근 방식일까? 당대의 여건 속에서 노동자와 사용자 사이, 다수와 소수 사이 서사시적이고 끝나지 않는 투쟁을 되풀이하는 쪽이 더 나은가, 아니면 우리 모두가 공유하는 언어·소통·사유 같은 자질들의 잠재력에 호소하는 쪽이 더 나은가?

적대가 우리의 여건에서 축소불가능한 특색이라면 분할은 소통에 공통된 것이다. 분할은 화자를 발화로부터, 발화를 의미로부터, 의미를 청자·청중·수신인으로부터 분리하면서 끝닿을 데 없이 내려간다. 어떤 것 하나에 대해 공명하는 무엇, 다른 것 여럿에 대해 사고하고 관계 맺는 데 자원으로서 활용가능한 무엇은 항상 이미 동떨어지고, 방산되고, 또는 괄호로 묶인 것이다—시간상으로건, 동족상으로건, 주제상으로건, 지리상으로건 간에. 소통이란 필연적으로 부분적인 데에다가, 구멍으로 가득 차 있으며, 권력 및 위계와 떨어질 수 없고, 배제에 의탁하는 법이다. 소통 자본주의는 이 부분과 구멍들을, 사방으로 움직이는 이 파편들을 동원해 이미지와 감정과 약간의 향락으로써 그것들을 채운다. 자유롭게 부유하는 낱말과 이미지들이 으깨져서 재결속, 재유통, 재배치되고, 그것들의 전파 사실이 메시지 및 응답이라는 기존의 모델을 대체하기에 이른다. 페이지뷰가 얼마나 되는가? 팔린 카피가 얼마나 되는가? 막대한 규모의, 기고 페이지의 잉여분이 서버 팜server farm의 데이터 뱅크에다 축적하는 것은, 투자분석가와 기술광들이 가치를 평가하고 활용할 방법을 알아내자마자 스파이와 광고장이들을 위해 쓰일 잠재적 정보다. 영구적으로 사로잡혀서, 우리는 검색하고 연결하며 우리가 따라가는 경로를 만든다—이와 동시에 구글은 저 자취들이 자기네 소유라고 주장한다. 우리는 우리를 편성하는 실천들을 편성한다. 우리는 우리의 집합적 조건들을 집합적으로 결정하지만, 아직은 인민으로서가 아니라 인구로서 그렇게 한다.

나는 신자유주의와 소통 자본주의 사이 관련을 간략하게 묘사하며 시작해보고자 한다. 가장 광범위하게 이해할 때, 신자유주의란 거부들의 이익을 위해 어떤 경쟁 동역학을 촉진하는 일에 국가를 이용하는 계급 지배의 특수한 전략을 지칭한다. 뒤메닐과 레비의 말을 빌리자면, "신자유주의란 1970년대의 구조적 위기에 뒤이어 출현한 자본주의의 새로운 단계다. 이는 상층 경영진 특히 금융관리자들과 연합해 패권을 강화하고 이를 전지구적으로 팽창시킬 의도를 품은 자본가계급의 전략을 표현한다."[3] 생산 전략이라기보다는 부를 거부들에게 이전하기 위한 전략으로서, 신자유주의는 "화폐의 필요성을 (…) 생산의 필요성보다 더 위에" 둔다.[4] 사유화, 탈규제, 금융화를 통해 추구되고 사적 소유와 자유시장과 자유무역 이데올로기로 힘이 실림으로써, 신자유주의는 부자에게는 세금의 삭감을, 노동자 및 빈민에게는 보호책과 이득의 삭감을 가져왔으며, 그 결과 불평등도는 기하급수적으로 심화되었다.

소통 자본주의란 일종의 이데올로기 형성물이며, 이 이데올로기 형성물 안에서 자본주의와 민주주의는 네트워크로 구성된 소통 기술 속에서 서로 융합한다. 접속, 포함, 논의, 참여의 이상은 전지구적 전기통신의 팽창 및 강화 속에서 물질적 형태를 취한다. 정보 네트워크에서 디지털화, 속도, 저장용량과 결부되어 일어나는 변화들은 자본주의와 민주주의의 지반elements을 가속하고 강화하며, 이 둘을 단일한 이데올로기 형성물로 통합한다.[5]

3   Gérard Duménil, Dominique Lévy, *The Crisis of Neoliberalism*, Cambridge, MA: Harvard University Press, 2011, 1.

4   Doug Henwood, *Wall Street*, London: Verso, 1998, 237.

5   소통 자본주의에 관해 더 많은 내용을 알기 위해서는 나의 책 *Publicity's Secret*(Ithaca, NY: Cornell University Press, 2002)과 *Blog Theory*(Cambridge, UK: Polity, 2010)를 보라. 그리

신자유주의와 소통 자본주의 사이 관계는 역사적이고 우발적이다. 원리상, 자본주의와 민주주의의 이상들이 소통 네트워크에서 융합되는 양상은 케인즈식의 경제 정책을 동반할 법도 했다. [그러나] 실제로는, 신자유주의와 소통 자본주의가 서로를 강화해왔다. 정보 기술 네트워크는 사람들을 신자유주의적 자본주의의 경쟁적 강도에 종속시켜온 수단이 되어왔다. 1인 미디어[개인형 미디어] 및 소셜 미디어에 열광적으로 참여함으로써 — **집에 광대역통신망을 깔았어! 새 태블릿이 어디서나 일할 수 있게 해줘! 스마트폰 덕분에 세상에서 무슨 일이 일어나는지 언제든 알 수 있지!** — 우리는 우리를 포획하는 함정을 만드는 중이다. 이 함정은 전지구적 휴대전화 이용이나 소셜 네트워크 참여를 뛰어넘어서, 전화기나 네트워크용 기재 생산을 아우르는 데까지 점점 더 넓어지고 있다.

정보기술에 대한 투자는 1990년대의 닷컴 거품을 몰아왔고, 소위 신경제에 대한 환상을 부추기면서, 초과설비를 초래했다.[6] 그 결과, 이 투자는 첨단기술 산업 말고는 생산성에서 아무런 각별한 증가를 만들어내지 못했다. 거품이 붕괴한 이후로도, 신경제 운운 하는 수사는 자체의 모순들을 자본주의가 극복하게 해줄 디지털화를 끊임없이

고 *Democracy and Other Neoliberal Fantasies*(Durham, NC: Duke University Press, 2009)의 제1장을 참조하라.

6   [옮긴이] 여기서 조디 딘이 언급하는 "신경제(New Economy)"도 닷컴 거품과 마찬가지로 1990년대~2000년대 초까지 미국에서 유행했던 단어로, 이 단어를 말한 사람들은 컴퓨터와 정보기술 등의 새로운 산업이 인플레이션 없는 경제성장을 이끌고 있다는 식의 논법을 폈다.

격찬했다. 더그 헨우드는 반유토피아의 시대에 유토피아적 충동에 호소하는 이런 식의 담론을 고발한다. "자본주의가 지나치게 통제적이라고요? 아닙니다. 자본주의는 자연발생적입니다! 지나치게 불평등하고 착취한다고요? 아닙니다. 자본주의는 위계를 뒤집어버립니다! 저속하고, 야수적이며, 단순기술만 남기고, 돈만 안다고요? 그 반댑니다 *Au contraire*. 창의적이고 즐겁죠! 불안정하다고요? 에이, 일자리의 기적 같은 역동성인걸요!"[7]

정보 네트워크와 통신기술은 일을 재미있게 만들고, 창의성을 고취하며, 기업가에게 기회를 열어줫힌다는 이유로 광범위한 찬사를 얻으면서 새로운 지식 기반 사업들의 생산에 한몫했다. 하지만 이것이 보다 확연히 남겨놓은 유산은 전 방위적 탈숙련화, 감시, 일과 문화의 가속화 및 강화였다. 다시 말해, "텔레커뮤팅[통신통근]"의 자유는 곧장 7일 24시간 상시대기라는 족쇄로 변모해 영구적인 일이 되었다. 프랑코 베라르디는 소통 자본주의의 핵심 모순을 묘사하면서 다음과 같이 쓴다. "살아남고 싶다면 당신은 경쟁력을 갖춰야 하며, 경쟁력을 갖추고 싶다면 당신은 접속되어서, 증대하는 커다란 데이터 뭉치를 계속해서 받아 처리해야만 하"고, 이에 따라 영혼을 파멸시키는 계속적인 압박, 애쓰고 주의하고 의욕적이어야 한다는 압박 아래 있어야만 한다.[8] 통신기술은 자본주의를 받아들일 만하게, 신나게, 쿨하게 만들

---

7   Doug Henwood, *After the New Economy*, New York: The New Press, 2005, 37.
8   Franco Berardi, *Precarious Rhapsody*, New York: Minor Compositions, 2009, 42. [프랑코

고, 비판가들을 신기술공포증에 시달리는 철지난 인간으로 간주토록 함으로써 자신을 향한 비판에 면역력을 띠게 되었다. 이와 동시에 통신기술이 신자유주의가 자본주의를 가속화하는 데 필요한 기초적 구성요소들을 제공하는 한편으로, 사람들로 하여금 노트북을 갖고 놀면서도 급진적이고 접속되어 있다고 느끼게 해줄 흥거운 딴짓 뭉텅이를 가져다주었다는 점은 말할 것도 없다.

통신기술이 비판적 에너지를 없애고 흩어버리는 데 한몫했기에, 불평등이 줄곧 강화된 동안에도 일관된 대립을 형성하고 조직하는 일은 꾸준한 문제로 남았다─이와 같은 상황은 일상적 인민에게 연관됨의 새로운 자질을 부여하는 방식이라고 칭송받는 여건 속에서 이루어진다. 참여 미디어는 감시와 추적의 의미에서뿐 아니라 혼자 힘으로 알아내어 자기 의견을 공유해 올리라고 명령한다는 의미에서도 [개인적으로] 인격화된 미디어다. 편재하는 인격 소통 매체는 우리의 적극적 활동을 수동성으로 전환하고, 자본주의가 제공하는 서비스에 이를 잡아들여 밀어 넣는다. 화가 나고, 사로잡혀, **어떤 것**이든 해야겠다고 조바심내면서, 우리는 증거를 찾고, 질문을 던지고, 또한 요구한다. 그러나 우리가 행위 하기 위해 필요한 정보는 영구적으로 우리 손 밖에 있는 것 같다. 그러니까 우리가 오해하거나 알지 못하는 어떤 것이 항상 있다.

베라르디 '비포', 정유리 옮김, 『프레카리아트를 위한 랩소디: 기호자본주의의 불안정성과 정보노동의 정신병리』, 난장, 2013]

우리가 검색하고, 댓글 달고, 참여하면서 생성해내는 정보량의 천문학적 증가가 우리를 소통가능성communicability 없는 통신communication 이라는 여건 속에 빠뜨린다. 정보 및 정동으로 구성된 회로에 대한 기고로서, 우리의 발화는 소통상 등가적이다. 그 발화의 내용이나 의미는 중요하지 않다. 예컨대 어떤 블로그에서 자동화된 봇bot이 횡설수설을 늘어놓는다고 해도, 이 글은 사려 깊은 성찰이 그렇듯 똑같이 하나의 논평이다. 특정한 기고에는 그 어떤 상징적 효력도 없다. 외려 이 기고는 단지 그것이 작성되었다는 사실만을 표시할 뿐이다. 의미 전파 자질의 이와 같은 쇠퇴, 제한된 담론을 뛰어넘어 혹은 직접적이고 국지적인 맥락을 뛰어넘어 상징화할 자질의 이러한 쇠퇴는 소통이 경제 형식 위주로 다시 짜이게 되는 상황을 특징짓는다. 소통은 유통을 위해 생산되지 사용을 위해 생산되지 않는다. 네그리와 하트가 『제국』에서 주장하듯, 소통은 "자본주의적 생산의 형식이며, 바로 이 생산 형식 가운데서 자본은 사회를 완전히 전지구적으로 자신의 체제에 굴복시키는 일에 성공해왔다."[9] 소통은, [그것이] 생산이 되어버리고 나면, 의미를 전파하는 일과 거의 아무런 관련 없이 흘러가고 유통된다. 소통은 이동통신망과 광케이블을 통과해, 이런저런 화면에 보내지고, 접속·저장·검색·집계를 위한 사이트로 쏟아든다. 이러면서 소통은 저 자신이 생산하고 증폭한 자본주의 회로와 결합한다.

9   Michael Hardt, Antonio Negri, *Empire*, Cambridge, MA: Harvard University Press, 2000, 347.

자본주의의 생산성은 소통 과정에 대한 몰수와 착취에서 비롯한다. 이와 같은 사실이 뜻하는 바가 정보 기술이 제조업을 대체했다는 것은 아니며, 실제로 정보 기술은 채광업, 화학공업, 생명공학 산업을 광범위하게 추동한다. 이뿐 아니라 컴퓨터 네트워크가 네트워크 자체의 생산 바깥에서 생산성을 향상시켰음을 뜻하지도 않는다. 외려 이런 사실이 뜻하는 바는 자본주의가 이미 소통을 포섭해서 소통이 비판적 바깥을 제공하지 않을 정도라는 점이다. 소통은, 나눔sharing이나 표현을 일터에서의 "인간관계"를 위한 도구로서 동원함으로써 생산자들과 소비자들에게 관심을 기울이는 정동적 형식이 되어서건 아니면 매체 회로에 기고한 것이 되어서건 간에, 자본에 복무한다.[10]

마르크스가 『자본』에서 가치에 대해 분석한 내용은 소통이 어떻게 해서 자본주의적 포섭의 매개물일 수 있는지를 설명하는 데 도움을 준다. 마르크스에 따르면, 가치는 노동의 사회적 성격에서 비롯한다. 서로 다른 종류의 인간 노동에 공통된 것은 이것이 추상적으로는 모두 노동으로서, 보다 크고 동종적인 인간 노동 집합체의 구성요소라는 점이다. 노동 생산물은 "서로 다른 인간 노동 모두에 공통된 이 사회적 실체" 다시 말해 가치의 "응결물"이다.[11] 소통 자본주의는 저 사회적 실체를 장악하고, 사유화해, 화폐화하려고 시도한다. 소통 자

---

10   Eva Illouz, *Cold Intimacies*, Cambridge, UK: Polity, 2007.

11   Karl Marx, *Capital*(abridged), ed. David McLellan, New York: Oxford University Press, 2008, 15. [카를 마르크스, 강신준 옮김, 『자본 1-1』, 도서출판 길, 2008, 91쪽]

본주의는 사물상품에 의존하지 않는다. 그것은 가치의 핵심에 있는 사회적 관계를 직접적으로 착취한다.[12] [소통 자본주의에서] 사회적 관계는 자본주의가 요구하는 가치를 낳기 위해 상품이라는 허깨비 같은 형태fantastic form를 취하지 않아도 된다. 자본주의는, 네트워크로 엮이고 개인화된 소통과 정보 기술을 경유해, 가치를 전유할 보다 직접적인 방법을 발견하게 되었다.

소통 자본주의에서 이루어지는 사회적 실체의 직접적 착취에 대한 가장 명확한 표현 하나는 메트칼프의 법칙Metcalfe's Law이다. "소통 네트워크의 가치는 이용자 수의 제곱에 비례한다"는 법칙 말이다.[13] 기초적 생각은 더 많은 사람이 네트워크를 이용할수록 네트워크는 더 많은 가치를 갖는다는 것이다. 로버트 메트칼프Robert Metcalfe(이더넷 Ethernet의 발명자)의 실제 주장을 정확하게 옮겨놓은 것이 아님에도 그의 이름이 붙은 이 법칙은 실리콘밸리의 복음이 되었는데, 그 부분적인 이유는 공화당 지지자인 기업가 조지 길더Goerge Gilder에 의해 다방면에서 열정적으로 설교됨으로써 이 법칙이 신경제에 대한 여러 주장을 지탱하는 핵심 신념 중 하나가 되었기 때문이다. 닷컴 열병 기간에 벤처자본가들과 인터넷사업가들은 메트칼프의 법칙을 주문처럼 들

---

12   [옮긴이] 마르크스 경제학의 맥락에서 '착취'란, 노예노동을 시킨다든지 노동생산물을 강탈한다든지 하는 무도한 행위를 가리키는 개념이 아니라, 자본가와 노동자 사이 임노동 계약에 산입되지 않는 노동의 생산물 즉 불불노동의 생산물을 자본가가 전유하는 것을 가리키는 개념이다.

13   Bob Briscoe, Andrew Odlyzko, Benjamin Tilly, "Metcalfe's Law is Wrong," July 2006, spectrum.ieee.org.

먹였는데, 이 법칙이 "'네트워크 효과network effects', '선발주자의 이익first-mover advantage', '인터넷 타임Internet time' 등의, 그리고 무엇보다 정곡을 찌르는 '만들면 사람들이 모인다build it and they come'" 같은 이들만의 방언으로 표현된 성공의 비밀을 밝혀주는 것 같았기 때문이다.[14] 규모의 문제나(더 큰 네트워크는 충돌과 지연이 더 많이 발생할 가능성이 있다), 연결고리 사이 관계에 관해 상정하고 있다는 문제(말하자면, 모든 연결고리가 활성화되어 있다)를 포함해, 메트칼프의 법칙에는 다수의 문제가 있다. 더 중요한 건 수많은 닷컴 신생회사가 실패했다는 사실이다. 요컨대, 네트워크의 가치와 가치의 화폐화 사이에는 간극이 있다. 자본가들은 가치를 이윤으로 전환하는 방법을 알지 못했다.

그럼에도 메트칼프의 법칙에서 새겨야 할 사실은 이것이 가치를 소통 네트워크 자체와 연계시켰다는 점이다. 웹이 한 뭉치의 페이지에 지나지 않았다면 그건 오늘날 가진 가치를 갖지 못했을 것이다. "원리상 모든 웹페이지가 다른 어떤 페이지와도 연결될 수 있다는 바로 그 이유 때문에, 웹은 이제와 같이 성장해왔다."[15] 가치란 페이지들 사이에 엮이고 페이지 내부에서 맺힌 관계 및 연결고리들에 속한 소유물

---

14   같은 곳.

[옮긴이] "인터넷 타임"이란 '시, 분, 초'라는 현실 세계의 시간 단위 대신 데이터양 곧 정보량의 최소 단위인 '비트'를 기본 단위로 사용하는, '속도의 경제'에 맞춘 새로운 시간 체계다. 국가마다 서로 다른 시각을 사이버 공간에서는 전지구적으로 통일해 사용할 수 있게 하자는 세계 공통 시각을 말하는 것이기도 하다.

15   James Hendler, Jennifer Golbeck, "Metcalfe's Law, Web 2.0, and the Semantic Web," cs.umd. edu.

property이다. 예를 들어 구글의 페이지랭크PageRank 알고리즘은 가장 성공한 정보 검색 알고리즘 중 하나인데, 그 이유는 연결고리[링크]들을 셈에 넣는다는 데 있다. 존 마코프는, 《뉴욕타임스》 비즈니스 지면에서, "지금의 구글을 있게 해준 기초 기술, '페이지랭크'라고 알려진 저 기술은 검색 결과물을 정렬하는 데서 중요한 게 뭔지에 관한 인간의 지식과 결정들을 체계적으로 착취하는 것"이라고 설명한다.[16] 마코프가 보기에 페이지랭크 및 다른 여러 알고리즘에서 흥미로운 점은 이윤을 추구하는 "비상非常한" 잠재력이다 — 그것들은 공통된 앎을 캐내고 추출한다. 동일한 점을 비판적으로 옮겨볼 수 있다. 즉 소통 네트워크는 자본주의가 사회적 실체를 자신의 조건항 및 동역학에 포섭하는 형식이라고 말이다. 따라서 마테오 파스퀴넬리는 다음과 같이 주장한다. "구글은 공통 지성이 생산한 가치를 포획하는 기생적 기구다."[17] 파스퀴넬리는 페이지랭크가 처리하는 (또한 재귀적으로 강화하는) 명성을 기존의 모든 연결고리의 "네트워크 가치"라는 관점에서 다룬다. "네트워크 가치"는 한 연결고리에 엮인 사회적 관계들을 서술한다. 이 하나는 얼마나 많은 다른 연결고리들에 관련되어 있나? 그 연결고리들은 다른 연결고리들과 관련되어 있나? 얼마나 많이? 구글은 바로 이런 가치를 포획한다. 다시 말해, 저 연결고리에 엮인 사회적 실체,

16   John Markoff, "Entrepreneurs See a Web Guided by Common Sense," *New York Times*, November 12, 2006, nytimes.com.

17   Matteo Pasquinelli, "Google's PageRank Algorithm: A Diagram of the Cognitive Capitalism and the Rentier of the Common Intellect," matteopasquinelli.com.

저 연결고리가 사회적 관계들의 일반 체계 내부에서 차지하는 자리를 포획하는 것이다.

소통 자본주의에서 이루어지는 소통은 기고들이 갖는 소통상의 등가를 그 네트워크 가치의 불평등과 결합한다. 소통 자본주의의 여건에서는 의도와 이해가능성이라는 문제들을 일차적으로 고려해야 하는 청자에게 (이 여자는 왜 이걸 나에게 말하지? 그리고 이게 말이 되나?) 화자가 어떤 메시지를 전하는 게 아니다. 외려 소통 자본주의라는 여건에서 메시지들은 유통 중인 입력의 흐름에 기고된 것이다. 기고로서, 메시지들은 소통상 등가이며, 그 내용이나 의미 혹은 의도는 상관이 없다. 그러나 이와 같은 등가는 역동적 위계와 현실적 불평등을 [그러니까] 일종의 모순을 동반하며, 이 모순은 아마도 "어떤 기고는 다른 것들보다 더 평등하다"—그 연결고리들 때문에—라는 말로 가장 잘 표현될 것이다. 구글 검색 결과물은 우리에게 네트워크가 불평등을 인정한다는 점을 말해준다. 돈과 영향력이 차이를 만든다. 결과물에는 가격이 지불될 수 있고, 가격에 따라 결과물은 조작될 수 있다. 이미 저명하고 눈에 띄는 것, 기업 친화적이고 매체 요령을 아는 것이 작고 희귀한 것을 일축해버리는 현상, 나는 이를 아래에서 멱법칙의 관점으로 논의할 것이다.[18] 여기에서 문제는, 소통상의 기고에서 등가와 불평등 사이에 빚어지는 모순은 마르크스가 상품들과 연결 지어

---

18   [옮긴이] 멱법칙(power law)은 하나의 수가 다른 수의 거듭제곱으로 표현되는 두 수 사이의 관계를 의미하는 법칙이다. 이에 따른 분포는 흔히 잘 알려진 80–20의 모양새를 띤다.

서술한 "가치표현의 비밀"을 되풀이하고 있다는 점이다. 유통에서의 평등은 착취라는 지배적 관계에 달려 있다.

　우리가 마르크스로부터 배우는 내용은 상품 생산의 증가는 그 어떤 것이건 간에 기존 상품의 가치 상실로 귀결된다는 사실이다. 상품 생산으로서 자본주의는 이런 한계와 맞닥뜨린다. 더 많이 생산하려는 충동 바로 그것이 생산의 가치 축소라는 결과를 낳는다.[19] 전지구상에 풀려난 자본주의가 물건들을 만들어낼 유인誘因의 상실과 만나게 될 것이라는 점, 다시 말해 재화 생산에 투자할 자본의 용의用意가 쇠퇴할 것이라는 점은 별로 놀랍지 않은 사실이다. 이에 응해 자본주의는 저 사회적 실체를 착취할 독특한 방법을 발견했는데, 이 방법은 접속하고 참여하고 공유하라는 소통 자본주의의 명령과 깊고 첩첩이 겹쳐 있다.

　체사레 카사리노는 당대 자본주의의 자기재생산적 과잉을 공통이라는 관점에서 다룬다. 카사리노가 보기에, "공통"이란 속성도 아니

19　[옮긴이] 마르크스가 『자본』에서 정리한 내용은 상품 생산과정의 생산성(pruductivity) 증가가 상품의 상대적 가치를 감소시킨다는 것이지, 여기에서 딘이 말하는 것처럼 상품 생산의 증가(increases in commodoty production)가 상품의 가치를 상실시킨다는 것은 아니다. 노동력을 사용해 "상품"으로 생산된 것이라면 어떤 상품이건 간에 무조건 가치를 가질 수밖에 없으므로, 가치가 상실loss된다는 일 또한 있을 수 없다. 가치는 사회적 실체로서 노동력이 응결된 것이기 때문이다. 마찬가지로 마르크스가 『자본』에서 가치에 관한 논변을 전개할 적에, 그는 "상품"의 가치에 대한 논의로부터 출발하므로, 딘이 말하는 것같이 "생산의 가치"라는 표현이 가능할지는 잘 모르겠다. 적어도 이 부분에서 딘은 마르크스라는 기표를 빌려오고는 있지만 마르크스가 말하지 않은 내용을 전개하고 있다는 점은 알아두었으면 한다.

고 사물도 아니다. 공통은, 자본주의 자체와 마찬가지로, 역동적 과정이다. 공통은 생산이다. 카사리노는 네그리와 하트를 주해하면서 이렇게 쓴다. "이즈음 공통은 공통을 끊임없이 포획하는 것과 실질적으로 구별되지 않는다. 공통은 말하자면 전적으로 ─즉 철저하고 광범위하게─ 전지구적인 사회적 관계의 네크워크로 이해되는 자본과 구별불가능하게 된 셈이다."[20] 카사리노는 사회적 관계의 전지구적 네트워크로서 이와 같은 의미의 공통을 공유물이라는 생각과 구별한다. 공유물은 **유한**하며, **희소성**이라는 특성을 갖는다. 공통은 이와 대조적으로 **무한**하고, **잉여**surplus라는 특성을 갖는다. 공통은 그래서 (마르크스가 가치의 원천으로 간주한) 인간의 노동력[사회적 추상노동]을 지칭하고 또한 인간 노동력의 자리를 차지하며, 이제 공통은 창조성·사유·지식·소통과 같이 그 자체로 언제나 다수적인, 개방적인, 생산적인 것들의 잠재력이라는 가능한 한 가장 넓은 관점에서 새로이 그려진다.

공통과 공유물은 공히 물질적이자 비물질적이며, 자연적이면서 역사적이다. 언어, 정동, 사유, 지식 ─다시 말해 소통─을 공통이 시사하기는 하지만, 공통은 그 물질성 및 역사성으로부터 떨어지지 않는다. 이에 따라 카사리노는 "비물질적 노동"이라는 용어가 곧잘 가로막는 그 무엇을 투명하게 만든다. 소통은 다음과 같은 것들의 복잡한

20   Cesare Casarino, "Surplus Common," *Praise of the Common: A Conversation On Philosophy and Politics*, Cesare Casarino, Antonio Negri, Minneapolis, MN: University of Minnesota Press, 2008, 15.

조립에 의탁한다. 인공위성, 광섬유 케이블, 광대역 주파수, 이동통신 망, SIM 카드, 노트북, 휴대전화기, 개인 미디어 기기, 화면, 통신규약 [프로토콜], 코딩, 소프트웨어, 검색 엔진, 라디오 신호, 블로그, 이미지, 감정, 선전 문구, CM송, 은어, 인용, 문서저장, 두려움, 누락, 편안함, 거 부. 언제나 의문의 여지를 가진 물질성에 기초해서 앞서와 같은 조립 assemblage에 단절을 설치하는 일은 현존하는 것이 개방하는 그 무엇을, 이른바 소통상 실체의 다산성을 폐쇄하는 일이다.

공유물에서 공통으로 이동함은 당대 자본주의의 착취와 몰수 를 설명하는 데 도움을 준다. **공유지**의 몰수와 관련된 문제 중 적어 도 한 가지는, 마르크스가 분명히 한 바와 같이, 소수의 사람들은 많 은 것을 갖는데 어떤 사람들은 아무것도 없이 버려져서 자기들의 노 동력을 판매할 수밖에 없게 된다는 것이다. 사유화는 사람들이 가진 것을 빼앗고 이들을 내팽개친다. 이와 같은 박탈의 당대 판본은 신용 의 광범위한 확장을 통해 일어난다—서브프라임 모기지, 학자금 대 출, 고금리 신용카드 같은 형태건, 투자에서의 레버리지 같은 형태건. 신용의 이러한 형태는 미래를 사유화하는데, [그것이] 빚진 사람들에 게서 그들이 앞으로 가질 것을 빼앗는 짓이기 때문이다. **공통**은 다른 것이다. 몰수가 있긴 하지만 다수에게 조금만 남기는 식이 아닌 몰수 다. ["공통은"] 충분히 있으며, 어쩌면 지나치게 많이 있다. 자본주의에 서 공통의 포획에 대한 의문은, 그렇다면, 범죄이거나 해악이다. [애초 에] 풍부함 혹은 잉여가 있다면, 몰수가 왜 문제되는가? 또는 문제는 모종의 착취인가? 착취가 문제라면, 어떤 종류의 착취가 그러한가?

소통 네트워크는 공통을 몰수하고 착취하는 것들의 다수 실례를 제공한다. 데이터, 메타데이터, 네트워크, 주목attention, 자질, 구경거리는 그중 여섯 가지다. 이들 각각은 서로 접속되어 있지만 서로 다르게 사회적 실체를 착취한다. 공통이라는 관념은, 공유물에 대한 생각과 더불어 그리고 대립하면서, 이 착취가 착취로서 그 모습이 드러나게 한다. 달리 말해, 공통이라는 관념은 소통 자본주의를 그 자체의 모순들과 맞닥뜨리게 만들 적확한 방법을 우리가 파악하게 해준다.

일차적으로, 페이스북과 아마존은, 수많은 인터넷 회사와 마찬가지로, 자기네 사이트에 자리 잡은 정보에 대한 소유권을 주장한다. 이 회사들이 자기만의 소유라고 주장하는 생산물은 무보수의 창의적 노동의, 소통상 노동의 산물이다. 이 회사들은 수백만 명의 자발적 불불노동으로부터 이윤을 얻으면서, 소통 네트워크와 이미 합치하는 착취의 관행을 사회까지 확장한다. 무료 소프트웨어가 없었으면 구글은 시작하지 못했을 수도 있다―처음에 구글은 [오픈 소스인] 리눅스 커널Linux kernel 운영체제에 의지했다. 아무것도 없이 만들기 위해서는 대략 270명의 개발자가 11년 동안 일하면서 4억 3,100만 달러를 써야 했을 것이다.[21]

두 번째 부류의 몰수는 우리의 메타데이터에 대한 것이다―검색 유형, 우리의 친구, 우리의 관계들 말이다. 풍성한 정보의 들판[정보 필드]information field을 산책하려는[검색하려는] 사용자의 욕망은, 선택과

---

21   나는 이 내용의 핵심을 마르셀 마스(Marcell Mars)와 나눈 개인적 소통에 빚졌다.

연결고리[링크]로 이루어진 더욱 넓은 들판으로 향할 접속 경로를 그것["정보의 들판"]이 제공하기 때문에, 착취당한다. 네트워크 가치에 대한 파스퀴넬리의 설명에서 우리가 이미 살펴보았듯이, 구글은 검색과 연결이 남긴 자취들을 캐내서는 시장에 팔아치울 자기만의 잠재적 자원으로 취급한다.

사회적 실체에 대한 몰수와 착취의 세 번째 판본은 인민 내부의 분할을 배제가 아니라 착취의 문제로 드러내면서 ["분할을"] 반복한다. 나는 이를 네트워크 착취network exploitation라고 부른다. 이는 복잡계 네트워크의 구조와 관련된다.

복잡계 네트워크는 자유 선택, 성장, 선호적 연결preferential attachment이 특징이다. 사례로는 학계의 인용 네트워크, 블록버스터 영화나 베스트셀러와 더불어 블로그와 웹사이트가 얻는 인기 등을 포함하며, 이 모두를 멱법칙의 관점에서 설명할 수 있다. 복잡계 네트워크는, 알베르트-라슬로 바라바시Albert-László Barabási가 예증하듯, 연결고리의 멱법칙 분포를 따른다. 주어진 네트워크에서 첫 번째 자리나 최상위에 놓인 사항item은 두 번째 자리의 사항보다 두 배 많은 연결고리를 가지고, 두 번째 자리는 세 번째 자리보다 많은 연결고리를 가지는 식이 계속됨으로써, 최하위 자리 사항들이 갖는 연결고리의 수는 거의 차이가 없되 최상위와 최하위 사이에는 엄청난 수적 차이가 생겨난다. 그리하여 수많은 소설이 쓰이고, 적은 수가 출판된다. 그중에서 더 적은 수가 팔리며, 극소수만이 베스트셀러가 된다. 아니면, 수많은 논문이 쓰이고, 적은 수가 읽힌다. 모두가 인용하는 건 똑같은 넷이다. 대중매체에서 이러한 생각은 80대 20의 규칙이나 신경제에 속한 승자 독식 혹은 승자차지의 성격으로 보이고, "긴 꼬리"로 나타난다.

이러한 사례에서, 공통the common은 이로부터 하나the one가 출현하는 일반적 영역이다. 이 하나를 찾아서 화폐화하려는 이해관심에 따라 일반적 영역의 창의적 생산을 자극하려는 노력이 곧 착취다. 영역의 팽창이 저 하나를 생산한다(혹은 이런저런 허브는 복잡계 네트워크의 내재적 소유물이다). 이와 같은 착취는, 종이 언론 및 학술 출판의 몰락에서처럼, 소득 및 급여 노동 기회의 몰수를 거든다. 신자유주의적 자본주의 아래에서 이루어지는 노동의 주요 조건을 여기서 알아채야 하겠다. 이즈음, 더욱더 우리 중 보다 많은 사람은, 계약의 미덕을 통해 자기의 노동에서 수입을 얻을 권리를 갖는다기보다는, [그저] 따거나 잃고 있어서, 보수remuneration는 포상처럼 취급받기에 이른다. 학계, 예술, 저술, 건축, 연예, 디자인, 그리고 갈수록 그 수가 늘어나는 영역들에서, 사람들은 일을 따내고 고용되어 급여를 받는 것을 행운이라고 느끼거니와 그런 영역에서는 더 많은 과업과 프로젝트가 경쟁시합으로서 수행되는데, 이는 [그 영역에서] 일을 하는 사람들이 승리해서 따지 않는다면 급여를 받지 못한다는 뜻이다. 그들은 일하고 있으면서도 겨우 급여의 기회만을 얻을 뿐이다.

토머스 홉스Thomas Hobbes의 공적merit에 대한 설명이 여기에 도움이 될 법하다. 『리바이어던Leviathan』(제14장)에서 홉스는 계약이 맺어진 경우에 일차로 계약을 이행한 자는 그로 인해 다른 자의 이행으로부터 받기로 한 것을 **받을 만한 공이 있다고**merit 설명한다. 첫 번째 사람은 맺은 계약에 따라 이행했고, 두 번째 사람은 첫 번째 사람이 받아야 할 것을 주어야 할 의무를 지기 때문이다. 포상의 경우, 우리는 승자가 그가 따낸 것을 받을 만한 공이 있다고 마찬가지로 말할 수 있겠으나, 차이가 있다. 포상은 저 행사 즉 시합의 산물이다. 포상을 수여하는 사람과 승자 사이 관계는 주는 자의 [의무가 아니라] 선의에 달려 있다. 승자와 포상 사이에 특별히 연결고리를 만드는 것은 아무것도 없다. 이처럼 계약으로부터 시합으로 곧 임금으로부터 포상으로 옮아가는 일이 (현재 부분적으로는 소위 리얼리티 쇼[혹은 오디션 프로그램]의 경쟁을 경유해서 이와 같은 옮아감이 동의를 얻고 있는데) 함축하는 바는, 하나를 생산하기 위한 다수의 동원이다. 다수의 작업이 없이, (당연히 우발적인) 하나는 있을 수 없다.

미국 대통령 버락 오바마의 행정부는 포상 유인책을 자기네의 "아메리카 혁신 전략Strategy for American Innovation"에서 핵심 부분으로 삼았다. 더 경쟁력 있는 아메리카라는 전망의 윤곽을 그리면서 백악관은, 정부가 워싱턴 "안팎 사람들의 전문 지식과 통찰을 활용해야" 하며, 이를 위해 "엄혹한 문제들을 푸는 데 대해 포상과 과제부여 식의 고위험에 높은 보상을 주는 정책 도구들을" 이용할 것이라고 발표했다.[22] [이 발표에서] 언급 없이 넘어간 것은 위험을 짊어질 위치에 있는 자들의 형질이다. 위험을 받아들일 자원을 가진 자들에게 시합은 특권을 부여하고, 이들은 일을 수행하는 것과 연계된 비용을 시합 참여

---

22   National Economic Council, "Strategy for American Innovation," whitehouse.gov.

자들에게 전가한다(위험을 사회화하고 보상을 사유화하는 신자유주의의 기초적 기제를 더 발전시키면서 말이다). 사람들은 보수를 얻지 못할 일을 하려고 돈을 지불한다. 블로그 작성, 대개의 저술, 대부분의 창조적 작업은 예술인 양 들린다. 일을 마치고 나서, 어쩌면 (승자에게는) 지불받을 급여가 있을지도 모르지만 (패자에게는) 없을 것 같다.

사실 시합 참가자 각각은 불확실성과 마주하는데, 이런 불확실성이야말로 이윤 실현의 희망을 갖고 생산에 투자하는 자본가와 전형적으로 연계된다. 차이는 시합의 결과가 시장에서의 경쟁이 아니라 재판관에 의해 결정된다는 점이다. 노동과 보수 사이 연결고리는 포상해주는 자로부터 오며, 이 사람은 이제 재판관이자 자비로운 기증자의 지위에 있거나, 시합 참가자 그 누구에게도 아무 의무조차 지지 않는 자비로운 주인님lord의 자리에 있다. 포상의 논리는, 정부[또는 통치] 정책으로든 재정 지원 방법으로든 간에, 노동관계로 용인되는 데까지 연장된다.

포상 유인책이 왜 문제냐고 물을 수도 있을 있겠다. 아무도 누군가에게 경쟁시합에 들어서라고 강제하지 않기 때문이다. 문제는, 포상이 일반적 관행이 되는 순간에 노동에 대한 접근 경로의 변화와 함께 일어난다. 경쟁에 들어서지 않기를 선택한 사람들에게 계약에 기초한 노동의 기회는 점점 줄어드는데, 그러한 노동의 수량이 축소되기 때문이다. 영역 전반이 변함으로써 사람들에게는 이와 같은 조항 아래에서 경쟁하는 것 말곤 선택의 여지가 거의 없을 정도다.

소통상의 몰수와 착취에 관한 이하의 세 실례는 공통과 공유물

사이 구별이 불안정하다는 점을 밝혀준다. 주목, 자질, 구경거리가 그 것이다.

온라인에서 이용가능하거나, 스마트폰 앱으로 나온 무궁무진한 오락물과 기분전환거리는 공짜가 아니다. 보통은 지메일, 유튜브, 페이스북, 트위터에 직접 돈을 내지는 않는다. 이런 것들에 화폐 비용은 들지 않는다. 시간이 들 뿐이다. 게시하고 쓰는 일에는 시간이 들고, 읽고 답하는 일에도 시간이 든다. 우리는 주목의 시선을 지불하고 그 비용은 초점의 상실이다.

우리의 주목은 무한하지 않다. 우리의 시간은 유한하다 ─ (우리에게는 낭비할 시간이 없으니) 매초 매분에서 가치를 추출하려 애씀과 동시에 말이다. 우리는 모든 발화에 응답할 수 없고, 모든 연결고리[링크]를 클릭할 수 없으며, 모든 게시물을 읽을 수 없다. 검색해보고 머물러 있으라고 무언가의 가능성이, 어떤 멋진 것이 우리를 잡아 이끄는 것과 동시에, 우리는 선택해야만 한다. 우리의 주목에 대한 요구, 소통하고 참여하고 공유하라고 우리에게 가해지는 명령은 ─ 더욱 새되고 더욱 격렬해지는 이것들은─ 생산 라인의 속도를 높이려는 수많은 방법과 비슷하게, 우리의 인지를 차지한 것mindshare 중 마지막 한 조각까지 우리로부터 추출하려는 시도다.

베라르디는 이와 같은 증속을 주목의 과포화라고 이론화한다. "네트워크 기술, 불안정성의 조건, 인지노동 의존이 생산하는 가속화는, 생산적 네트워크의 보폭에 종속적이도록 강제됨으로써, 인간의 주목을 포화시키는 결과를 생산했으며 이에 따라 주목행위는 병리적 수준에 이르렀다."[23] 베라르디는 우울증, 불안, 공황장애, 자살, 향정신성의약품 사용의 증가를 이 가속화와 이어놓는데, 인간의 심령psyche과 두뇌가, 그 한계와 맞닥뜨려, 동원된 신경 에너지의 과잉흥분상태와 [주목의] 철회 및 무념 사이에서 진동하기 때문이다. 최근의 신경과학 연구가 확인해주는 바는, 찾고 알고 선택하고 결정하라는 명령, 끊기지 않는 이 명령이 우리의 기초적인 인지감정cognitive-emotional 자질을 과부하에 빠뜨리고 소진시킨다는 사실이다. 이 연구에 대한 요약본 하나는 다음과 같이 설명한다.

당신이 합리적이고 고상해지려고 얼마나 노력하건 간에, 생물학적 비용을 지불하지 않고서 [당신은] 계속해 거듭 결정을 내릴 순 없다. 이는 보통의 신체적 피로와는 다르다—당신은 피곤함을 의식적으로 알아채지 못한다. 다만 정신적 에너지가 낮아질 뿐이다. 하루 내내 당신이 더 많은 선택을 수행할수록, 두뇌는 각각의 선택을 내리는 일에 점점 더 힘겨워한다. 그리하여 결국 당신의 두뇌는 샛길을 찾게 되며 이는 대개 서로 다른 두 길 중 하나가 된다. 한 샛길은 무모해지는 것이다. 즉 결과를 먼저 생각하는 일에 에너지를 쏟는 대신에 충동적으로 행위 하는 것이다. (그래, 그 사진을 트윗해버리자! 잘못될 게 있겠어?) 다른 하나는 궁극적인 에너지 절약법으로서 즉 아무것도 하지 않는

23   Berardi, *Precarious Rhapsody*, 71.

것이다. 결정들을 두고 고심하는 대신에 그 어떤 선택도 모두 회피하는 길 말이다.[24]

당대 자본주의의 소통 회로는 충동의 순환고리인바 흥분상태와 소진상태를 통과하며 전진과 후진을 오가도록 우리를 몰아세운다. 우리가 더 많이 기고할수록 우리는 다른 사람들이 결정해야 하는 영역을 더 팽창시키게 된다. 답할까 아니면 무시할까? 어느 쪽이건 선택은 이루어져야 하며, 더 많은 선택을 내리게끔 독촉당할수록 그이는 더욱 소진상태가 된다.

우리의 미디어가 정기적으로 보내는 정보의 초대와 고무에 우리가 응답할 때, 그게 우리 일, 우리 놀이, 우리 활동의 일부이건 우리 소비 관습의 일부이건 간에, 우리의 기고는 진작 무한한 소통의 들판에 얹어놓는 부가물이다. 그것은 누군가 다른 사람의 주목을 끄는 약한 요구이며, 정동적 응답에 대한 약한 고무이자, 저장될 수 있는 디지털 자취—및 이렇게 계속되는 무엇—이다. 기하급수적으로 팽창하는 정보 회로에 지불해야 할 비용은 진보 정치 및 좌파 정치 운동에 특히 높다. 풍부하고 격동하는 매체 환경 가운데서 주목을 향한 경쟁이 발생한다.—**우리의 메시지를 어떻게 알려줄 것인가?** 이와 같은 경쟁은 환경에 적응하고 그 동역학을 우리 것으로 삼는 일을 누누

---

24   John Tierney, "Do You Suffer from Decision Fatigue?," *New York Times Magazine*, August 17, 2001.

이 너무도 쉽게 의미한다. 그리고 이는 행함에서 드러냄으로 초점을 이동시키는 결과를 낳을 수 있다. 다시 말해, 7일 24시간 돌아가는 매체의 회전 속에서 주목받겠다는 측면에서 사고하는 쪽으로 향하되, 기간을 두고 정치 기구를 건설한다는 보다 큰 문제로부터는 멀리 떨어지는 결과를 낳을 수 있다. 우리의 주목에 대한 한없는 요구―우리 각자가 서로에게 부여하는 요구 및 소통 자본주의가 포획하고 증폭하는 요구―는, 운동이자 투쟁인 공산주의에 필요불가결한 집중하고, 조직하고, 인내하고, 의지하는 정치적 에너지를 몰수한다. 소통 자본주의가 참여지향적이라는 사실은 전혀 놀랍지 않다. 미디어 네트워크에 더 많이 참여할수록, 축장할 자취와 포획하거나 우회시킬 에너지는 늘어날 것이기 때문이다.

주목의 한계란 개체들만이 갖는 게 아니다(그래서 그것은 [한 사람의] 노동을 [여러 사람에게] 분배하거나 크라우드소싱crowdsourcing을 통해 해소될 수 없다). 이것은 소통 자체를 가능케 하는 한계로서, 예를 들어 신호와 잡음 사이 구별에서 그렇고, 또한 우리의 주목 방향을 설정해 소통의 정황을 생산하는 우리의 습관들, 우리의 환경들, 우리의 절차들이 가진 특성 같은 것들에서 그렇다. 주목의 한계란 공통적인 것이다. 당대 소통 네트워크에서 실현된 공통은 그 자체가 착취 수단으로 기능한다. 공통의 과잉생산과 공통의 과잉축적은, 그렇다면, 소통 자본주의에 독특한 문제다. 크리스티안 마라치가 강력하게 예증하는 바와 같이, "정보 공급과 주목 수요 사이 불균형은 **자본주의적** 모순이자,

가치형태에 내재하는 모순이다."[25]

주목에 한계가 있다는 사실이 가리키는 바는 소통으로부터 떨어뜨릴 수 없는 분할이다. 즉 생각과 정동은 무한히 이전할 수 없고, 무한히 접속할 수 없으며, 무한히 소통가능하지 않다. 마이클 하트가 생각의 공유가 그 "효용"을 감소시키기보다는 증가시킨다고 주장할 때, 그가 놓치고 있는 점이 바로 이것이다. 그는 "최대한의 생산성을 현실화하기 위해서, 생각·이미지·정동은 공통이어야 하고 공유되어야 한다"라고 주장한다. "이와 같은 것들이 사유화될 적에 그 생산성은 극적으로 감소한다."[26] 생산성의 의미가 "유통할 능력capacity" 혹은 "다종다양한 분야로 전파될 가능성"이라 한다면 생산성(유통circulation)의 증가는 특정성, 정확성, 뜻한 내용, 적소 등록의 감소를 가져오게 된다. 보다 넓어지고 더욱 차이 나는 여건들 가운데서, 전보다 더 다양해진 청중에게 현시될 때에, 생각은 변한다. 이런 일은 짤막한 영상과 음향을 한데 으깨어 넣는 일에 깃든 즐거움의 한 부분이다―소리와 이미지들이 새로운 의미를 띰으로써 전에 그랬던 것과는 다른 무엇이 되는 것이다. 브랜드, 로고, 이미지, 동일성이란, 지나치게 광범위하게 확대되어서 각양각색의 결합력을 가진 너무 다양한 품목으로 벌려질 때엔 그 독특한 의미작용 자질을 잃고 만다―이야말로 여러

25   Christian Marazzi, *Capital and Language*, trans. Gregory Conti, Los Angeles, CA: Semiotext(e), 2008, 141. [크리스티안 마라찌, 서창현 옮김, 『자본과 언어: 신경제에서 전쟁경제로』, 갈무리, 2013]

26   Hardt, "The Common in Communism," 136.

기업이 저런 것들을 사적인 것으로 유지하기 위해 진력하는 이유다. 모든 게 다 나이키라면, 나이키는 아무것도 뜻하지 않게 된다. 분명히 하자. 지금 나는 생각과 이미지에 재산권을 부여하기를 옹호하는 게 아니다. 외려, 나는 자본주의적 생산에 족쇄를 채우는 것이 생각과 이미지들이 사유화되는 일이 아니라 정반대의 일이라는 점을 지적 중이다. 말하자면, 각각의 기고들이 점점 주목을 덜 모으는 한에서, 생각과 이미지들이 무가치하게 점증하는 기고들의 막대한 유통 흐름 속으로 확산되는 일이 자본주의적 생산을 구속한다. [기고 유통이 확산됨과 동시에 기고의 가치가 없어진다는] 이 모순은, 자본주의적 생산의 한 형식으로서는 소통이 기하급수적으로 확장될 수 없다는 점에서, 소통 자본주의에 특수한 것이다. 자본주의적 생산 형식은 소통 그 자체에 내재하는 한계들과 맞닥뜨리게 된다.

카사리노는 잠재력potentiality이란 공통된 것이라고 주장한다. 잠재력은 자본주의 내부에 전적으로 내장되어 있으나, 자본주의에 **귀속되진** 않는다. 그것은 아무에게도 귀속되어 있지 않다. 그러나 카사리노는 너무 급하게 움직여버려서, 잠재력을 자본주의의 손아귀를 상회하는 공통과 연결 짓지 못한다. 소통 자본주의는 상회, 잉여, 풍부함을 장악하고 있다. 소통 자본주의의 충동은 우리를 별도의 더 많은 것들을 향해, **우리가 취하지 않는다면 다른 이가 취할** 새로운 호기, 미예견의 즐거움, 기회, 모험을 향해 우리를 몰아대는데, 바로 이런 기회와 모험은 파생물들이 상품으로 만드는 것이자 거대 금융high finance이 투기하는 대상이다. 당대 자본주의는 잠재potential를 증권화, 화폐화, 사유화한다. 그 방법은 (개인이건, 가계건, 국가건 간에 관계없이) 부채의 초과 생성이자, 기업 이윤 생성에서 투기 금융의 역할 증폭이고, 일어날 수 있거나 일어날지 모를 일에 막대한 양의 에너지와 주목을 집중시키도록 하는 사태의 전매개premediation이며, 단 하나의 생산 쪽으로 창조적 작업을 자극하는 것이다.[27] 잠재는, 그토록 많은 헤지펀드가 의지하는 방법인 차익거래와 고속거래에서 예시되듯, 현실적인 것 속의 간극이자 착취하고 돈을 걸어 볼 가치가 있는 차이이다.

공통/공유물에 대한 몰수와 착취의 다섯 번째 실례는 자질capacities과 관련 있다. 산업 노동이 공예 기술을 그 최소 구성요소들로 쪼개버린 뒤 이 요소들을 기계화하고 조립라인에 걸쳐 배분함으로써 공예 기술을 몰수하는 것과 꼭 마찬가지로, 소통 자본주의는 이전에 우리가 가졌던 공통된 지식과 자질을 강탈하는 일에 참여한다. 컴퓨터 칩과 프로세서, 휴대전화와 mp3 재생기는 일회용 성질의 팽창과 가속화의 주된 구성요소다. 컴퓨터는 3년여 만에 구식으로 되고, 휴대전화는 대략 18개월이 지나면 (못 쓰게는 되지 않더라도) 유행에 뒤쳐진 것이 된다. 우리는 이러한 것들을 고치는 법을 배우지 않을뿐더러, 이 수리법이야말로 옛날이라면 우리가 알았을 것이라는 사실을 잊고 있다. 일상 용품들을 고치는 자질 또한 감소되어버렸다. 그저 우리가 새로운 것을 살 수 있다는 점만 상정된다. 물론 이런 상황은 제2차 세

---

27   Richard Grusin, *Premediation: Affect and Mediality After 9/11*, New York: Palgrave Macmillan, 2010.

계대전 이후 가정용품들의 빠른 팽창과 더불어 진즉에 그러했다. 미국과 영국 중산계급 가정은 자기네가 필요한 물건들을 ―의류나 가구 등을― 덜 만드는 경향을 보였고 대신에 이를 구매했다. 여러 가정에 가해진 수입 획득의 압박은, 아이를 키우는 동안이나 다른 사람들을 돌보는 일에 참여하는 동안조차도, 포장음식과 즉석 또는 냉동 식품 의존이 커지고 이에 상응해 식재료를 준비하고 조리할 자질은 줄어들었다는 사실을 의미했다. 당대 대중문화는 지금 중산계급인 사람들과 전에 중산계급이었던 사람들 중 다수가 경험 중인 자질들의 몰수 상황을 집중 조명 한다. 텔레비전 [속] 전문가들은 집안 정리와 기초 조리 기술 지침을, 다른 사람들과 잘 지낼 방법을 제공해준다.

고등교육에 들이닥친 신자유주의 조류는 이러한 동역학을 대학에까지 확장한다. [애초에 각 사람의] 기술이 없는 사회에서 누가 학위를 필요로 하겠는가? 자본주의는 더는 숙련되고 교육받은 중산계급을 요구하지 않으며, 따라서 대중적 대학교육은 더는 필요 없다. 최상위 1퍼센트에게 봉사하기 위해서는 사람이 많이 들지 않기 때문에 우리 대부분은 이제 필요가 없다(유일한 하나가 출현할 수 있는 영역은 예외로 두고 말이다). 교육을 지식으로, 지식을 정보로, 정보를 데이터로 축소하는 이러한 여건 가운데서, 우리는 알고 싶은 어떤 것이건 구글을 통해 찾을 수 있다고 듣는다. 간단명료하게, 사물이 우리를 위해 다 해주기 때문에, 우리는 안 해도 된다는 것이다.[28] 우리는 우리에게 말해주는

---

28   Gijs van Oenen, "Interpassive Agency"(*Theory & Event* 14.2, 2011)를 참조하라.

교수들이 필요 없거나, 최소한 그렇게 너무 많은 수는 필요 없다―훌륭한 대학 몇 개만으로도 아마 한 국가가 필요로 하는 모든 변호사, 과학자, 은행가, 소설가를 공급할 수 있을 것이다(공급할 수 없다고 해도, 어쨌든, 데려올 글로벌 엘리트가 있다). 우리는 기초적 기술들을 외부에 위탁했다―혹은 우리는 그것들을 몰수당했다.

소통 자본주의에서 일어나는 착취와 몰수의 여섯 번째 실례는 구경거리spectacle다. 조르조 아감벤은 『도래하는 공동체』에서 구경거리를 "공통에 대한 몰수의 극단적 형식"으로 제시한다. 구경거리를 통해, 우리는 "공통선의 가능성 바로 그것"을 강탈당한다는 것이다. 우리는 어딘가에서 누군가에게 발생한 모종의 극적 사건에 대해 관람객이 되거나 증인이 된다. 구경거리의 그 호소, 구경거리의 그 정동적 하중이 집적 성질mass quality을 띠는 한에서, 우리가 보다 큰 "우리"에 속해 있다는 느낌을 우리에게 불러일으키는 방식인 한에서, 구경거리는 우리의 언어적 본성을 전복된 형식으로 우리에게 돌려보낸다. 구경거리는 공통 존재를 향한 우리의 열망을 착취하고, 아주 약간의 이윤을 주는 대신에 우리를 붙잡아두는 소통 권력의 양식으로서 우리에게 반反해 저 열망을 이용하며, 그러면서도 어떤 긍정성positivity이 저 양식에 반해 이용될지도 모른다는 미약한 가능성의 불씨를 남겨준다.[29]

29　Giorgio Agamben, *The Coming Community*, trans. Michael Hardt, Minneapolis, MN: University of Minnesota Press, 1993. [조르조 아감벤, 이경진 옮김, 『도래하는 공동체』, 꾸리에, 2014]

아감벤은 기 드보르가 표현한 딜레마로부터 자기 작업을 이끌어낸다. 곧 구경거리 사회에서 "소통의 실제 언어는 상실되었"는데도, "새 공통 언어는 아직 발견 못했다"는 딜레마다. 드보르가 쓰기를, "구경거리의 소비는 옛 문화를 응고된 형식으로 보존한다. 이뿐 아니라 옛 문화가 부정적으로 드러난 것조차도 되살려 다시 퍼뜨리기까지 한다. 이런 식으로 구경거리의 문화 분야는 은연중에 구경거리가 무엇인지를 표현하는 데 총체적으로 힘을 쏟는다—**소통불가능한 것의 소통**이 드러난다."[30] 아감벤은 문제를 해법으로 전환함으로써 드보르가 식별한 소통능력communicativity의 몰수에 대응한다. 그는 구경거리에 대항해 구경거리 그 자체를 이용하는 것이다. 소통불가능한 것은 상실한 언어와 발견되어야 할 언어 사이 간극을 해소한다. 그것['소통불가능한 것']이 소통될 수 있[기 때문이]다. 소통불가능함이 공통인 한, 이는 가장 극단적인 몰수 시도까지 넘어서서 끈질기게 남는다. 요컨대, 구경거리는 그 자신의 극복을 품고 있다. 구경거리 속에서 이루어지는 언어의 몰수는 언어 및 언어 존재에 대한 새로운 경험을 열어젖힌다. "언어의 이런저런 내용이 아니라 언어 **그 자체**, 이런저런 참된 명제가 아니라 누가 발언한다는 사실 그 자체[를 경험하게끔 만드는 것이다].[31]

아감벤은 소통을 반성적으로 다룬다. 그러니까 그는 말해진 **무**

---

30 Guy Debord, *The Society of the Spectacle*, trans. Donald Nicholson-Smith, New York: Zone Books, 1999, 133. [기 드보르, 유재홍 옮김, 『스펙타클의 사회』, 울력, 2014]

31 Agamben, *The Coming Community*, 83.

제4장 공통과 공유물   161

엇으로부터 어떤 것이 **말해진다는** 사실로 방향을 바꾼다. (언어적 존재로부터 소외라는) 부정적 조건은 (귀속의 새로운 경험이라는) 긍정적positive 개시로 다루어질 뿐만 아니라 또한 그 부정적 조건의 긍정성은 반성reflexivity의 결과이기도 하다. 언어는 **그 자체를** 향한다. 프로이트가 충동에 대해 논의할 적에, 그는 충동이야말로 자기the self를 향한 이 되돌아옴이라고 논하며, 되돌아옴은 활동성으로부터 수동성으로 이동하는 일과 관련된다고 본다. 아감벤은 어떤 것을 말할 때의 활동적 표적을 이를 말했다는 수동적 사실로 치환함으로써 소통불가능성의 소통 속 적극적 잠재력을 찾아낸다. 공유물에서 공통으로 향하는 운동은 활동적인 것에서 수동적인 것으로 가는 이동, 욕망에서 충동으로 가는 이동을 되풀이한다. **공유물의** 성격을 규정하는 희소성의 위력은 행동 및 결단을 독려하고, 저것이 아니라 이것이라는 선택을 밀어붙인다. 소통상의 상회 즉 잉여 **공통은,** 활동성이 수동성으로 되는 영역이나 중심지를 시사하고, "아직 아니" 속에서나 "어쩌면" 속에서 포획 양식 혹은 사로잡음의 양식을 제안한다. 소셜 서비스는 우리 행동들의 모둠을 취한 뒤에 그것을 끝이 없는 소통상의 공통으로 우리에게 되돌려준다. 시대generation는 유통의 것이다. 우리의 이미지와 정동, 의견과 기고가 축적되고 산란하면서 돌고 돌아 흐르고 있기 때문이다.

하트와 카사리노는 언어로서, 지식으로서, 정동으로서 공통의 이념에 대해 호소한다. 이들이 강조하는 바는 당대 자본주의를 충동질하는 무엇, 소통 자본주의가 몰수하고 착취하는 무엇이다. 그리하여 이들은 우리 여건에 이미 현존하는 해방의 가능성들을 불러내며, 그 중에서도 특히 자본주의의 포획을 상회하는 공통을, 상회함으로써 "자본을 파멸시키고 완전히 새로운 어떤 것을 창조할 수도 있는 자율적 과정이 일어날 잠재력"을 내보이는 것으로서 불러낸다. 하트의 주장에 따르면, "자본주의적 생산 — 생각, 정동, 사회관계, 삶 형태의 생산 — 속에서 점증하는 공통의 중심성을 통해서, 공산주의 기획을 위한 조건과 무기가 부상하고 있다."[32] 각인이 표현하고 느끼고 소통하는 존재로서 생산적인 한 그리고 모두가 자신들의 소통적 상호관계 속에서 생산적인 한 — 함께 모여 우리는 우리를 편성하는 사회적 실체를 생산하므로 — 그 어떤 소유권도 이윤도 명백히 도둑질이다. 소통 자본주의 아래에서, 사회적 실체에 대한 이와 같은 몰수는 눈에 보일뿐더러 부정할 수 없다 — 따라서 전지구적이고 보장된 수입으로 인해 벌어지는 논쟁의 토대가 된다. 기여하지 않는 이는 아무도 없기 때문이다.

하지만 이와 동시에, 자본주의가 충동하고 착취하는 소통 관행 자체가 우리를 사로잡아 탈출이 불가능해 보이는 회로들 속에 빠뜨린다. 참여는 인격화이며, 더 많이 우리가 소통할수록 더 적게 우리는 소통되며, 표현과 창의성의 팽창은 집합을 이룬 다수가 아니라 유일한 하나를 생산하므로 그렇다. 과제는, 그렇다면, 공통의 분할이자 공통 속의 분할을 고집하고 강화함으로써 현재의 관행과 단절하는 것에

---

32   Hardt, "The Common in Communism," 143.

있다. 흐름 속에 줄곧 머물고 충동의 되풀이를 고집스레 계속하면서, 우리는 자본주의의 기초적 동역학을 거듭거듭 재편성하는데, 어쩌면 "사회적 삶의 또 다른 조직의 가능성"을 낳을지 모르되, 동시에 "그 가능성이 현실화되는 것"을 가로막으면서 그처럼 한다.[33] 자본주의는 변화를, 영구적 혁명을, 위기를 요구한다. [사회]계획수립에 대립하면서 발생한 신자유주의는, 소통 자본주의의 구경거리 양식 가운데서 소통 자본주의와 다시금 결합하면서, 충격과 비상상태를 특히 잘 헤쳐나간다. 소통 자본주의가 사회적 실체를 착취하는 관행을 [우리가] 고집하는 일은, 이렇다고 할 때, 분할을 공산주의 기획을 위한 무기로 사용하는 데 실패하는 것이다.

분할은 공통이다. 우리는 분할을 장악해야 한다.

---

33   Moishe Postone, "Rethinking Marx (in a Post-Marxist World)," obeco.no.sapo.pt/mpt.htm.

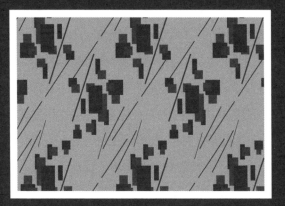

웬디 브라운은 1999년에 발표되어 광범위하게 인용된 바 있는 에세이에서 발터 벤야민의 "좌파 멜랑콜리"라는 용어로 당대 좌파의 멜랑콜리를 진단하고자 한다.[1] 그녀의 관심사는 회고적이고, 자기처벌적이며, 자신의 실패에 들러붙어 있을뿐더러, 해방적이고 평등주의적인 미래를 그려낼 능력을 잃어버린 것 같은 좌파의 불안과 두려움에 관한 것이다. 시의적절하고 감응시키는 글로서, 브라운의 에세이는 북아메리카, 영국, 유럽 좌파가 겪은 한 시기의 종말에 관해 그 나름의 진실을 포착한 듯 보였다. 이전엔 공산주의 담론이 공통적으로 만들었던 "우리"의 해체로 인한 종말과 상실에 동조해, 브라운은 좌파의 기획들을 지탱한 욕망들이라는 관점에서 그 기획들 속 실패와 연속성에 관해 성찰할 기회를 제공했다. "상실한 역사적 운동"에 대한 그녀의 처방은 요컨대 신자유주의적 자본주의의 현실 및 복지국가의 패배와 맞닥뜨린 좌파가 수행할 법한 일종의 "대처 방안"을 제안했다.

하지만 10년도 더 지나 거리를 두고 읽자면, 브라운의 에세이는 무엇을 상실했는지 그리고 왜 상실했는지에 대한 기초적 설명에서 실수를 노정한다. 벤야민에 대한 그녀의 논의에는 오해의 소지가 있다.

---

1   Wendy Brown, "Resisting Left Melancholy," *boundary 2* 26:3, 1999, 19–27.

프로이트를 다룬 그녀의 방식은 일면적이다. 그럼에도, 욕망의 일반 구조라는 관점에서 좌파를 분석함으로써 브라운은 공산주의적 욕망을 새로운 방식으로 그려볼 가능성, 이 장에서 당대 우리 여건의 공산주의 표찰이 붙은 다섯 번째 구성 요소의 윤곽을 그리면서 확장시킬 가능성을 열어준다. 그 구성 요소란 바로 집합성을 향한 집합적 욕망이다.

「좌익 멜랑콜리」는 에리히 케스트너Erich Kästner의 시에 대해 벤야민이 쓴 1931년 논평문의 제목이다.[2] 케스트너는 바이마르 시기 인정받았던 시인, 소설가, 언론인이었다. 벤야민은 케스트너의 시가 "생산 과정으로부터 가장 동떨어진 자들"의 자기만족과 숙명론에 길을 내준다고, [또한] "시황市況에 대한 저들의 대중없는 구애는 자신의 소화능력으로는 불가해한 재난에 저 자신을 완전히 포기해버린 사람이 갖는 태도에 비견할 법하다"라고 기술한다.[3]

이후의 에세이 「생산자로서의 작가」에서, 벤야민은 케스트너를 "신즉물주의new objectivity[Neue Sachlichkeit]"의 본보기로 삼는데, 신즉물주의란, 벤야민의 주장에 따르면, "**빈곤에 대항하는 투쟁**을 소비의 대상으로 삼았던" 문학 운동이다.[4] 벤야민은 "통찰력 있는 한 비평가"를 인

---

2   Walter Benjamin, "Left-Wing Melancholy," trans. Ben Brewster, Walter Benjamin, *Selected Writings: 1931–1934*, volume 2, part 2, ed. Michael W. Jennings, Howard Eiland, Gary Smith, Cambridge, MA: Harvard University Press, 1999, 423–27.

3   같은 글, 426.

4   Walter Benjamin, "The Author as Producer," trans. Edmund Jephcott, Walter Benjamin,

용해서 —실은 「좌익 멜랑콜리」를 쓴 벤야민 자신인데— 다음과 같이 말한다. "노동자 운동과 관련해서, 이 좌익 급진 인텔리겐치아는 아무것도 공통된 것이 없다. 이 사회부분은 외려 부르주아 해체의 한 현상이다. (…) 케스트너, [프란츠] 메링, [쿠르트] 투콜스키의 도장이 찍힌 급진 좌파 문사들은 스러져가는 부르주아 계층에 대한 프롤레타리아적 모방이다. 이들의 기능은 정치의 입각점에서 보면 정당이 아니라 파벌이고, 문학의 입각점에서 보면 학파가 아니라 유행이며, 경제적 입각점에서 보면 생산자가 아니라 중개상$_{agent}$이다 —이들은 중개상이거나 매문가$_{hacks}$로서, 자기네의 가난을 과장된 장면으로 그려내고 지루한 공허함으로 인해 연회를 펼친다." 벤야민의 관심사에 한하자면, 케스트너와 같은 좌익 저술가들은 정치적 상황을 공중이 소비할 즐거운 내용으로 바꿔내는 것 말고는 아무런 사회적 기능도 없는 매문가다. 이들은 생산 기구를 변형시키기보다는 그것을 전파하는데, 부르주아계급의 실존에 대해서는 결코 아무 의문도 제기하지 않는 반면에 혁명적 주제들은 생산과 출판이라는 부르주아적 기구와 동화시킴으로써 그렇게 한다. 벤야민은 이렇게 쓴다. "나는 사회주의의 이해관심에 복무하는 식으로 생산 기구를 개선함으로써 지배계급으로부터 생산 기구를 소외시키는 일을 원칙적으로 꺼리는 저자를 '매문가'

Selected Writings: 1931–1934, volume 2, part 2, ed. Michael W. Jennings, Howard Eiland, Gary Smith, Cambridge, MA: Harvard University Press, 1999, 768–782. [발터 벤야민, 반성완 편역, 『발터 벤야민의 문예이론』, 민음사, 1983]

로 규정한다."[5] 요약하자면, 「좌익 멜랑콜리」와 「생산자로서의 작가」 두 글 모두에서 벤야민의 비판은 지식인의 타협, 시장에의 적응, 노동자 운동에 대한 배신을 겨냥하며, 특히 이 타협, 적응, 배신이 의존하면서도 상품 깡통으로 만드는 대상이 프롤레타리아의 나날의 삶에 이미 일부라 할 진정으로 혁명적인 충동인 한에서 그렇다.

브라운은 주장하기를, "**좌파 멜랑콜리**는 벤야민이 혁명적 매문가에게 붙인 직설적 형용어구"로 "이들은 현재의 근본적 변화의 가능성을 장악하는 일보다는 특수한 정치적 분석이나 정치적 이상에 ― 이런 이상의 실패라고 해도 그것에 ― 결국엔 더 많이 붙들려 있는 자"라고 한다.[6] 나는 여기에 동의하지 않는다. 벤야민의 케스트너에 대한 논평문 어디에도 정치적 이상의 미련에 붙들려 있다고 케스트너를 나무라는 부분은 없다. 벤야민은 정반대의 논점을 취해, 케스트너가 행동에 눈감은 시들을 쓰고 있으며 그 이유는 "그것[케스트너의 시편]들의 운율beat이 가련한 부유층 사람들이 블루스를 연주할 때에 쓰는 음률note을 몹시도 정확히 따르고 있기 때문"이라고 케스트너를 비난한다. 벤야민은 케스트너의 서정성을 "무엇보다도 중간 계층middle stratum ― 중개상, 언론인, 부서장 ― 의 지위상의 이해관심"을 보호하는 것으로 묘사하면서, "이는 거대 부르주아지들에 대항하는 그 어떤 타

---

5   같은 글, 776, 774.

6   Brown, "Resisting Left Melancholy," 20.

격력도 현저하게 포기하는 짓"이라고 한다.[7] 케스트너의 멜랑콜리는 유행 조류이자 상품이다. 그는 이상에 붙들려 있는 게 아니다. 그는 혁명적 이상을 소비 생산물로 환원함으로써 이를 타협의 대상으로 삼았다.

브라운은, 아마 그녀 자신이 당대 좌파의 부적절함에 사로잡혀 있기 때문인지, 멜랑콜리에 빠진 좌파의 타협을 강조하진 않는다. 대신에 그녀가 읽어내기로, 벤야민의 케스트너 비판은 "부르주아지들이 '물질적 재화에 자부심을 갖는 만큼이나 예전 정신적 재화의 흔적에 자부심을 갖는 좌파 멜랑콜리 환자에게, 정서sentiments는 그 자체로 사물이 된다"는 사실을 제시한다. 브라운은 당대 좌파와 접촉할 지점을 이 물화된 상실[감]에다 마련하게 된다. "우리는 우리의 좌파적 열정과 이성을, 우리의 좌파적 분석과 확신을, 우리가 아마 이런 말들을 갖고서 바꿔보고자 했을 현재 세계 혹은 이 말들과 어우러질 법한 미래를 사랑하는 것보다도 더 사랑하기에 이르렀다."[8] 벤야민이 그렇다고 좌파를 열정, 이성, 분석, 확신에 붙들려 있다는 이유로 비판하는 것은 아니다. 그가 케스트너와 "신즉물주의" 조류에 목소리를 높이는 건 이들의 타협 때문이며, 그 결과 "해야 할 결정으로부터 즐거움의 대상으로, 생산의 수단으로부터 소비되는 글로 정치적 투쟁이 탈바꿈"되기

---

7   Benjamin, "Left-Wing Melancholy," 426, 424.

8   Brown, "Resisting Left Melancholy," 21.

때문이다.[9] 벤야민이 보는 멜랑콜리 환자는, 브라운이 보는 좌파 멜랑
콜리 환자와는 달리, 혁명과 프롤레타리아트에 대한 좌파적 헌신을
승화시키는 사람이며, 혁명적 투쟁을 고수하는 대신에 현재 세계에
대한 부르주아지의 전망에 길을 터주는 사람이다.

브라운은 다음과 같이 주장한다. "당대의 좌파가 다른 시절의 형
성물과 공식화에 흔히 매달린다면, 그러니까 그 시절엔 통일된 운동
의 관념, 사회적 총체성, 계급 기반 정치가 정치적 분석과 이론적 분
석의 생생한 범주들로 보였다고 말하곤 한다면, 이는 좌파가 저 자
신을 역사에서 문자 그대로 보수적 위력으로 삼아버린다는 뜻이
다ㅡ이와 같은 식의 보수적 위력은 현재를 오독할 뿐만 아니라 현재
실천의 심장부에다, 모험과 격변에 대한 헌신이 속한 그 자리에다 전
통주의를 설치한다."[10] 불평등, 계급 전쟁, 진행 중인 자본주의의 위기
를 부인할 수 없는 우리의 현재에서는, 통일된 운동과 계급 기반 분석
의 필요성을 브라운이 1990년대 말 글을 쓸 때엔 할 수 있었던 식으
로 부인하는 게 불가능하다. 이러한["필요성의"] 명백함은 브라운의 입
장과 정반대 지점에 있는 벤야민 자신의 입장을 밝혀내는 도움을 준
다. 그["벤야민"]의 관심사는 실천의 심장부에 있는 전통주의가 아니라
시장지향적 저술과 출판에 있는 좌파 이상들의 승화다. 벤야민의 논
의 대상은, 브라운의 좌파 멜랑콜리 환자와 달리, "자기만족과 숙명론

---

9   Benjamin, "Left-Wing Melancholy," 425.

10   Brown, "Resisting Left Melancholy," 25.

에"에 굴복하는 자인가 하면, "물릴 대로 물려서 더는 자기 위장에 제 돈 전부를 바칠 수 없는 사람"과도 같이 욕망을 양도하는[곧 포기하는] 자다.[11]

브라운의 분석에서 가장 가치 있는 면모는 그녀가 욕망의 특수한 좌파적 구조를 설명하기 위해 멜랑콜리에 관한 프로이트의 1917년 글[Trauer und Melancholie]로 선회할 때에 나타난다. 잘 알려져 있다시피, 프로이트는 애도mourning를 멜랑콜리melancholia와 구별한다.[12] 애도란 사랑하는 대상의 상실에 상응하는 것으로서, 그 대상은 사람일 수도, 조국일 수도, 자유일 수도, 이상일 수도 있다.[13] 애도의 시간이 경과함에 따라 애도 주체는 상실한 대상으로부터 그녀의 애착attachment을 두서없이 조금씩 고통스럽게 철수시킨다. 멜랑콜리 주체가 내보이는 모습은, 애도의 경우와 마찬가지로, 외부 세계에 전혀 관심을 보이지 않고 일반적으로 활동을 꺼리는 양상이다. 결정적 차이는 멜랑콜리 환자가 자애심을 낮추는 것이 자기타매自己唾罵, self-reviling로 현시된다는 점에 있는데, 이러한 자기타매는 "살아 있는 모든 것

---

11   Benjamin, "Left-Wing Melancholy," 426.

12   [옮긴이] 기존의 프로이트 전집 한국어 번역본에서는 이 글을 「슬픔과 우울증」으로 번역했다. 그러나 현재는 '애도'라는 용어를 흔히 사용하는 경우가 많고, 우울증이라는 병명이 멜랑콜리 증세를 포괄하는 더 넓은 지칭이기 때문에 이 책에서는 각각 '애도'와 '멜랑콜리'로 옮긴다.

13   Sigmund Freud, "Mourning and Melancholia," *The Standard Edition of the Complete Psychological Works of Sigmund Freud, Volume XIV (1914-1916): On the History of the Psycho-Analytic Movement, Papers on Metapsychology and Other Works*, London: Hogarth Press, 1959, 237-58. [지크문트 프로이트, 윤희기 옮김, 「슬픔과 우울증」, 『정신분석학의 근본 개념』, 열린책들, 2003]

을 삶에 매달리도록 충동질하는 본능의 넘어섬" 바로 그것으로 확장된다. 죽음충동, 상실의 위력은 욕망의 구조 자체를 새롭게 판짜기한다. 프로이트는 다음처럼 쓴다. "멜랑콜리 환자는 애도에서 나타나지 않는 것 외에도 어떤 점을 드러낸다―그는 자애심의 비상한 감소, 급격하게 그의 자아ego가 빈곤해지는 양상을 내보이는 것이다. 애도에서 빈곤해지고 공허해졌던 것은 세계였으나, 멜랑콜리에서는 자아 자신이 그렇게 된다. 이 환자가 우리에게 재현하는 그의 자아는 무가치하며 그 어떤 성취를 할 자질도 없고 도덕적으로 비루한 자아다. 곧 그는 저 자신을 책망하고, 저 자신을 비난의 대상으로 삼으며, 저 자신이 쫓겨나 처벌받기를 당연하게 여긴다."[14] 자애심에서 나타나는 이와 같은 차이를 설명하기 위해 프로이트는 애도에서 나타나는 상실에 대한 의식consciousness과 멜랑콜리에서 나타나는 대상상실의 알려지지 않은 무의식적 차원을 구별한다. 멜랑콜리 환자의 상실에 관한 어떤 것은 무의식으로 남아 있다. 자기가 상실했다는 **사실을** 멜랑콜리 환자가 알 때조차도, 그는 자기가 상실한 게 **무엇**인지, 그의 상실이 자기의 무엇에서 비롯하는지 알지 못한다. 정신분석은 멜랑콜리적 상실의 이런 무의식적 지반에 말을 건다.

프로이트는 멜랑콜리 주체의 자기질책을 수용한다―이 주체는 정말로 유약하고, 부정직하며, 옹졸하고, 이기적이라는 것이다. 하지만 그가 지적하기로 우리 대부분은, 적절히 건전한 신경증을 갖고서, 저

14   같은 글, 245.

런 한계들을 시인하지 않는다. 우리는 이런 약점을 우리 자신과 다른 사람들에게서 감추고자 한다. 멜랑콜리 환자의 자기기술self-description이 가진 정확성은 기본적으로 틀림없다. 프로이트도 이를 수용해, "그(곧 그 주체)는 자존감을 상실했으며 그가 그렇게 된 데에는 충분한 이유가 있을 것"이라고 말한다.[15] 진짜 질문은 왜 이 주체가 자존감을 상실하게 되었는지, 이 상실의 "충분한 이유"가 무엇인지다.

그 답의 하나로서, 프로이트는 멜랑콜리의 경우에 어떻게 자아로부터 하나의 비판적 작인agency이 쪼개져 나오는지를 지적한다. 그 모든 도덕적 흠결을 이유로 삼아 가련한 자아를 비판하는 양심의 목소리가 있다는 것이다. 프로이트의 설명에 따르면, 멜랑콜리 환자가 저 자신에게 가하는 특정 비판이 거의 대부분 멜랑콜리 주체 자신에 해당하는 것이 아니라, 주체가 사랑하거나 혹은 사랑해야 마땅한 사람에 해당한다는 것임을 임상 경험이 밝혀준다고 한다. 요컨대, "자책은 사랑했던 대상에 대한 책망으로서, 이 책망은 사랑의 대상으로부터 벗어나 환자 자신을 향해 이동해버렸다." 환자가 저 자신에 관해 말하고 있는 듯 보이는 내용이 실은 다른 누군가와 관련된 사실이다. 요컨대, 멜랑콜리 주체란 자기 자신을 다른 누군가와 자기애적으로 동일시하는 사람이다. 스스로를 그가 사랑했던 대상, 현재는 상실해버린 그 대상과 동일시하는 사람인 셈이다. 상실을 인정하기보다는 자기애적으로 동일시하는 일이 주체를 상실로부터 보호한다. 자기애적 동일

15   같은 글, 246.

시는 대상을 주체에게로 불러와서 이 대상을 자기 자신의 일부로 간직하게끔 만들어주기 때문이다. 주체가 사랑했던 대상이되 [지금은] 사랑하지 않는 ―증오하기까지 하는― 대상에 관한 게 많이 있는 한에서 그 동일시는 괴로움을 야기한다. 공공연히 말해질 수 없는 이와 같은 증오를 처리하기 위해, 자아의 "특별한 작인"이 떨어져 나와, 사랑의 대상이자 이제는 주체 자신의 일부로 간직한 것을 재판하고 힐책하게 된다. 프로이트의 설명에 따르면, "이런 방식으로 대상상실은 자아상실로 탈바꿈하고, 자아와 사랑했던 사람 사이 충돌은 동일시에 의해 달라진 자아와 자아의 비판적 활동 사이 균열cleavage로 변형된다."[16] 주체의 자존감 상실이라는 문제에 대한 답변은 대상을 향한다. 요컨대, 재판받고, 비판당하고, 힐책당하는 자는 내면화된 대상으로서, 결코 주체 자신이 아니다.

브라운은 프로이트의 멜랑콜리에 대한 설명을 이용함으로써 좌파로 하여금 그 시대착오적 사유 습관을 수정하지 못하게 막는 두려움과 불안을 이해하고자 한다. 그녀는 상실한 대상에 대한 멜랑콜리 애착의 끈질긴 지속에 주목하는데, ['애착의'] 이 지속은 회복하고 앞으로 나아가려는 의식적 욕망을 대체하는 가운데 "멜랑콜리를 일시적 반응이 아니라 욕망의 구조"가 되게 만든다. 그녀는 또한 무의식을 즉 "공언되지 않았고 공언될 수 없는 것"이자 멜랑콜리적 상실의 본성인 것을 강조한다. 그리고 그녀는 "사랑했던 대상"으로부터 좌파 주

---

16   같은 글, 247, 248.

체 쪽으로 향하는 "비난"의 이동이, "멜랑콜리에 빠진 자가 받는 고통 속에서 이 사랑의 상실이 경험되는 바로 그 순간에도 대상에 대한 사랑이나 이상화"를 보존하는 이동임을 지적한다. 좌파 진영이 상실한 수많은 것 중 일부─지역 및 국제 공동체의 상실, 정치적 작업을 받쳐줄 수 있는 도덕적 전망과 정치적 전망의 상실, 역사적 계기의 상실─를 열거하면서, 브라운은 혹시 여전히 무의식적이며 공언되지 않는 상실 즉 "좌파의 분석과 좌파의 헌신이 그 지지자들에게 선함, 옳음, 참됨을 향해 펼쳐진 명확한 경로를 제공할 것이라는 약속"의 상실이 또한 있는 게 아닌지를 묻는다.[17] 브라운은 이러한 약속이야말로 좌파의 자애self-love와 동류감정fellow feeling의 기초를 형성했다고 제시한다. 이것이 토대로서 공언되지도 변형되지도 않은 채 남아 있는 한, 저 약속은 좌파에게 자기파괴라는 운명을 선고할 것이다.

프로이트의 멜랑콜리 연구를 경유함으로써 브라운은 부인되었던 애착을 조명할 수 있게 된다. 포스트구조주의를 두고, 또한 좌파 이론의 특수한 양식에 특징적인 문제로서 주체의 지위를 두고 벌어진 첨예한 토론의 기저에는 이 애착이 있었다. 그녀는 묻는다. "우리가 좌파의 저 낭만적 약속에 속한 이상화를 보존한다고 치면 우리가 증오하는 것은 무엇일까? 좌파의 낡은 보증들을 우리의 분노에 찬 실망으로부터 면제한다고 치면 우리가 처벌하는 것은 무엇일까?"[18] 그녀의

---

17   Brown, "Resisting Left Melancholy," 20, 21, 22.

18   같은 글, 22.

대답은 증오와 처벌이 증상이고, 좌파 분석의 약속과 보증을 보존하기 위해 우리가 스스로에게 가하는 타격이라는 것이다. 정체성 정치에 대한 경멸과, 담화분석, 포스트모더니즘, "시류를 쫓는 문예이론"에 가하는 비난은 마르크스주의 정설에 대한 자기애적 애착을 치환하는 형식이다. 그것은 통일성, 확실성, 명료성, 정치적 상관성을 약속했던, 내면화된 대상이자 사랑했고 상실한 대상을 겨냥한 공격이다.

　브라운 논의의 이점은 좌파의 욕망 속 어떤 판타지를 밝혀준다는 데 있다. 좌파의 멜랑콜리는 분할과 논쟁과 배신의 역사적 경험을, 이론의 경우는 마르크스주의 전통으로부터 추출하고 실천의 경우는 사회주의 국가들로부터 추출한다. 좌파의 멜랑콜리는 이들 추출한 자리에다 주인Master의 쓰러트릴 수 없는 물화된 형상을 남겨놓는데, 이것은 그 자체가 분열해 그 형상의 권위적 발홍과 외설적 발홍으로 나뉜다. 브라운이 제시하듯이, 좌경분자들이 자기네 실패에 꼼짝달싹 못하게 붙잡혀서 포스트구조주의 이론과 정체성 정치에 이 실패의 책임을 지게 할 때에, 이들은 위와 같은 주인이 실존하지 않는다는 점을 부인한다. 이들은 불가능하고, 실존한 적 없는 판타지적 마르크스주의에 매달려서, 그것["마르크스주의"]의 역사적 시간의 상실과, 1917년 혹은 어쩌면 1789년에 시작하는 장면들의 종말과 대면하는 일로부터 저 자신들을 보호한다. 이들은 자본 결정론과 계급 선도라는 관점에서 사고하는 일이 의미에 가닿던 시절이 스러져가는 상황으로부터 저 자신들을 방어한다.

　브라운은 옳은가? 좌파의 부동성immobility과 자기혐오를 멜랑콜리로 진단하고 나서, 그녀는 상실한 것과 유지하는 것, 치환된 것과 부인되는 것을 정확하게 식별하는 걸까? 그리고 욕망의 구조로서 멜랑콜리에 대한 브라운의 설명은 그녀가 프로이트를 향해 간 일에 담긴 잠재력을 다 다룬 걸까? 아니면 프로이트의 분석 내용에 덧붙은 요소들 또한 상실의 위력과 좌파를 제대로 다루는 데에 도움이 되는 것으로 밝혀질까?

벤야민의 좌익 멜랑콜리에 대한 설명은 상이한 부류의 상실을 시사한다. 그것은 곧 혁명적 이상에 대한 배신, 프롤레타리아트에 대한 배신이다. 벤야민은 케스트너를 그가 일상적 삶의 야수성 묘사가 특징인 형식을 고수하기 때문만이 아니라 이 형식의 상품화 곧 그가 정신적 재화의 흔적들을 시장에 내놓아 부르주아지에게 팔 아주 상업적인 콘텐츠로 포장하기 때문에도 비판한다. 벤야민이 「생산자로서의 작가」에서 주장하듯, "신즉물주의"와 연계된 정치적 경향이 얼마나 혁명적으로 보이건 간에, "저자가 프롤레타리아트와 맺는 자신의 연대를 이데올로기적으로, 생산자가 아니고서 경험하는 한, 그것["신즉물주의와 연계된 정치적 경향"]은 실제로는 반혁명적 양상으로 기능한다."[19] 연대의 이데올로기적 경험에 애착을 가진 채, 멜랑콜리에 빠진 좌파는 저 자신의 실천, 저 자신의 언론종사자다운 활동이 실제에서 낳는 효과를 부인한다. 브라운이 간주하기를, 집요하고 자기애적인 판타지상의 대상 애착을 통해 좌파가 보상받을 사회주의적 이상의 실제

---

19   Benjamin, "The Author as Producer," 3.

적 상실이라고 한 것에 대해, 벤야민은 현시하기를, 프롤레타리아와의 이데올로기적 동일시가 치환하려 시도하는 타협 내지 배신이라고 한다. 브라운은 좌파를 역사의 변화 이후 패배하고 내버려진 존재로 암시한다. 벤야민은 항복하고 죄다 팔려나간 좌파를 고려하라고 우리를 몰아세운다.

프로이트가 멜랑콜리 환자의 자존감 상실에 대해 짐짓 내비치는 생각도 비슷한 방향을 가리킨다. "자기와 같은 무능력한 아내에 매여 사니 남편이 얼마나 불쌍하냐고 큰 소리로 말하는" 여성을 묘사하면서, 프로이트는 그녀가 실은 남편의 무능력을 질책하고 있다는 점을 주시한다. 그중 몇 가지는 진짜일 그녀의 자책은 "불쑥 튀어나올 수 있는데, [자책 이외의] 다른 책망들을 감추고 사태의 진정한 양상을 인식할 수 없게 만드는 데 도움을 주기 때문이다." 프로이트는 이와 같은 자책들이 "사랑의 상실로 인도된 사랑싸움의 입장대립으로부터 비롯된다"라고 쓴다.[20] 이 경우를 두고, 이 여성은 그녀의 욕망을 유지시켜줄 남편의 능력을 찾아낼 능력이 자기에게 없음을 제대로 인식하고 있다고 할 순 없을까? 그녀는 자신에게 별다른 대안이 없어 보이는 수용과 절제의 현실을 묵인함으로써, 사랑싸움의 입장대립에서 타협하고, 그것["사랑싸움의 입장대립"]을 당연하게 만들고, 그것을 받아들이고서는 그것이 그녀의 욕망을 제약할 수 있게 하기 때문에 자신을 처벌한다고 할 순 없을까? 이 질문에 대한 대답이 "그렇다"라고 한다면,

---

20   Freud, "Mourning and Melancholia," 247.

이 여성의 자존감 상실은 그녀가 자기의 욕망을 양도함으로써 느끼는 죄의식을 표시하는 것이다. 라캉이 우리에게 제시한 용어들을 이용해 말하자면, "사람들은 자기의 욕망에 관련해 굴복하는 것에 대해서만 유일하게 죄의식을 가질 수 있다."[21] 자기의 남편에 대한 그 여성의 동일시는 일종의 타협이자, 그녀가 그를 욕망의 대상으로 만들기 위해 자신의 욕망을 승화시키는 방식이다. 그녀의 초자아가 보여주는 흉포함과 초자아가 그녀에게 가하는 가차 없는 처벌은 저 자신이 일상생활에 적응하도록 그녀가 욕망의 불가능성, 욕망 그 자체의 구성적 불만족 앞에서 포기해버렸다는 사실을 가리킨다. 프로이트는 초자아가 고문을 가하는 데에서 기쁨을 얻는다는 것과 더불어 주체가 이를 즐긴다는 것도 지적한다.

> 대상에 대한 사랑—대상 자체가 포기되어도 포기될 수 없는 사랑—이 자기애적 동일시에서 피난처를 구한다면, 이 [동일시에 의해] 대체된 대상에 증오가 작용하게 되면서 그것["대체된 대상"]을 욕하고, 그것을 비하하고, 그것을 고통 받게 해 그것의 고통으로부터 가학적 만족을 얻게 된다. 멜랑콜리에서 나타나는 자기고문은, 이는 의심의 여지 없이 즐거운 일로서, 강박신경증에서 이에 상응하는 현상과 꼭 마찬가지로, 어떤 대상에

---

21   Jacques Lacan, *The Ethics of Psychoanalysis: The Seminar of Jacques Lacan, Book VII*, ed. Jacques-Alain Miller, trans. Dennis Porter, New York: Norton, 1997, 321.

관계하되 주체 자신의 자아에게로 되돌아오게 되는 가학성과 증오의 성향 속에서 만족을 얻음을 표시한다.[22]

프로이트는 자신이 「본능과 그 변화Triebe und Triebschicksale」에서 정리한 충동 관련 용어법을 사용한다. 충동에 대한 프로이트의 설명에서 결정적인 것은, 라캉이 분명히 한 바와 같이, 충동이 주체에게 다르게 즐기는 법을 제공하는 방식에 있다. 욕망을 만족시키거나 욕망을 유지하는 것이 불가능해지면, 주체는 다른 방식 즉 충동의 방식으로 즐기게 된다. 게다가, 욕망과는 반대로, 충동은 판타지에 불과한 상실 대상을 찾으려는 탐색이 아니다. 충동은 상실이 욕망의 영역에서 행사하는 위력이다. 충동은 한때 어떤 이상ideal, 불가능한 대상이 차지했던 공간 주변을 순환하지 않는다. 외려, 충동은 그것["주체"]이 그 자신을 향해 되돌아옴으로써 일어나는 욕망의 승화다.

멜랑콜리에서 충동의 차원을 강조함으로써, 멜랑콜리에서 가학성이 "주체 자신의 자아에게로 되돌아오는" 방식에 프로이트가 주목했음을 강조함으로써, 우리는 좌파의 일반적 형세를 브라운과는 다르게 해석하는 길로 나아가게 된다. 우리 앞에는 [브라운이 보는 것처럼] 공인받지 못한 정설에 집착하는 좌파가 있는 게 아니라, 공산주의를 향한 욕망을 양보해버리고, 프롤레타리아트에 대한 역사적 헌신을 배신하고, 혁명적 에너지를 만민구제론적 관행으로 승화시켜 자본주

---

22   Freud, "Mourning and Melancholia," 250.

의의 장악력을 강화하는 좌파가 있다. 이런 좌파는 자본주의에 대항하는 노동자 인민의 해방적인, 평등주의적인 투쟁에 대한 헌신—결코 전적으로 정통적이지는 않았고, 그 반대로 언제나 파열되었고, 충돌했으며, 논쟁에 부쳐졌던 헌신—을 자리에서 쫓아냈고, (프로이트가 멜랑콜리와 묶어내는 조증과 같이) 끊이지 않는 활동으로 그 자리를 채웠다. 그리고 이제 와서는 비판과 해석에, 소규모 기획들과 국지적 행동에, 특수한 사안들과 입법상의 승리에, 예술에, 기술에, 절차에, 과정에 저 스스로 만족하고 있다. 이 좌파는 혁명적 욕망을 민주주의적 충동으로 승화시키고, (대의제건, 심의 민주주의건, 급진 민주주의건 간에) 민주주의로 받아들여지는 반복적 관행으로 승화시킨다. 이미 자본주의의 불가피성을 수긍했기 때문에 이 좌파는, 벤야민의 언어로 돌아가 말하자면, "거대 부르주아지에 대항하는 그 어떤 타격력도" 눈에 띄게 포기한다. 이와 같은 좌파에게는 책무로부터 물러나는 데에서 향락이 비롯되며, 그 책무와 목표를 승화시켜서 분기되고 파편화된 미시정치micropolitics의 실천으로, 자기 관리로, 사안별 이해로 고상하게 만드는 데에서 향락이 비롯된다. 영구히 괄시받고, 해를 입으며, 되다 만 채로, 이 좌파는 반복에 계속 붙잡혀서는 저가 사로잡힌 충동의 회로를 깨트리고 나올 수 없는데, 저 자신이 그것들을 즐기고 있기 때문이다.

　이와 같은 내용이야말로 어째서 그와 같은 좌파가 규율discipline과 군림domination을 혼동하는지를, 어째서 그와 같은 좌파가 집합성 및 공통에 대한 아무 확신이건 쪼개고 파열시킬 길을 끊임없이 쫓는 착각 속의 자유, 개체의 자유라는 명목으로 연대성을 박탈당하는지를 설명해준다고 할 순 없을까? 좌파적 욕망의 이런 구조 내부에 있는 비판의 표어들은 도덕주의, 교조주의, 권위주의, 공상적 유토피아주의 같은 것들이며, 이는 영구적 자기감시를 활성화하는 표어들이다. 그렇다면 논변, 입장, 혹은 관점의 경우 이것들은 위의 잘못 중 한 가지를 저지를 위험을 의도치 않게 **감수해버린 채** 제기되는 것일까? 저 투사들 중에서도 일부는, 충동이 제공하는 만족 몇 조각이 확실히 보장되는 헛수고an inefficacy를 사전에 얻어내는 대신에, 정당과 국가, 분할과 결단을 거부한다.

이와 같은 좌파를 멜랑콜리에 빠져 있는 존재로 묘사하는 게 맞는다면 ― 나는 이 점에서 웬디 브라운의 견해에 동의하는데 ― 이 좌파의 멜랑콜리는 좌파의 역사로부터, 좌파의 현실 순응으로부터(그 현실이 민족주의 전쟁이든, 자본주의에 포위당한 상황이든, 아니면 소위 시장적 요구든 간에) 떼어놓지 못할 지금 여기의 타협과 배신에서 비롯하는 것이다. 라캉이 가르치는 사실은, 칸트의 정언명령과도 같이, 초자아는 현실을 실패에 대한 해명으로서 받아들이기를 거부한다는 점이다. 불가능은 결코 변명이 되지 않는다 ― 욕망의 만족은 언제나 불가능하니 말이다. 폭넓은 스펙트럼을 보이는 당대 좌파들은 불가피한 자본주의에 어떻게든 순응했거나, 아니면 마르크스레닌주의의 실패를 받아들인 결과 적대의 폐기를, 계급의 포기를, 재산 및 생산의 자본주의적 맞춤을 전복시키는 일에 대한 혁명적 헌신의 포기를 필요로 하기에 이르렀다. 멜랑콜리에 빠진 자의 판타지 ― 공산주의라는 권위적이고 외설적인 주인Master ― 와 더불어 멜랑콜리에 빠진 자의 승화된 관행 — 대안은 없었다[23] — 또한, 그들["멜랑콜리에 빠진 자들"]이 생산적이고, 중요하고, 급진적이라는 느낌을 주는 활동으로 우리를 포획할 때에 저 배신을 두고 생겨나는 죄의식과 직면하는 상황으로부터 이 좌파를 보호하고, **우리**를 보호한다.

아마 여기서 나는 과거시제를 써서 "보호했다"라고 말해야 하는데, 왜냐면 갈수록 더 좌파는 멜랑콜리를 겪어내고 극복 중인 것 같기 때문이다. 프로이트는 정신분석의 멜랑콜리에 대한 이해가 완전하지 않다는 사실을 시인하면서도 다음과 같은 점을 지적한다. "[애증병존 같은] 양가감정의 개별적 갈등"이 "대상에 대한 리비도 고착"을 느슨하게 하고 이제 대상이 "쓸모없는 것으로 포기"됨에 따라 멜랑콜리라는 무의식의 작업이 끝을 고하게 된다는 것이다.[24] 프로이트가 언급한, "양가감정의 개별적 갈등"이라는 말은 내가 충동 및 승화와 연계한 반복적 활동을 보다 변증법적으로 이해할 수 있음을 시사한다. 다

---

23   [옮긴이] 여기에서 언급한 "대안은 없었다(there was no alternative)"는 문구는, 신자유주의의 상징적 인물 중 한 사람인 마거릿 대처가 정책에서 사용한 문구 TINA(There is no alternative)를 비튼 것이다.

24   같은 글, 255.
[옮긴이] 이 부분에서 프로이트가 '양가감정'과 관련해서 멜랑콜리의 무의식 작업이 끝나게 되는 과정을 언급한 내용을 보다 상세히 소개하면 다음과 같다. "우울증[멜랑콜리]에서는 대상을 둘러싸고 수많은 개별적인 갈등들이 일어나고, 그 속에서 대상에게서 리비도를 분리하고자 하는 미움과 그런 공격에 대항해서 리비도의 현 위치를 고수하고자 하는 사랑이 대립하게 되는 것이다. (…) 우울증에서 애증 병존의 모든 갈등은 대상을 비난하고, 경시하고, 심지어는 대상을 제거함으로써 대상에 대한 리비도의 집착을 느슨하게 한다. 이 경우 분노가 다 사그라진 뒤에, 혹은 대상이 무가치한 것으로 포기된 뒤에는 무의식 조직에서 일어나는 그 과정이 종식될 가능성도 있다." 지크문트 프로이트, 윤희기 옮김, 「슬픔과 우울증」, 『정신분석학의 근본 개념』, 열린책들, 2003, 264~265쪽.

시 말해, 이 반복적 활동을 순응 형식으로만 이해할 것이 아니라 애착에서 벗어났다가 다시 애착을 갖고, 부수었다가 다시 만드는 실제적 수행으로도 이해할 수 있다는 것이다. 믈라덴 돌라르와 슬라보예 지젝은 충동의 이와 같은 파괴적 차원을, 충동의 반복이 새것을 위한 공간을 마련하기 위해 옛것을 치우는 결과가 되는 양상을 강조한다.[25]

공산주의의 종말을 일반적으로 수용하고, 윤리, 정동, 문화, 존재론에서 정치적이고도 이론적인 특수한 방향 추구가 널리 받아들여지는 것이 특징인 여건 속에서, 욕망의 멜랑콜리 구조와 관련해 좌파를 묘사하는 일은 실존조차 하지 않는 좌파를 논하는 일보다 더 요령부득일지도 모른다. 그렇다면 브라운의 에세이는 좌파의 멜랑콜리를 극복하고 분해하는 일에 한몫하는 것이었을 수 있겠다. 이제 좌파의 멜랑콜리가 있던 자리에는 다양한 관행과 경향성이 학술적이고도 이론적인 사업 속에서 유통하며, 이런 사업은 이미 소통 자본주의 내부에 포괄되어 있다. 반교조주의의 표어 중 몇몇은 남아 있지만그 기운은 줄어들었고, 연구하고 관심을 가질 새로운 대상에 보다 활기 있게 달라붙은 애착으로 대체되었다. 다른 말로 하자면, 멜랑콜리를 형성하는 충동은 상실의 위력이되, 이는 되돌아오고 파편으로 쪼개지며 분기된다. 시간이 지나고, 목표를 맞추지 못하는 실패 과정이 되풀이됨에 따라 이 반복에 만족이 찾아오고 이전의 대상 즉 욕망의 상실한 대상은 포기된다. 예를 들어, 오늘날 몇몇 이론가는 주체에 대

---

25   Mladen Dolar, "Freud and the Political," *Theory & Event* 12.3, 2009.

한 분석적 범주가 흥미롭지도 않고 본질적으로 쓸모없다는 사실을 깨달았다. 그리하여 이들은 대상들 편으로 선회해 여기에 새로운 종류의 작인이나 활력vitality을 위치시켰고, 정치의 자리마저 여기에 마련해왔다.

최근에 보이는 공산주의의 재활성reactivation 역시 좌파적 욕망의 구조로서 멜랑콜리의 종말을 입증한다. 코스타스 두지나스와 슬라보예 지젝은, 공산주의의 이념을 주제로 삼은 2009년 런던 학술대회에서 엄청나게 분출된 열정을 묘사하면서, 질의응답 순서가 "명랑한 분위기에 비종파적"이었고 이는 "죄의식의 시기가 끝났음"을 명백히 표시하는 것이라고 언급한다.[26] 자본주의에 대항하는 운동이 훨씬 더 현저했던 자리는 2011년 아랍의 봄, 유럽의 여름, 미국의 가을이다. 전지구적 맥락에서, 점유는 완강한 집합성을 작동시키고 있으며, 이 집합성은 공통과 공유물을 새롭게 적극적으로 내세우는 투쟁에 나서고 있다.

공산주의의 이와 같은 재활성을 욕망의 관점에서 이해하는 것이 가능할까? 가능하다면 어떤 의미에서 그럴까? 내 생각엔 가능하다. 다음에 이어질 부분에서 나는 두 테제를 옹호하려 한다. 첫째는, 공산주의적 욕망이 가리키는 것은 정치에 필수적인 간극의 주체화subjectification 곧 인민 내부에 있는 분할의 주체화라는 점이며, 둘째는

---

26   Costas Douzinas, Slavoj Žižek, "Introduction: The Idea of Communism," *The Idea of Communism*, ed. Costas Douzinas, Slavoj Žižek, London: Verso, 2010, ix.

이 주체화가 집합적이라는 ―우리의 욕망이자 우리를 위한 우리의
집합적 욕망이라는― 점이다.

공산주의에 대한 당대의 새로운 사고는 공산주의적 욕망이라는
개념을 향해 나아갈 최소한 두 경로를 제공한다. 하나는 다중multitude
의 ["공산주의적"] 욕망이고, 다른 하나는 철학자의 ["공산주의적"] 욕망이
다. 앞 개념의 출처는 안토니오 네그리이며, 그가 스피노자와 들뢰즈
로부터 영감을 얻어 특이성으로 이루어진 다중의 생산적 욕망을 강
조한 데에서 비롯한다. 네그리는 "저항, 투쟁, 편성적 권력의 욕망 및
궤적의 총체성totality이 곧 다중임"을 강조한다.[27] 두 번째, (알레산드로 루
소가 부여한 표현으로서) 철학자의 욕망이란, 공산주의의 영원에 대한 바
디우의 강조를 특징적으로 나타낸다.[28] 1991년에 쓴 글에서, 바디우는
소위 공산주의의 죽음이 사건이 아니었다고 주장한다. 1917년 10월
과 연계된 일련의 정치적 장면은 아주 오래전부터 죽은 채였다는 것
이다. 정치의 진리로서 공산주의란 어떤 영원의 이름이지 역사적 국
가형성물의 이름이 아니며, 따라서 공산주의는 죽음을 고할 수 없
다―필연적으로 이것은 그 어떤 특수한 실제적 사례건 간에 해당 사

27   Antonio Negri, "Communism: Some Thoughts on the Concept and Practice," *The Idea of
Communism*, 163.
28   Alessandro Russo, "Did the Cultural Revolution End Communism?," *The Idea of
Communism*, 190.

례를 상회한다.[29] 바디우는 "공산주의의 불변항"이라는 말로써, 영원한 공산주의라는 철학적 이념에다 더 심화된 표현을 덧붙인다—공산주의의 불변항들이란 "평등주의적 열정, 정의의 이념, 재화 이용과 타협하기를 끝내려는 의지, 이기주의의 근절, 압제에 대한 불관용, 국가를 중단시키려는 욕망"이다.[30] 그러니까, 되풀이하자면, 다음과 같이 쓰는 네그리가 있다. "공산주의는 가능하다. 공산주의가 이런 이행 가운데서 목적이 아니라 조건으로서 이미 실존하고 있기 때문이며, 공산주의가 특이성들의 전개이자, 이런 구축construction과 ㅡ거듭 물결치는 권력관계에서 발생하는ㅡ 그 구축의 긴장, 추세, 변형의 실험이기 때문이다."[31] 그리고 공산주의를 역사초월적transhistorical 진리로 다루는 바디우가 있다. 그는 역사에다 주체를 올려놓을 (바디우는 "함입incorporating"이라는 말을 쓴다) 자질을 띤 규제적 이상으로서 공산주의를 취급한다. 전자의 판본에서, 공산주의는 이미 세계에 내재한다. 후자의 판본에서, 공산주의는 어떤 진리의 실재로서, 세계 속에 불가능을 도입한다.

<hr />

29   바디우는 "'공산주의'는 이러한 영원을 명명해왔기에, 이제 와서는 어떤 죽음을 적절하게 명명할 수가 없다"라고 쓴다. 다음을 참조하라. Alain Badiou, *Of an Obscure Disaster*, trans. Barbara Fulks, Alberto Toscano, Nina Power, Ozren Pupovac, Maastricht, NL: Jan van Eyck Academie, 2009, 19. [알랭 바디우, 박영기 옮김, 『모호한 재앙에 대하여』, 논밭, 2013]

30   같은 책, 17. 브루노 보스틸스는 이와 같은 불변항들이 "넓은 의미에서 대중(masses)의 작업"이며 "모든 위대한 반란의 직접적인 인민적 실체"임을 강조한다. 다음을 참조하라. Bruno Bosteels, *Badiou and Politics*, Durham, NC: Duke University Press, 2011, 277–278.

31   Negri, "Communism: Some Thoughts on the Concept and Practice," 163.

공산주의적 욕망에 대한 이 두 접근 방식은 대립하는 것 같아 보이지만 유사하게 작동한다. 각각은 공산주의의 근원적 필연성을 가리킨다. 공산주의적 욕망은, 다중에게 속한 실제 실존하는 권력으로서든 역사라는 상징 서사에 (개별적 주체형성을 경유해) 출현하는 진리 절차의 실재로서든, 주어진 소여다. 네그리가 현존하는 자본주의적 생산의 총체성 내부에 위치시키는 무엇을, 바디우는 철학적 이념의 영원 내부에 위치시킨다.

네그리와 바디우는 확신을 재보증하고 있다. 평등주의적 보편주의에 헌신하는 사람들, 당대를 지배하는 자본주의 리얼리즘에 순응하지 않으려는 사람들을 위해, 네그리와 바디우는 이들이 버티고 설 자리, 이들이 사고하고 행하면서도 사고와 행위를 이해할 장소를 설립한다. 공산주의, 사회주의, 노동자계급, 사회적 복지 국가가 죄다 유토피아적 이상이나 세계대전 이후의 절충안으로서 비난받고 와해되었던 와중에, 이들의 재보증은 용기, 확신, 여기에 더해 혁명적 이론 및 실천에 대한 지식의 지속에 결정적이었다.[32] 이와 동시에, 그러한 재보증은 브라운의 논의가 집중적으로 조명하다시피, 물신적 애착의 대상이 될 수 있으며 때때로 그런 대상이 된다. 그것["그러한 재보증"]은 마치 보증 기간이 지나버리지 않은 양 보증서를 제공하며, 상실 자체가 위력으로 작동하는 여건 속에서, 부재의 여건 속에서 매달릴 어떤 대상

---

32   용기에 대한 다음의 논의를 참조하라. Darin Barney, "Eat Your Vegetables: Courage and the Possibility of Politics," *Theory & Event* 14, 2, 2011.

을 제공한다.

네그리가 재보증하는 약속은 공산주의가 이미 도래했다는 것이다. 다만 그것을 가로막는 자본주의적 제약들로부터 풀려날 필요가 있을 뿐. 다중의 욕망은, 분할과 적대로 파열된 정치-경제 체제로서가 아니라, 생산자들의 이런저런 욕망과 활동이 스스로 간에도 또 서로 간에도 충돌하는 체제로서가 아니라, 이미 주어진 수렴, 풍요, 전체로 나타남으로써, 우리 내부와 우리 사이의 간극과 직면하지 않도록 우리를 보호해준다. 바디우가 재보증하는 것은 진리들이 존재한다는 점뿐만 아니라 이 진리들이 이따금 세계 속에 함입된다는 점이기도 하다. 여기에 함축된 약속은 그렇다면 공산주의 이념이라는 정치의 진리가 다시금 새로운 주체들 속에 함입되리라는 전망이다. 철학자의 욕망은, 정당과 국가가 [진리를] 시행enactment함으로써 분할들이 강제되는 그런 확신으로서가 아니라, 그것["진리"]을 관조하는 사람들의 정동적 애착을 안내하거나 이끌 법한 사유 형식으로서 나타난다. 이 욕망은, 실제적이고 이론적인 지식과 의지의 파열된 장field으로서가 아니라, 역사의 다종다양한 반란의 주체성들을 이해하고 이 주체성들에 그 스스로를 각인하는 형식으로서 저 자신을 선언한다.[33]

공산주의적 욕망에 대한 이와 같은 접근법은 (특히 내가 위에서 제시했듯 축소된 서술이 되면) 최근 30여 년 동안 비판적 이론이 짜온 결을 거북스레 거스르는 것으로, 무엇보다도 포스트구조주의 및 포스트식

---

33   Bosteels, *Badiou and Politics*, 277쪽을 참조하라.

민 이론의 가닥들과 마찰을 일으키는데, 브라운은 자신의 에세이에서 여기에 눈길을 준 바 있다. 욕망에 길을 내주고 멜랑콜리에 빠져 살기를 거절하는 것은 이 접근 방식이 힘을 내는 데 사활적 중요성을 띠겠으나, 타협했던 사람들로부터도 무엇인가 배울 수 있다. 첫째로, 현재 혹은 과거의 모든 정치투쟁이 다 공산주의적인 것은 아니다(꼭 마찬가지로, 랑시에르에 **반하여** 말하자면, 모든 정치투쟁이 다 민주주의적인 것은 아니다). **진행 중인** 정치투쟁 모두를 다중 속에 (이 다중이 특이성 중 하나라고 할지라도) 포괄하는 것은 저 투쟁들 사이의 긴장과 대립을 부인하는 일이며 이와 같은 긴장들이 자본의 이해관심에 따라 조작될 수 있고 조작되고 있는 방식도 마찬가지로 부인하는 일이다. **지나간** 과거 인민의 투쟁 전부를 천년 단위의 흐름을 두고 변치 않는 어떤 내용에 흡수하는 것은 앞선 투쟁이 이후의 투쟁에 미치는 충격을 과소평가하는 일이며, 위력·자질·이해관심이 유물론적이고 기술적으로 결정되는 양상을 과소평가하는 일이다.[34] 공산주의가 해방과 평등주의를 서로 결합한 일이 유일무이하다고 주장하는 역사주의자의 행복한 낙관론을 꼭 받아들여야 하는 것은 아니다. 다양하게 다른 투쟁들이 알려져 있다 — 이미 마르크스가 예를 들어 [18세기의] 부르주아혁명과 [19세기의] 프롤레타리아혁명을 구별하며 명확히 했던 것처럼, 20세기의 시민 및 여성의 권리를 위한 투쟁과 21세기의 게이 및 트랜스젠더 권리를 위한 투쟁은 [다양하게 다른 투쟁들이 있음을] 입증한다. 그러나 이

---

34   여기서 나는 보스틸스의 논변에 기댄다. 같은 책, 278.

런 투쟁들이 동일한 것은 아니다. 둘째로, 그리고 결과적으로, 공산주의 자체가 저지른 여러 실패와 실수가 알려져 있다 — 이는 공산주의의 온전함과 불변함을 재보증하려는 호소들이 억누르는 앎_informing_이다.[35] 이것이 오늘날 공산주의를 재사고하려는 노력과, 이번에는 좀 더 나은 무엇을 구체적으로 예시하기 위해 과거를 비판하고 과거로부터 배우려는 노력이 있는 이유다. 그 성공과 실패들이 계속해서 영감을 줄 수 있는 특정한 역사들과 투쟁들이 있으니, 이들["특정한 역사들과 투쟁들"]은 우리의 현재를 다르게 바라보고 우리의 현재를 공산주의의 지평에 비추어 이해하려는 욕망을 고무할 수 있는 — 하지만 아닐 수도 있는 — 것이다.[36]

영원한 공산주의라는 넓게 팽창된 실체 아래 있는 투쟁들끼리의 차이에 대한 지식을 부인할 이유는 뭘까? 멜랑콜리라고 적절히 이해되는 욕망의 좌파적 구조가 존재했다면, 그런데 이 구조가 더는 유지되고 있지 않다면, 모종의 돌파 작업이 이미 일어났다는 게 된다. 이런 작업이라면, 여러 세기에 걸친 투쟁들과 그것들이 남겨놓은 의미작용상의 스트레스를 통과해나가기보다는 이들로부터 동떨어져 있기를 고집하는 공산주의 즉 배우고 적응할 자질이 없어 보이는 공산

---

35   이 드러난 내 시야는 제임스 마텔(James Martel)과 대화를 나누고, 그의 책 *Textual Conspiracies*(Ann Arbor, MI: University of Michigan Press, 2011, 147–149)에 실린 설득력 있는 논변을 참조함으로써 얻은 것이다.

36   "구체적 역사와 해방적 정치의 비역사적 핵심" 사이 관계에 대해서는 보스틸스가 변증법적으로 접근하는 방식을 참고하라. Bosteels, *The Actuality of Communism*, 275–283.

주의가 가진, 또한 저 자신["공산주의"]의 항목들을 공공연히 거부하는 다양한 투쟁을 통일하려는 공산주의가 가진 총괄적 전망들에 이미 의문을 제기했을 법하다.[37] 누군가는 이 돌파 작업을 "판타지 가로지르기"나 욕망으로부터 충동으로 이동하는 일로 다뤘을지 모르지만, 나는 충동[으로]의 승화가 주체를 소통 자본주의의 반복적 회로 속에 포획한다고 주장해왔다.[38]

좌파가 뭔가? 새롭고, 전위된shifted 욕망, 대상에 도달하거나 대상을 성취하는 일의 불가능성을 인식하면서도 그것을 움켜쥐고 지속하는 욕망이자, 그것을 양도하기를 거절하는 욕망이다.[39] 지젝은 이 새로운 욕망을 라캉의 "분석가의 욕망" 관념과 이어놓는다.[40] 이 욕망은 집

---

37   나는 "의미작용상의 스트레스"라는 용어를 에릭 샌트너의 글 "Miracles Happen"(*The Neighbor: Three Inquiries in Political Theology*, Slavoj Žižek, Eric Santner, Kenneth Reinhard, Chicago: University of Chicago Press, 2005)에서 가져온다. [그리고 바디우식의 공산주의가 가진 총괄적 전망에 의문을 제기하면서] 보스틸스는 이렇게 쓴다. "공산주의의 불변항이란, 넓은 의미에서 대중들(masses)의 작업이다. 지금 있는 권력에 대항해 노예가, 서민이, 농노가, 농민이, 그리고 노동자가 들고일어나는 순간인 반란의 논리에는 아직 특정한 계급 결정이 없다."(*Badiou and Politics*, 277). 더 나아가 보스틸스는 이데올로기 내용의 세 기초적 요인을 뽑아내어 설명하면서, "공산주의 강령의 **불변하는 내용** 다시 말해 스파르타쿠스부터 마오쩌둥에 이르기까지 모든 위대한 반란에 속한 직접적으로 인민적인 실체"를 언급한다. 바디우에 대한 내 비판은 "불변"이라는 주장에 말 거는 것이다. 나는 모든 위대한 반란에 불변하는 실체이자 직접적으로 인민적 실체가 있다는 생각에 반하는 주장을 내놓고자 한다. 상이한 종류의 반란들이 있다. 이뿐만 아니라 모든 대중의 반란 혹은 인민의 반란이 다 공산주의적 "실체"를 갖는 것은 아니다.

38   이상의 논쟁을 개괄하려면 다음을 보라. Martel, *Textual Conspiracies*.

39   마텔은 에드거 앨런 포가 사용한 소용돌이의 은유를 경유해 이 생각을 발전시킨다. [포의 단편 중에서 「소용돌이 속으로의 추락(A Descent into the Maelström)」을 참조한 것으로 보인다. 해당 단편에서 "소용돌이"는 불가능하지만 현실에서 경험한 사건의 은유로 기능한다.]

40   Slavoj Žižek, *The Ticklish Subject*, London: Verso, 1999, 296.

합적이며, 모종의 환영 같은phantasmic 지원에 대한 욕구로부터 벗어난 그 순간에 공동체를 지탱한다. 집합성은 결여 주위에 축조되는 것으로서, 충동의 자기폐쇄적 회로를 새로운 권위나 확실성의 재설치 없이도 돌파해나갈 자질이 있는 공통된 욕망을 제공한다.[41]

네그리와 바디우가 공산주의적 욕망을 주어진 소여로 받아들이는 바로 그 순간에, 그들은 공산주의적 욕망을 다르게 사고하는 일에, 말하자면 라캉과 마찬가지로 욕망을 결여의 편성적 역할과 합쳐 사고하는 일에 기여한다. 욕망은 간극, 질문, 놓침, 축소불가능한 비만족에 의탁한다. 이러한 연관에서(그리고 욕망에 대한 자신의 통상적 접근 방식과는 대조적으로), 네그리는 "공산주의적 상상력imagination은 파열의 순간에 고양된다"라고 쓴다.[42] 바디우도 또한, 다르긴 하지만, 파열에 주목하면서 "모든 특수한 상황에 대해 실존함으로써 신체와 언어의 정상 질서 속에" 있는 사건의 파열을 강조한다. 이러니 두 사람 각자는 공산주의를 간극 혹은 단절과 이어놓는다(다시 말하건대, 물론 이들은 그와 같은 간극의 시간과 공간을 이론화하는 일에서 서로 의견이 다르다). 바디우는 자신의 초기 저술에서 이를 잘 표현하고 있다. 투사적 완고함 곧 모종의 주체적인 형식은 "언제나 그리고 언제까지나 인민 봉기와 함께해왔다. 이들 인민 봉기가 (우리가 오늘날 보는 모든 것 곧 의회주의라는 발판 위에서 길러지는 민족주의, 시장의 매혹, 마피아 단원 및 데마고그와 같이) 포획되고 불투명

---

41 그러니까 마텔이 우상숭배(idolatry)라고 이론화하는 것으로 뒤집히지 않고서 말이다.

42 Antonio Negri, "Communism: Some Thoughts on the Concept and Practice," 161.

할 때가 아니라, 외려 상황-내-존재로부터 또는 인민 봉기를 억누르는 셈해진-존재로부터 파열해 자유로울 때에 그랬던 것이다."[43]

이러한 파열에 대한 강조는 랑시에르의 정치와 치안 사이 정치 내부에서 일어나는 분할에 대한 강조와 공명한다.[44] 랑시에르가 보기에 정치는 이질적인heterogeneous 두 과정―치안 과정과 평등 과정―사이 충돌이다. 그는 치안을 "몸의 질서이자, 행하고 존재하고 말하는 양식들의 나눔allocation을 규정하는 (…) 시각 대상이 되는 것과 말하기 대상이 되는 것[즉 감성적인 것]의 질서"라고 본다. 그리고 나서 "정치"는 "무엇이건 실체적 [치안의] 짜임과 단절하는 모든 것"을 지칭하는데 사용한다. [랑시에르에 따르면, 정치가 단절되려고 하는 치안의] "짜임 속에서는 부분집단들 및 부분집단들의 몫 혹은 몫의 부재가 규정되는데, 이런 규정은 정의상 이 짜임 안에 들어올 수 없는 ―몫 없는 이들의 몫이라는 ― 전제에 의해 이루어진다."[45] 정치는 실존하는 외양의 질서 내부에 간극을 새긴다. "몫 없는 이들의 몫"은 실존하는 외양의 질서 속에서 이 질서와 또 달리 가능한 맞춤arrangements 사이에 발생한 저 간극이자, 세계들 사이에서 그리고 세계 내부에서 발생한 저 공간이다. 몫이 없는 몫은 개개인으로 이루어진 부분집합을 지칭하지도

43   Badiou, *Of an Obscure Disaster*, 6, 17-18.

44   "Politics without Politics"(*Parallax* 15:3, 2009)에서 내가 랑시에르에 관해 논의한 부분을 볼 것.

45   Jacques Rancière, *Disagreement*, trans. Julie Rose, Minneapolis: University of Minnesota Press, 2004, 29-30.

않고, 경험적으로 가리킬 수 있는 "우리"나 "구체적 동일성"을 지칭하지도 않는다. 이 말은, 질서에 따른 그 어떤 배치건 간에 이 배치가 질서 자체의 구성요소들과 동일하지 않다는 점을 표시하는 간극, 분할, 혹은 적대를 명명한다. 그렇다면 몫이 없는 몫에 상응할 라캉의 용어는 대상 a다. 이것은 과정 혹은 관계의 상회로서 생산된 어떤 불가능성이자 형식적 대상이고, 자극하거나 거슬리게 만드는 일종의 간극이며, 우리의 주목을 끄는 놓침 혹은 약간-모자람이다. 몫이 없는 몫은 간극이고, 그저 현시된 것과 욕망된 어떤 것 사이의 빗나감-mis 동일성 혹은 비동일성이고, 욕망의 대상원인objectcause이며, 정치의 장에 되돌리자면, 정치화된 인민과 인구 사이에, 혹은 [정치화된 인민과] 인격들의 집단 사이에 발생한 간극이다.

랑시에르는 정치적 주체화 그 자체가 동일시로부터 벗어나는 일disidentification이자 어떤 간극을 등록하는 일이라고 지적한다.[46] 그는 이렇게 설명한다. "정치적 주체화 양식은 오로지 **우리**와 그 **이름**이 '인격들'의 집단과, 곧 [근대 정치의] 증명[47]에 함축된 동일성들 및 타자성들

---

46 같은 책, 36.

47 [옮긴이] 랑시에르에 따르면 "증명(demonstration)"은 정치적 사유가 논변을 진행할 때 사용하는 방식이다. "정치적 **증명**의 논리는 또한 불가분하게 **드러냄**의 감성학[미학]"이라는 것이다. 그런데 근대의 정치적 사유는 상회하는 주체가 다수의 주체들에 대해 수행하는 증명이라는 특징을 갖는다. "근대 정치는, 감각적 차이의 세계들인 공동성의 세계들을 발명하는 주체화 작용의 다수화에서 기인하며, 매 순간 논변들이면서 동시에 세계의 개방들인, 곧 논변하는 주체가 논변자로서 셈해지는 공동세계(이것은 합의 세계라는 뜻이 아니다)의 개방이기도 한 이 증명 장치들에서 기인한다. 이 주체는 항상 **하나 더의 주체**다." 자크 랑시에르, 진태원 옮김, 『불화: 정치와 철학』, 도서출판 길, 2015, 102~107쪽.

의 전체적 작용과 맺고 유지하며 또한 ["우리와 그 이름이"] 이것들["동일성들 및 타자성들"]이 규정되는 ―공통적이거나 분리된― 세계들과 맺고 유지하는 관계들의 집단 속에서만" 존재한다.[48] 그래서 우리에게는 파열 혹은 간극이 있고, 이 간극의 주체화가 있다. 그런데 어떤 의미에서 주체화인가? 서로 다른 확고한 신념과 이해관심을 호출하고 조직하는 서로 다른 정치화, 서로 다른 동원과 주체화가 있다.

공산주의적 욕망에 필요한 간극은, 부정negation의 마르크스주의적 주제들과 혁명의 공산주의적 유산 둘 다가 확인해주듯, 공산주의의 여건과 관련한 공산주의의 **비동시적 발생**non-coincidence에서, 그 여건 내부의 부분인 간극에서 명시된다. 물론 공산주의가 부정과 혁명을 동원하는 유일한 정치 이데올로기인 것은 아니다―자유 민주주의[적] 혁명들, 부르주아[적] 혁명들이 있어왔고 지금도 있다. 이뿐 아니라 공산주의는 부정의 혁명적 동원을 자본주의와 공유하며, 이런 이

---

48   같은 책, 59.
[옮긴이] 이 내용 및 이하의 내용과 관련된 랑시에르 자신의 논의를 옮기면 다음과 같다. "정치적 주체화는 외견상으로는 특칭 명제의 증언부언처럼 보이는 것 속에서 누구와 무엇 사이의 관계라는 질문을 제기하면서 정체성[동일성]들을 이러한 명증성으로부터 분리한다. 정치에서 '여성'은 인정된 몫―남성의 성적 보충물이라는 몫―과 정치적 몫의 부재 사이의 괴리[간극]를 측정하는 경험 주체(탈본성화된, 탈여성화된 주체)다. '노동자' 또는 좀 더 정확히 말하면 '프롤레타리아'도 마찬가지로 사회적 기능으로서 노동의 몫과, 공동체의 공동성에 대한 정의 속에서 노동을 실행하는 이들의 몫의 부재 사이의 괴리[간극]를 측정하는 주체다. 모든 정치적 주체화는 이러한 유형의 괴리[간극]의 드러냄이다. (…) 모든 주체화는 탈정체화이고[동일시에서 벗어나는 일이고], 어떤 장소의 자연성에서의 일탈이며, 아무나 자기 자신을 셈할 수 있는 주체의 공간의 개방인데, 왜냐하면 이 공간은 셈해지지 않은 이들에 대한 셈의 공간이자 셈과 셈의 부재가 관계를 맺는 공간이기 때문이다." 자크 랑시에르, 앞의 책, 72~73쪽.

유로 부정의 부정으로서의 공산주의가 있다. 자본주의와 공산주의가 간극을 주체화하는 방식의 차이는, 그래서, 결정적으로 중요하다. 자본주의의 주체화, 자본주의가 구조화하고 자극하는 욕망은 개별적이다(충동 속에서 욕망을 승화시키는 경향이 나타나는 바로 그 순간에, 다르게 말하자면, 개별화된 욕망들이 강력하게 되풀이되는 충동의 회로에 사로잡혀 그것에 자리를 양보하는 바로 그 순간에). 알튀세르를 뒤집어 말하자면, 자본주의는 주체를 개체로서 호명한다. 자본주의와 비슷하게 일하는 공산주의는 [부정에 필요한] 파열을 가져오거나 간극을 설치하는 데 실패하게 된다. 공산주의적 욕망은 오로지 집합적일 수 있을 뿐이며, 분할이라는 공통 조건과 관계 맺는 공통일 수 있을 뿐이다.

랑시에르가 정치적 주체화를 "우리"와 인격들의 집단 사이 간극과 연결한 것은 이런 방향을 짚은 것이다. 곧 그것은 분할이라는 공통 조건과 관계 맺으면서 집합적 주체인 "우리"로 주체화되는 공통을 그려낸다. 네그리는 직접적이고 명시적으로 **집합적** 욕망을 강조한다. 바디우는, "공산주의의 죽음"에 관한 저술에서, 소비에트 당국가가 붕괴하던 시기[1980년대 후반]에는 [집합적 주체가] "20년이 넘도록 작동하지 않은 상태"였기는 했지만, 집합적 주체를 불러온다. 바디우가 관찰하기로, "'우리 혁명가들'에다 명칭상의 정확성을 기하기 위해 덧붙였던 '우리 공산주의자들'이라는 문구야말로 궁극적인 지시대상으로 여겨지던 이 '우리' ─ 계급으로서의 '우리', '우리' 프롤레타리아들 ─ 에 정치적이고 주체적인 위력을 결과적으로 주었던 것이자, 결코 분명히 표현된 적 없었지만, 모든 이상적 공동체가 역사의 공리만큼이나 자기들의 원천으로 상정했던 것이다. 달리 말하면 이렇다. 우리, 1917년 10월의 사건에 충실한 자들." 바디우는 이와 같은 의미의 "우리"야말로 그가 미숙했던 시절에 "모든 반反공산주의자는 개다"라는 사르트르의 문구를 이해한 바를 알려준다고 말한다. "그 이유는", 바디우가 설명하기로, "모든 반공산주의자는 반공산주의자가 됨으로써 '우리'에 대한 그의 증오를 선언했기 때문이며, 그 자신의 소유라는 한계 내에서 ─이는 언제나 몇몇 재산이나 재화에 대한 소유인데─ 혼자 있겠다는 결정을 선언했기 때문이다.[49] 지금 있는 것과 있을 수 있는 것 사이의, 노동계급과 자본가계급 사이의, 1917년 10월에 충실한 혁명가들과 그 밖에 정치적으로 주체화된 존재들subjectifications 사이의 간극을 공산주의적으로 주체화하는 일에 편성적인 성분은, 집합적 "우리"와 단독적singular 자기소유 속에서 그리고 단독적 자기소유에 의해 결정된 개체 사이의 대립이다. 공산주의적 주체란 개체들의 모둠이나 조립이 아니라 그러한 개체주의 및 그 부착물들에 대립하는 위력이다.

　[이런 시각에] 요즈음 바디우는 다음과 같이 단서를 단다. 그는 "모든 진리 절차가 해당 진리의 주체, 개체로는 ─경험적으로라도─ 축소될 수 없는 주체를 처방한다"는 시각을 고수하면서도, 그럼에도 개체들의 주체화를 강조한다. "아무 개체 즉 그냥 한 사람의 인간 동물로 규정되면서도 다른 아무 주체와는 분명히 구별되는 아무 개체가

49　Badiou, *Of an Obscure Disaster*, 11-12.

정치적 진리 절차의 부분이 되기로 결단할 가능성이야말로 지금 다루어야 할 사안이다." 개체적인 것이 결정한다. 바디우는 개체의 이런 결단을 "진리에-속한-몸body-of-truth"에 "함입되는 것"으로 이해한다. 개체적인 것은 세계 속에서 진리를 물질화한다. 다시 말해, 그 혹은 그녀는 정치, 이데올로기, 역사의 종합이 이루어지는 장소 역할을 맡는다. 바디우는 이렇게 쓴다. "이념Idea이란 그 혹은 그녀가 특이한 singular 정치 과정에 참여하는 일이 (그 혹은 그녀가 진리에-속한-몸에 들어서는 일이) 어떤 면에서는 **역사적** 결정이기도 하다는 점을 한 개체가 이해할 가능성이라고 말하자."[50] 기독교에서 성령Holy Spirit에 동참하는 일과 현저하게 유사한 일종의 회심conversion을 묘사하면서 바디우는 다음처럼 단언한다.

이는 그 혹은 그녀가 개체주의의 (혹은 동물성의―이 둘은 동일한 한가지므로) 설정에 의한 (이기심의, 경쟁의, 유한의······) 테두리 너머로 나아갈 수 있음을 한 개체가 선포하는 순간이다. 그 혹은 그녀는, 있는 그대로 개체로 남으면서도 그 혹은 그녀가 함입을 통해 새로운 주체의 활동적 부분이 또한 될 수 있는 한에서, 그렇게 할 수 있다. 나는 이런 결단, 이런 의지를 주체화라고 부른다. 좀 더 일반적으로 말해보자면, 주체화는 언제나 한 개체가 그 혹은 그녀 자신의 사활적 실존과 관련해 또한 이 실

50   Badiou, "The Idea of Communism," 2-3.

존이 살아내는 세계와 관련해 어떤 진리의 자리를 결정하는
과정이다.[51]

바디우가 "공산주의"에 대해 이것이 더는 "정치를 한정"할 수 없
다고 혹은 [공산주의가 더는] 정당이나 국가를 수식하는 형용사로 기
능할 수 없다고 주장하는 한, 그가 공산주의의 함입을 위한 다시 말
해 진리를 역사와 접속할 작용operation을 위한 다른 중심지를 찾아야
한다는 게 이상하지는 않다. 마찬가지로, 공산주의를 출발시킬 산업
노동자계급의 역사적 임무에 대한 이야기가 여전히 그럴듯하게 들리
는 여건이 당대의 것이 아닌 한, 공산주의의 주체에 대한 질문은 개
방되어 있을 뿐만 아니라 화급하기도 하다. 하지만 이와 같은 주체의
중심지로 개체를 지목한 바디우의 선택은 공산주의적 욕망에서 문제
가 되는 [개체적 욕망과의] 저 차이를 지운다. 곧 그런 주체는 집합적이
며 또 집합적이어야 하며, 특정한 프롤레타리아화나 빈궁함을 겪어온
사람들의, 상상적 개별성에 대한 집착에서 멀어지는 사람들의 공통된
행위이자 또 의지여야 한다. 애초에 공산주의가 뭔가를 의미한다면,
그것은 집합적 행동, 결정, 의지를 뜻한다.

개체주의에 대한 자본주의의 숭배라는 조건 아래에서, 개체적
결단과 의지에서 비롯된 행위를 강조하는 식은 공산주의를 얼마든지
가능한 선택지 중의 하나로 축소한다. 그와 같은 강조는 공산주의를

---

51   같은 글, 3.

흔해빠진 그렇고 그런 내용으로, 집합적 주체의 욕망이라기보다는 개별적 욕망의 대상으로 만들면서 그 강조에 의해 자본주의적 형식에 동의한다. 바디우의 판본에서는, 개체적인 것이 새로운 주체에 활동적으로 동참하더라도 이 일이 개체 편에는 아무 근본적radical 변화도 요구하지 않는다―그 혹은 그녀는 "있는 그대로 개체로" 남을 수 있다. [이로부터] 상실하게 되는 것은 공산주의에 그 위력을 부여하는 공통 바로 그것이다. 이야말로 자본주의를 추동하는 바로 그 상실이다. 공산주의는 공산주의를 향한 개체의 결단에 종속된다. 욕망은 개체적인 것으로 남고 공산주의적인 것이 되지 못한다. 이러니 욕망의 기초 구조에는 아무 일도 일어나지 않는다. 사실상, 욕망은 보다 넓은 충동의 회로 내부에서 승화되며, 이 드넓은 회로들은 상이한 대상들을 건네주며, 상이한 향유의 조각들을, 실패와 반복에 열광할 상이한 기회들을, 이 하나로부터 다른 하나로 향하는 즉각적 이동movement을 제공한다. 사회적, 경제적, 정치적 조건들은 공산주의라는 선택지가 더 많은 개체에게 더욱 설득력 있게 되는 여건에 충분히 기여하고 있다고 할 법하나, 이 개체들을 더 나아간 어떤 존재로, "우리"로 편성하는 것은 안중에 없는 일이 되어버렸다.

　우리의 정치적 문제가 20세기 초입의 공산주의자들이 겪던 문제와는 정초적인 면에서 서로 다르기는 하나―지금 우리는 개체들을 조직해야 하는 데 비해 저들은 대중들masses을 조직해야만 했다―집합적 의지형성의 장벽으로서 개체주의를 파고든 루카치의 통찰은 공산주의적 욕망을 집합적 욕망으로 이론화하는 데에 몹시 중요하다. 루카치는 자본주의 아래에서 자라난 우리 같은 사람들의 "자유"는 "사물화한 소유로 인해 고립된 개체의 자유"이자, 다른 고립된 개체들에게 대립된 자유라고 지적한다. 요컨대, 자본주의 아래의 자유는 "이기주의자 즉 자기 자신을 다른 사람들로부터 떨어뜨려놓는 [자기폐쇄적인] 자의 자유로서, 이 자유에 대해서는 연대와 공동체가[연대Solidarität와 결합Zusammenhang이] 기껏해야 실효성 없는 '규제적 이념[regulative Ideen]'으로만 작용하게 된다"는 것이다. 그가 쓰기를, "자유의 왕국을 향한 **의식적** 욕망이란 단지 현실적으로 그것을 향해갈 수 있는 단계를 의식적으로 밟아나감을 의미할 수 있을 뿐이다. 그리고 당대 부르주아 사회에서 개체의 자유란 다른 사람들의 자유없음에 기초한 일방적 특권에 해당하기 때문에 다만 부패해 있을 뿐이고 계속해서 부패할 따름이라는 사실을 알아차리게 된다면, 자유의 왕국을 향한 의식적 욕망은 개체적 자유의 포기를 수반한다."[52] 공산주의적 욕망은 집합성에 대한 욕망이다.

집중을 방해하고 강박적인 자본주의의 여건 속에서, 사람들은 뭔가 잘못되고, 뭔가 빠져 있고, 뭔가 극심하게 불공정한 것처럼 충분히 느낄 수 있다. 그러면 사람들은 이 생각을 복잡하게 만들거나 이 생각을 이런저런 맥락 속에 집어넣을 수도 있고, 이 생각에 대해 잊어버리고 이메일을 확인할 수도 있다. 혹 다르게 해보려는 사람도 있을

---

52 Georg Lukács, *History and Class Consciousness*, trans. Rodney Livingstone, Cambridge, MA: MIT Press, 198, 315. 5. [죄르지 루카치, 박정호·조만영 옮김, 『역사와 계급의식』, 거름, 2002]

수 있겠다―청원에 서명을 한다든지, 블로깅을 한다든지, 투표를 한다든지, 개체로서 자기 나름의 몫을 행한다든지 하는 것이다. 바로 여기에 문제가 있다―사람들은 계속해서 개체로서만 사고하고 행동한다는 것. 자본주의의 조건 아래에서, 공산주의적 욕망은 "개인적 자유의 포기"를 곧 자기를 집합적인 공산주의적 의지 가운데로 의도적이고 실천적으로 종속시키는 일을 수반한다. 이런 종속은 규율과 노동과 조직을 요구한다. 그것은 시간이 걸리고 집합적 투쟁을 통해서야 이루어지는 과정이다. 행동하는 집합적 투쟁이야말로 진정 욕망을 변화시켜 욕망의 개체적(루카치에게는 부르주아적이고 사물화한) 형식으로부터 공통적이고 집합적인 형식으로 새롭게 빚어낸다.

공산주의적 욕망을 편성하는 일에서 다시 말해 개체적 이해관심을 집합적인 것으로 재형성하는 일에서 혁명적 투쟁의 역할을 설명하는 것으로 가장 유명하고 설득력 있는 논의는 물론 레닌으로부터 나온다. 레닌이 끊임없이 강조하는 것은 투쟁, 검증, 학습, 발전, 단련이다. 구舊사회의 타도는 "장기적 노력과 고통스럽게 얻은 경험" 없이는 이루어지지 않는다. 「공산주의에서의 '좌익' 소아병'Left-wing' Communism ― An Infantile Disorder」에서 레닌은 "혁명의 정초적 법칙"을 제시한다. "혁명이 승리를 거둘 수 있는 것은 '**하층계급**'이 옛날 방식으로 사는 것을 **원하지 않으면서** '**상층계급**'이 **옛날 방식으로는 계속해나갈 수 없을** 때뿐이다." 하층계급은 공산주의적 방식에 가담하고 싶어 할 수밖에 없다. 하층계급이 자본주의를 타도하고 공산주의 사회를 수립하기 시작할 처지에 놓인다면, 그들은 공산주의자로서 욕망할 수밖에 없다. 집합적이고 공산주의적인 욕망이 없다면, 혁명적 격변기는 반혁명의 방향으로 움직이게 된다. 레닌은 다음과 같이 쓴다. "자본주의 자체가 만들어내는 무서움으로 인해 광분하기에 이른 가련한 부르주아지의 존재는 사회적 현상이며, 이는 무정부주의와 마찬가지로 모든 자본주의 국가에 특유한 현상이다. 그와 같은 혁명론의 불안정성, 그 불모성, 복종 환상으로 급전환하는 그 경향성, 이에 더해 부르주아적 이러저런 유행에의 광적인 심취까지 — 이 모든 현상은 주지의 사실이다."[53] "복종 환상submission phantasms" — 여기서 레닌은 집합적 의지의 실패를, 곧 우리가 언제나 우리 스스로 이미 만드는 중인 조건을 용감성은 있되 확실성이라곤 없이 조타하려는 공산주의적 욕망을 견지하기보단 주인의 엄호를 찾고자 하는 실패를 지칭한다.

공산주의적 욕망에 대한 나 자신의 설명에서, 나는 결여(욕망의 개방성)와 결여의 주체화를 강조해왔다. 나는 공산주의적 욕망이 축소불가능한 간극을 집합적으로 주체화하는 것이라고 주장해왔다.

공산주의적 욕망이란 정치적인 것에 편성적 분할 또는 적대의 집합적 상정에 붙인 이름이다. 집합성이 욕망 형식이 되는 것은 두 의미에서다. 하나는 우리의 욕망이자 **우리를** [**욕망하기**] **위한 우리의 욕망**이라는 점에서, 또 다른 하나는 공산주의적 욕망이 집합적으로 욕망

---

53 V. I. Lenin, "'Left-Wing' Communism," *The Lenin Anthology*, ed. Robert C. Tucker, New York: Norton, 1975, 554, 602, 559. [블라디미르 일리치 울리야노프 레닌, 김남섭 옮김, 『공산주의에서의 "좌익" 소아병』, 돌베개, 1992]

하기 위한 집합적 욕망이라는 점에서.

통계학적 동일성은 이와 같은 욕망에 대한 당대의 형상을 제공한다. 언급했다시피, 바디우는 공산주의의 불변항을 셈해진 존재로부터 자유롭게 파열해 단절되는 위대한 인민 봉기와 이어놓는다. 바디우가 "공산주의의 죽음"을 논의하는 맥락에서 셈해진 존재라는 생각을 이용할 때에, 이 생각은 국가 및 법에 대한 보다 광범한 비판과, 좀 더 상세하게는, 상황에 질서를 부여하고 그 상황의 사실들을 결정하는 국가 및 법의 작업과 결부되어 있다. 셈하기를 당대 국가권력의 한 양식으로 간주하는 다소 문헌적인literal 비판 가운데서, 랑시에르는 여론조사가 인민을 "그 부분들의 합계와 동일시"하고, 그 인구통계학적 구성요소에 불과한 것으로 만들어버린다고 비판한다.[54] 나는 바디우 및 랑시에르의 관점에 동의하기보다는 반박명제를 제안하고자 한다. 셈하기는 집합성 표현을 위한 형식을 제공할 수 있으며, 나아가 셈이 이루어진 여건 자체를 파열시키기 위한 형식을 제공할 수도 있다는 것이다.

'월스트리트를 점유하라' 운동에서 뿜어져 나온 특수한 힘과 결합된 슬로건 하나는 "우리가 99퍼센트다We are the 99%"다. 저 숫자는, 어떤 동일성에 이름을 붙이는 대신에, 어떤 분할과 어떤 간극을, 최상위 1퍼센트의 부와 나머지 우리 사이 간극을 집중적으로 부각시킨다. 저 슬로건은 국가의 부 절반을 소유한 1퍼센트와 그 밖의 인구 99퍼센

---

54 Rancière, *Disagreement*, 105.

트 사이 간극을 동원함으로써 어떤 집합성과 어떤 공통이 있음을 강조한다. 저 슬로건은 이 집합성을 실체적 동일성 — 인종, 민족의식, 국적 — 아래에 통일시키지 않는다. 저 슬로건은, 몰수하는 자들과 몰수당하는 자들로 분할된 사람들인, 분할된 인민인 "우리"로서 집합성이 있음을 주장한다. 점유된 월스트리트라는 여건 속에서, 이 "우리"는 하나의 계급이다. 서로 대립하고 적대하는 둘, 공통의 부를 소유하고 통제하는 계급과 그렇지 않은 계급 중 한 계급이다. "우리가 99퍼센트다"라는 포고는 어떤 도용appropriation을, 어떤 잘못을 명명한다. 그렇게 함으로써, 그것은 또한 평등과 정의를 향한 집합적 욕망에 목소리를 부여하고, 1퍼센트가 99퍼센트를 나머지 존재로 내팽개친 채 공통된 것의 대부분을 자기들만을 위해 장악하게끔 만들어주는 갖가지 조건의 변화를 향한 집합적 욕망을 말로 표현한다.

게다가, "우리가 99퍼센트다"는 인민을 파편화하고 약화시키는 개별화되고, 부분적이며, 분할된 이해관심을 지운다. 저 [100 중의 99라는] 셈은 이해관심과 욕망을 개별화되지 않게 만들면서, 그 둘 모두를 공통 내부에서 재(再)판짜기한다. 집합적 인민을 분쇄하고 분해하려는 자본의 영속적 시도에 맞서서, 99퍼센트라는 주장은 자본이 지울 수 없는 귀속belonging일 뿐만 아니라 자본 자신의 셈하기 방식이 생산한 귀속의 위력으로 대응한다. **오오! 인구통계학자, 통계전문가들이여! 당신들은 무엇을 풀어놓았나? 자본이 이전의 모든 사회적 속박을 파괴함에 따라서, 그것이 의존하는 셈하기는 귀속의 새로운 형상을 제공하는도다!** 자본은 저 자신을 측정해야 하고, 저 자신의 이유을, 저 자신의 이윤율을, 저 자신의 이윤 공유를, 저 자신의 이윤에 차입을 얻을 저 자신의 자질을, 미래의 이윤을 얻어낼 저 자신의 자질에 대한 저 자신의 확신과 불안을 셈해야 한다. 자본은 자기 성공의 수단을 저 자신에게 보여주면서represent 누가 무엇을 갖고 있는지 셈하고 분석한다. 바로 이들 숫자를 ―그리고 이 숫자는 "우리가 99퍼센트다" 속에 있는데― 써먹을 수 있다. 이 숫자는 새롭게 의미부여된 것이 아니다―이는 최상위 1퍼센트를 나머지 우리와 분리하는 간극의 의미화로서 주장된다. 이런 주장을 통해 저 간극은 공산주의적 욕망을 표현하기 위한 매개물이 된다. 다시 말해, 현존 사회를 뒤엎고 집합성과 공통에 닻을 내린 새로운 사회를 만들려는 분할적 위력으로서 인민이 있음을 확언하는 그런 정치의 매개물이 되는 것이다.

지젝은, 중증 뇌손상에 대한 [프랑스 철학자] 카트린 말라부Catherine Malabou의 논의에 밀접하게 관여하면서, 변증법적 이행의 논리를 논한다. "부정/소외/상실 이후에, 주체는 '그 자신으로 되돌아간다.' 하지만 이 주체는 소외를 겪던 실체와 동일하지 않다―이 주체는 그 자신으로 되돌아가는 바로 그 운동 중에 편성된 것이다."[55] 지젝의 결론은 이렇다. "현재 그것으로 **있는 주체**는 그 자신의 **죽음을 넘어 살아남은 자**이자, 그 실체를 박탈당한 이후에 남은 껍질이다." 프롤레타리아화란 자본 아래에서 벌어지는 이 박탈 과정을 가리키는 명칭이다. 실체의 박탈―공통적이고 사회적인 실체의 박탈―은 집합성을 이 실체

<hr>

55   Žižek, *Living in the End Times*, 307.

의 껍질로서, 공산주의적 욕망을 위한 형식으로서 남겨둔다.

이 집합적 형식은 공산주의적 욕망의 원인대상object-cause과, 몫이 없는 몫으로 이해되는 인민과 겹쳐진다. 내가 앞서 주장한 바와 같이, 몫이 없는 몫이란, 질서에 따른 모든 배치와 그 구성요소들 사이 비동일성non-identity을 표시하는 간극 혹은 적대의 명칭이다. 몫이 없는 몫이라는 명칭은 그러므로 라캉의 **대상 a** 즉 어떤 과정의 상회로서 생산되는 [도달]불가능한 형식적 대상, 혹은 우리의 주목을 끄는 놓침이나 빗나감과 마찬가지의 것으로 지칭될 수 있다. 지젝이 지적하기를, 라캉에게 욕망의 대상은 언제나 주체와 거리를 둔 채로 있다. 이러니 주체가 아무리 대상에 근접할지라도, 대상은 주체를 스윽 빠져나간 채 있다.[56] 대상과 원인대상 사이 구별은 여기서의 이 차이를 설명해준다. 다시 말해, 원인대상은 그것["원인대상"]이 부착되는 그 어떤 옛 대상과도 동일한 것이 아니며, 이 때문에 간극이 있다. 원인대상은 어떤 대상을 욕망할 만하게 만드는 무엇이지, 그 대상이 내재적으로 소유하는 속성이 아니다.

공산주의적 욕망의 대상이란 착취 없는 세계일 것이라 생각할지도 모르겠다. 평등·정의·자유의 성질을 띠고, 억압이 없는 세계. 생산은 공통적이며, 필요에 기초해 분배가 이루어지는 세계. 결정이 일반의지를 실현하는 세계일 것이라고. 이처럼 완벽한 세계를 묘사하기 시작하는 순간, 그러나, 언제나 결여가 일어난다. 무엇이건 언제나 놓

---

56 같은 책, 303.

치는 것이 있다.—성별주의sexism, 인종주의racism, 이기주의의 철폐는 어쩌나? 사회적 위계의 철폐는? 종교의 자유와 편벽성은 또 어떻고? 비열한 짓들과 괴롭힘은 어떤가? 공산주의의 비판가들이 (적어도 『정치학』의 아리스토텔레스까지 거슬러 올라가는데) 공산주의를 유토피아적이며 불가능하다고 비판하는 게 놀랍지 않다. 공산주의는 완벽함의 다른 말인 듯하다. 그러나 공산주의적 욕망의 불가능성이 그 원인cause과 동일하지는 않다. 공산주의적 욕망의 원인대상은 인민이며, 다시 말하건대, 사회 전체의 이름으로서 인민이 아니라 착취당하고 생산하는 다수를 가리키는 이름으로서 인민이다.

인민은 그 어떤 정부, 체계, 조직, 또는 운동에 대해서건 간에, 종잡을 수 없는 대상으로 남으며, 저 자신이 축소하고, 제약하고, 또는 대표하려고 시도하는 것과 양립하지 않고 파열을 일으킨다. 권위주의, 과두정, 귀족정, 대의민주주의, 의회민주주의—이들 형식 중 그 무엇도 통치[또는 정부]와 인민 사이 절연에 관해 과도하게 우려하지 않는다. 그러나 이 절연, 이 간극이 공산주의에는 중요한데, 왜냐면 공산주의란 통치성을 띠는 [사회적] 연계이거니와 생산을 조직하는 일이기 때문이다.[57] (저 간극은 또한 파시즘에도 중요한데, 파시즘은 피, 땅, 총통을 경유해 인민[의 정수]을 걸러냄으로써 그리고 그 나머지 및 불가피한 적대를 외부화하고 제거하려고 시도함으로써 간극을 처리한다.) 인민은 종잡을 수 없다. 인민

---

57   알베르토 토스카노는 "The Politics of Abstraction"(*The Idea of Communism*, 202)에서 특수한 권력을 살펴봄으로써 이 논점을 제기한다.

은 간극을 채우기 위해 시도되는 이미지와 판타지들뿐 아니라 저 자신들의 상징적 사례 또한 상회한다. 공산주의적 욕망 다시 말해 공산주의를 욕망하는 집합적 욕망은 이 간극을 점유하고 동원하되, 그 개방성(즉 인민의 불가능성)을 인정하고 이를 공산주의 자체의 운동으로 취급한다ㅡ마르크스와 엥겔스가 (『독일 이데올로기』에서) 한 말로는, "우리는 공산주의를 사물의 현상태를 지양하는 현실적 운동이라고 부른다."[58]

나는 좌파 멜랑콜리의 종말 및 충동 방식에 대한 대안이라는 특성이 표시되는 공간에다 공산주의적 욕망을 가져다놓았다. 일부는 법과 법의 위반이라는 관점에서 짜인 욕망을 넘어가는 방법으로 충동의 승화를 바라보는 반면에, 내가 제시한 욕망에 대한 집합적 관념은 충동의 되풀이되는 회로들을 깨뜨리고 나온다. 알바로 가르시아 리네라가 우리에게 그려 보이는 이미지에서와 마찬가지로, 욕망은 집합적 주체를 "공산주의의 지평을 바라보는 기대하고 욕망하는 시선"을 가진 집합 주체의 현실성으로 묘사한다. 공산주의적 욕망은 실패에 사로잡혀 있기보다는ㅡ또한 이 실패에 열광하기보다는ㅡ그 자체의

---

58   [옮긴이] "공산주의는 확립되어야 할 어떤 **상태**, 현실 자체가 그에 맞게 이루어져야 할 어떤 **이상**이 아니다. 우리는 공산주의를 사물의 현상태를 지양하는 **현실적** 운동이라고 부른다(Der Kommunismus ist für uns nicht ein *Zustand*, der hergestellt werden soll, ein *Ideal*, wonach die Wirklichkeit sich zu richten haben [wird]. Wir nennen Kommunismus die *wirkliche* Bewegung, welche den jetzigen Zustand aufhebt)."

불가능성을, 그 편성적인[그래서 본질적인] 개방성을 주체화한다. 이와 같은 주체화는 집합의 투쟁과 떨어질 수 없으며, 제임스 마텔이 오인 인정recognition of misrecognition이라고 부르는 것을, 곧 그르친 시작과 실수들에 대한, 건설의 판타지 및 완전성과 불가피성의 신화들에 대한 인정을 가능케 한 시간적 변화의 강력한 영향과 떨어질 수 없다.[59] 이러한 투쟁은 필연적으로 집합적이기에, 그것은 개별화된 욕망들로부터 공통의 욕망을 벼려내고, 개체의 취약함을 집합의 강인함으로 바꿔 놓는다.

---

59   Martel, *Textual Conspiracies*.

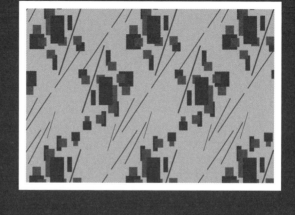

우리 시대의 일반적 지평은 공산주의적이다. 공산주의는, 우리의 여건에 이 여건이 취하는 형체를 부여함으로써, 우리의 여건을 짠다. 공산주의는 부재하는 위력이자 대안적 위력으로서, 일반적 영역이자 공통된 것의 분할로서, 욕망의 간극에 대한 주체화로서 현존한다. 나는 공산주의라는 표찰이 붙은 여섯 번째 특색—정당—을 가지고 논의를 마무리하고자 한다. 정당 형식에 대한 요즘의 묵살은, 정당이 인민의 욕망을 알 수 있고 실현할 수 있다는 판타지에 마치 정당 개념 자체가 의탁하는 듯이 진행되고 있지만, 나는 정당이 욕망의 특정한 간극을 견지하고 집합성을 향한 집합적 욕망을 견지하는 일에 매개물이 된다는 논변을 내세울 것이다.

정당으로서 공산주의는 공산주의의 가장 관례적인 지시대상으로 복귀하고 또 이 지시대상과 겹쳐진다—소비에트연방 말이다. 공산주의 정당과 소비에트연방은 동일한 비판에 마주친다. 이들이 지나치게 통일적이고, 위계적이며, 배타적이고, 교조적이라는 비판이다. 공산주의에 USSR[소비에트사회주의공화국연방]과 당political party 둘 다의 표찰이 붙어 있는 한, (다시 말해, 저 둘이 뒤섞여 있고 구별불가능하게 된 한에서) 이에 대한 좌파의 대안은 저 둘 모두에 대립하는 데에서부터 형성되었다.[1] 따라서 대안은 다기함, 수평성, 개별성, 포괄성, 개방성(여기서 개방성이 실상 뜻하는 바는 분할을 자극하는 이데올로기적 내용의 거절이다)을 띠는 경향이 있다. 이와 같은 속성들이 소통 자본주의의 전지구적 네트워크에도 똑같이 적용된다는 사실, 그 속성들이 광고주들로부터 갈채를 받고 효율적인 회사들의 최고 관행으로 거론된다는 사실은 흔히 말해지지 않은 채로 남아 있다. 착취와 몰수는 끈질기게 지속 중이고 오직 조직된 집합적 권력을 통해서만 다뤄질 수 있다는 사실은 얼버무려지고, 개체의 판타지 부근을 맴돈다.

데이비드 그레이버의 "고전적 마르크스주의 분파"와 "무정부주의에 영향 받은 분파group" 사이 대조에 관한 논의를 고려해보자. 그가 쓰기를, 마르크스주의 분파는 "변치 않고 어떤 지배적 이론가 주위에 조직되며, 이 이론가는 세계 상황 및 흔히는 인류사 전체에 대한 종합적 분석을 제공하지만, 조직과 실천에서 제기되는 보다 직접적인 물음에 관한 이론적 성찰은 거의 내놓지 않는다." 이와는 대조적으로, 무정부주의에 영향 받은 분파는 일반적으로 "그 누구도 다른 사람의 인격을 자기 관점에 맞게 완전히 바꿀 수 없고, 아니면 십중팔구는 바꿔서도 안 된다는 가정과, 의사결정 구조는 다기함을 조율하는 방법이라는 가정에, 따라서 이런 대신에 평등주의적 과정을 유지

---

1   [옮긴이] 영어 단어 "party"는 대개 사람들의 모임을 지칭하고, 이렇게 모인 사람들이 정치 활동을 하는 경우에 "political party"라는 단어를 쓴다. 우리말 용법으로 보면 party는 동아리이고, "political party"가 "정당" 혹은 "당"이겠으나, 이 책에서 조디 딘이 강조하는 것이 사회 전체를 대립적으로 가르는 분할과 이 분할에 기초한 이념적 집합성이므로, "party"는 "동아리"처럼 소수 집합을 가리키는 말로는 적절하지 않다고 보아 "정당"으로 옮기고, 이에 따라 "political party"는 구별을 위해 "당"으로 옮겼다.

하고 현재의 행동에 대한 직접적 질문을 고려하는 일에 누구나 집중해야 한다는 가정에 근거해 작동한다." 그레이버는 자기의 구별이 비교적 냉혹하거니와 자칫 오해를 불러일으킬 수도 있다는 점을 인정한다. 하지만 그가 중요하다고 생각하는 것은 다음 두 갈래 사이 대조다. 그 하나는 전위사상vanguardism 즉 지식인들 또는 정당의 지도적 역할이며, 나머지 하나는 그레이버가 대안으로 위치시키는 것 말하자면 "타협 및 창의성의 원리에 기초한" 합의 과정으로서, 이 과정 속에서는 "**낱낱의 모든 사람**이 적어도 받아들일 법한 어떤 안을 내놓을 때까지 누군가가 자기의 제안을 끊임없이 바꾸게 된다."[2]

2011년의 점유 운동과 항의시위는, 정치적 추진력을 끌어모았던 저 전지구적 운동은, 첫눈에 보기엔 무정부주의자들이 옳다는 분명한 징조 같았다.[3] '월스트리트를 점유하라Occupy Wall Street'는 합의를, 포괄을, 그리고 점유를 유지하고 지탱하는 데 필요한 실천들을 강조했다. 그것은 지도자 없이, 대변인 없이, 요구사항 없이 이루어졌다. 운동이 발발할 때 사람들에게 가장 활기를 불어넣었던 자율성, 수평성, 지도자 없음의 이념은, 그러나, 이후에는 운동 내부 갈등과 환멸을 이유로 흠잡히기에 이르렀다. 자율성에 대한 강조는 사람들로 하여금 공통의 목표를 향해 일하게 하기보다는 다양하고, 개별적이고, 상충되기

---

2   David Graeber, "The Twilight of Vanguardism," *The World Social Forum: Challenging Empires*, June 2001, choike.org.

3   *Theory & Event* 14:4(ed. Jodi Dean, James Martel, Davide Panagia, 2011)의 특별 부록으로 출판된 글들을 참조하라.

까지 한 목표들을 쫓도록 부추겼다. 수평성에 대한 찬사는 [점유자 총회인] '제너럴 어셈블리'와 [단체들의 대표회의체인] '스포크스 카운실' 같은 구조 조직을 향한 회의론을 고조시켰고 최종적으로는 두 구조 모두의 해체를 불러왔다. 원칙으로서 지도자 없음에 대한 확언은, 부각되었지만 지도자로서 인정받거나 책임을 맡지 못했던 지도자들을 둘러싼 일종의 [망상적] 편집증을 조장했다. 이런 면에서 '월스트리트를 점유하라'는, 무정부주의가 내세우는 바와 같이 행동의 직접적 문제들과 과정에 초점을 맞춤으로써 좌파의 정치 조직이 안고 있는 문제를 풀어내기보다는, 사실상 그 문제를 새롭게 제기한다. '월스트리트를 점유하라'는 공산주의 정당의 역할에 관해 다시 한 번 사고하도록 우리를 밀어붙인다.

뒤집어 보자면, '점유하라'가 오늘날 정당은 무엇을 행할 수 있거나 의미할 수 있는가를 사고하는 일에서 우리를 도울 수 있듯, 정당에 관한 사고는 저 운동의 강인함이 분할에 대한 그것[점유하라 운동]의 강조로부터, 대표함에 대한 그것의 새로운 양식으로부터, 집합적 권력에 대한 그것의 단언으로부터 솟아오른 것으로 보는 대안적 전망을 제공한다. 운동의 강인함을 이렇게 이해할 때, '점유하라'는, 연대를 통해 자율성을 누그러뜨릴 수 있으며(개별화된 자율성이 연대에 장벽이 될 수 있음을 인정함으로써 곧 집합적 자율성을 인식함으로써), 또한 수평성의 위력에 수직선적·사선적 강인함을 더할 수 있고, 지도력이라는 것이 존재한다는 사실(지도자는 출현하며 지도자는 각양각색의 목적에 기여한다는 사실)에 스스로 익숙해질 수 있다. 다른 말로 하자면, '점유하라'는, 이 운동이 소통 자본주의의 반복적 회로 내부에 새겨 넣는 간극 곧 집합성을 향한 집합적 욕망의 간극 내부에서, 불분명하고 아직 형성중이지만 식별은 가능한 신종 공산주의 정당의 윤곽을 제공해 줄 수 있다.

2011년 9월은, 2001년 9월이 난공불락의 미합중국이라는 착각을 깨뜨렸던 것만큼이나, 천하무적의 월스트리트라는 이데올로기를 깨부쉈다. 그야말로 난데없는 벽력과도 같이, 사람들은 "은행들은 구제되었는데 우리는 팔려나갔다"는 사실에 격분해 뉴욕시의 금융 심장부를 차지했다. 이들은 자본가계급 권력의 상징을 점유하고는 그것을 파열시켰다. 전지구적 자본주의 체제에 대한 표면상의 통제자들은, 2008년 금융위기 사태의 충격으로 여전히 휘청거리던 중이었기에, 그들 자신 인근의 시멘트 구역에 대한 통제권을 잃어버린 것처럼 보였다. 여기저기 천막을 친 히피들과 이에 바리케이드로 응수한 경찰들이 로맨해튼을 혼돈의 도가니로 바꿔놓았다. 인민의 일, 부채, 희망, 미래를 사적 이윤을 위한 투기적 도구와 조합할 길을 찾던 자들은 가시화되고 현실화된 집합적 대항위력과 직면했다. 투자은행과 헤지펀드가 이미 인민의 힘 속에서 막대한 사회적 잉여를 알아보았던 바 있으나, 새롭게 활동하는 중심 집단이 거기에 무진장한 정치적 잠재력을 위치시켰다. 금융계급이 쌓아 올린 강철과 유리의 성채에 마치 거대한 구멍이 열린 것 같았다. 이 구멍을 통해, 매매인, 거간꾼, 시장조성자들이 ―**다른 사람들 모두와 마찬가지로**― 자본주의 없는 세계의 가능성을 볼 수 있었다. 월스트리트가 점유되었다.

점유는 2011년 가을 뉴욕시에서 펼쳐짐에 따라 하나의 전술tactic을 넘어서는 것임이 입증되었다. '점유하라'는 사건의 자리가 되었고 하나의 정치 형식이 되었다. 나는 "사건의 자리evental site"라는 [바디우의] 용어를 저 운동이 일으킨 **사건** 즉 우리의 정치적 여건을 그것이 파열시킨 일을 가리키는 데 사용한다. '월스트리트를 점유하라'는 미국 좌파를 변화시켰다. '점유하라' 이전에 미국의 좌파는 파편화되어 있었고, 멜랑콜리에 빠져 있었으며, 우울했다. 이제 **우리 자신**에게 **우리**가 나타난다─우리는 우리가 누구며 무엇을 원하는지를 두고 논쟁을 벌이는 바로 그 순간에 "우리"라고 말한다. 우리는, 우리들 사이에 여러 분할과 차이가 있으며 우리가 이런 것들을 표현하고 "우리"라는 용어가 또한 표현한다는 사실을 알면서도, "우리"라고 말한다. '월스트리트를 점유하라' 때문에 우리는 새로운 주체를 상상하고 활성화할 수 있었는데, 이것은 집합적이며, 어쩌면 조증에 빠져 있고 산만할지언정, 몰두하는 주체다. 우리 자신들에게 다르게 나타나는 우리는, 우리가 처한 상황을 우리 자신이 변화시키는 것을 봄으로써, 우리의 여건 또한 다르게 보게 된다. 우리의 여건은 이제 이전에 그랬던 것처럼 보이지 않는다─그것은 이제 파열되고 개방되어 있다. 우리의 여건은 자본주의라는 힘겨운 현실로서 고정되고 주어진 것이 이제 더는 아니다.

바디우는 (파리코뮌에 관한 글을 쓰는 중에) 정치에서의 파열이란 언제나 주체의 자질capacity과 그 자질이 낳은 결과들의 조직을 병행하는

combine 것이라고 일컫는다.[4] '점유하라'가 불러온 파열은, 우리 자신들을 집합적인 정치적 현존으로 선언할 용기와, 우리가 현상태에 동조할 것이며 삶과 미래를 빼앗기면서도 가만히 서서 아무 일도 하지 않을 것이라는 상정의 제거(실존하지 않도록 하기)를 결속한다combine(저 용기는 주체의 자질이며, 저 상정의 제거는 주체의 자질이 낳은 결과들의 조직이다). '점유하라'와 함께, 우리는 새로운 정치적 주체를 장면 속에 도입했다. 이는 모든 것을 바꾼다.

'월스트리트를 점유하라'를 사건의 자리로서 사고하는 일은 어떠한 되풀이를, 성찰reflexivity을, 또는 자기포괄을 고려에 둔다. 이와 같은 성찰은 그 자리에서 일어난 사건이 일종의 주체화이자, 새로운 그렇게-됨을 강제하는 일임을 잘 드러낸다. 바디우의 문장을 환언하자면, '점유하라'는 "운동의 실존을 불러온 원소들 전부에 스스로를 부과한다."[5] '점유하라'는 그 부분의 합 이상이다. '점유하라'는 부분이자 합이다. 그 운동의 정치와 그 유권자층을 대표하려는 시도에 저항하는 사람들은 바로 저 "별도의" 차원, 운동이 운동 자신[의 집합]의 한 원소가 되는 양상에 대해 발화하는 것으로 이해될 수 있다. 운동의 원소들에 대한 상회 바로 그 자체가 운동인데, 단순한 경험적 기술記述은 이런 상회를 설명할 수 없다.

---

4 Alain Badiou, *The Communist Hypothesis*, trans. David Macey, Steve Corcoran, London: Verso, 2010, 227.

5 같은 책, 208.

사건의 자리라는 점에 더해, '월스트리트를 점유하라'를 두고 일어난 운동은 여러 자질과 강도의 조직이자, 자본주의와 인민 사이 양립불가능성을, 그 축소불가능한 간극을 담기 위한 정치 형식이다. '점유하라'를 **정치 형식**으로 떠올린다는 것은 이것을 특수한 사회적-역사적 여건 내부의 대립 짜임configuration으로 사고한다는 것이다. '점유하라'를 **자본주의와 인민 사이 양립불가능성**을 담기 위한 정치 형식이라고 부른다는 것은 이것이 특정하면서도 정초적인 내용을 갖는다고 말하는 것이다. **그리고** 이는 인민의 자질, 욕구, 요구, 집합적 의지에 적합한 경제체제가 되는 데 실패한 자본주의의 간극 주변으로 여러 강도를 집중시키는 일에 그 [정치 형식의] 내용이 있다고 말하는 것이기도 하다. 한편으로 자본주의와 인민 사이 간극을 이토록 강조하는 일은 이 운동의 진리가 위치한 자리를 계급투쟁 속에서, 착취자와 피착취자 사이, 소유한 자와 그렇지 못한 자 사이, 부자와 나머지 우리 사이 적대 속에서 찾는 것이다. 다른 한편, 자본주의와 인민 사이 간극의 강조는 두 커다란 적대적 계급을 프롤레타리아트와 부르주아지라고 지칭하는 것이 더는 예전에 그랬던 것만큼 명백하지도 설득력 있지도 않도록 바뀐 계급투쟁 속 여건의 변화를, 여건 속 차이를 표시한다. 지금은 마치 모든 것이 자본주의인 것처럼 나타나며, 이는 자본이 그 소통적, 사회적, 정동적 ―달리 말하면 그 **공통적** ― 차원들로 나타나게끔 만들어준다.

그러면, '점유하라'는 어떻게 자기의 ―우리의― 여건 내부에서 대립을 짜내는가? 제4장에서 설명했다시피, 우리의 여건이란 관여와 참여를 자극하는 형성물로 소통과 자본주의가 융합된 양상 중 하나이며, 이와 같은 융합은 관여 및 참여를 인격성을 띤 대규모 매체가 엮는 정동적 네트워크에 포획하려는 목적을 띤다. 이 네트워크는 모순을 물질적으로 구체화한다. [한편으로] 이 네트워크는 정동과 생각들을 유통시키는 공통의, 집합적인 정보와 소통의 그물망을 생산한다. 하지만 [다른 한편으로] 이 네트워크는 또한 개체주의를 상정하고 이를 든든하게 보장함으로써 광범하게 공유된 생각과 관심사들이 자기의식self-conscious의 집합이라는 관점에서 떠올려지는 게 아니라 그것들["공유된 생각과 관심사들"]이 바이러스, 무리, 유행조류, 순간, 떼라고 여겨지게까지 되며, 여기에서 집합성은 마치 (영향력이 "바이러스처럼viral 번진다"는 생각이나 이미지처럼) 전염병학의 대상에 불과한 것인 양 받아들여진다. '점유하라'의 **사건**은, 우리의 여건에 개입하는 '점유하라'의 자질은, 우리가 이전에 그랬던 것과는 다르게 우리를 형성하고 스스로를 만들어가기에, 소통 자본주의와의 **연속성이라는 관점에서가 아니라**, 소통 자본주의와의 단절, 구멍, 혹은 파열이라는 관점에서 이해될 필요가 있다. '점유하라'가 이런저런 네트워크, 브랜드, 개인적 선택지를 제공하기만을 그저 계속했다면, 그것은 우리가 가진 것과 구별되지 않았으리라. 구별되지 않았다면, 그것은 새로운 가능성들이 나타나도록 할 능력을 갖지 못했으리라. 주체로서의 자질을 결여했으리라.

주목해야 할 것은, '점유하라'가 소통 자본주의의 네트워크와 화면들을 이용하는 바로 그 순간조차, '점유하라'의 에너지는 길거리 행동을 떠맡아 지탱해온 단련된 전위들, 헌신적인 활동가들로부터 나온다는 점이다. 사람들을 바깥에서 물리적으로 모아낸 일은 미국의 좌파 쪽에 집합적 저항이 다시금 여기서 가능할 것 같다는 새로운 의식을 생산했다. 항의시위에 참여한 사람들은 온건한 행진의 각본을 고의적으로 또한 드러내놓고 내다버리고는, 대신에 새롭고 부담이 크며 끝나지 않는 점유의 실천을 채택했다. 이데올로기적으로 불편함에 전념하는 사회 속에서 **그들은 불편함을 선택했다.**

특정한 점유에 가세한 항의시위자들 모두가 내내 점유했던 것은 아니었다. 어떤 사람들은 현장에서 잠을 자고서 낮에는 직장이나 학교로 가기도 했을 것이다. 어딘가에서 잠을 자고 낮부터 밤까지 점유하는 다른 사람들도 있었을 것이다. 또 다른 사람들은 자주 개최되고 몇 시간씩 걸리는 '제너럴 어셈블리'에 참석하러 오기도 했을 것이다. 이럼에도 점유는 인민people을 완벽하게 ─루카치라면 이렇게 말했을 텐데, "그들의 인격성 전체와" ─ 관여시켰다. 점유가 몇 주 몇 달을 넘어 지속됨에 따라 사람들people은 서로 다른 여러 역할에 ─편의 제공이나, 법률, 기술, 매체, 의료, 음식 관련 역할, 관계 조율, 교육, 직접 행동에 이르기까지 ─ 가담했고, 시간을 많이 써야 하는 실무 그룹에 참여하는가 하면, 공간을 직접 점유하고 있지 않은 순간에도 운동과 자신들을 관련되게 할 여러 활동을 지원했다. 저 운동은 "그 낱낱의 구성원 전부를 위한 활동으로 이루어진 세계"가 되었다.[6]

---

6   Georg Lukács, *History and Class Consciousness*, trans. Rodney Livingstone, Cambridge, MA: MIT Press, 1985, 335, 227.

이 헌신적 전위가 곧 '점유하라'이며, 이들 전위는 "월스트리트에 좋은 것이 메인스트리트에도 좋다"는 거짓말을 파열시켰다. '점유하라'는 월스트리트와 메인스트리트 사이 분할을 강조하고, 이 분할을 정초적인 잘못이자, 불평등과 착취와 도둑질로 이루어진 잘못이라고 명명한다. 이렇기에 나는 '점유하라'의 세 핵심 특징 중 첫 번째인 분할에 기대어 논의를 진행하겠다. 이 세 특징은 '점유하라'가 대립을 특정하게 짜낸다는 점, 여러 강도intensities의 집중이라는 점, 정당 형식의 새로운 가능성의 방향을 가리킨다는 점을 설명해줄 것이다.

'월스트리트를 점유하라'는 자본주의와 인민 사이 양립불가능성을 확언한다. 그 중심 슬로건인 "우리가 99퍼센트다"는 통계 자료를 범죄로 변형시킨다. 그것은 통계 자료를 주체화한다. 그것은 99퍼센트와 비교해 1퍼센트가 가진 부유함의 정도를 수치상으로 결정하는 일과 관련된 경험적 사실을 취해서는, 정보의 물결로부터 그 사실을 분리해 **문제적** 사실로서 빼냄으로써 곧 셀 수 없이 많은 사실 중의 단순한 한 사실을 넘어서는 것으로 만듦으로써, 이 사실을 **정치화한다.** 이 슬로건을 버락 오바마의 2008년 미국 대통령 선거운동 당시의 슬로건과 대조할 수 있겠다. "변화, 믿을 수 있습니다Change We Can Believe In." "우린 할 수 있습니다Yes We Can." 통일에 관한, "보다 완벽한 통일"로 합치는 일에 관한 오바마의 강조가 더해질 때, 그의 슬로건들은 분할을 억압하고 탈정치화하려고 시도함으로써 분할을 흐릿하게 만든다.

'점유하라'는 통일에 대한 이와 같은 이데올로기적 이미지에 구멍을 냈고 기저에 깔린 분할이 모습을 드러내게 만들었다. 정치인들은 계급 전쟁으로의 전화를 통탄했다—하지만 이를 부정하지는 않았다. 1퍼센트는 자신들이 부유하다는 이유로 증오의 대상이 되어선 안 된다고 불평했다—하지만 정초적 불평등을 부정하지는 않았다. 퓨리서치센터Pew Research Center의 여론조사가 밝혀낸 바에 따르면, 66퍼센트의 미국인이 부자와 빈자 사이 분할이 강하거나 몹시 강하다고 생각하고 있으며, 이 비율은 2009년 이래로 19퍼센트 증가한 것이다. 이런 시각은 온갖 인구통계학 범주에서 유지될뿐더러 사람들은 계급 분할이야말로 다른 어떤 분할보다도 주요한 사회적 분할이라고 생각하는 경우가 더 많다.[7]

운동에 참여한 일부는, 이 운동이 마치 오바마의 선거운동이 약속했던 희망과 변화의 연장선에 불과한 것이기라도 하듯, '점유하라'가 분할을 강제하는 지점을 놓쳤다. 그들은 계급투쟁을 강조하기보다는 양립불가능한 그룹과 경향들로 이루어진 99퍼센트의 다양성을 강조하며, 이것들을 통합할 과정으로서의 민주주의를 강조한다. 이러한 시각에서 '점유하라'는 누구나 이용가능한 오픈소스 정치 브랜드 혹은 더 나아가 오픈소스 포스트정치 브랜드의 일종으로 소용된다. '점유하라'는 자극해 열광을 불어넣는 전술("브랜드로 삼는 전술")이기 때문

---

7   Rich Morin, "Rising Share of Americans See Conflict Between Rich and Poor," Pew Research Center, January 11, 2012, pewsocialtrends.org

에, 그것은 정초적 간극과 분할과 차이들을 기초부터 우회함으로써 일단의 양립불가능한 정치적 입장들을 정동적이고 민주주의적으로 서로 접속시킬 수 있다.

여기에는 두 실수가 있다. 첫째는 운동을 그 여건과 이어주는 적대 즉 프롤레타리아화에 대항하는 당대의 투쟁으로서의 계급투쟁을 무시하는 것이고, 둘째는 '점유하라'와 이것을 실존케 하는 원소들 사이의 구별을 지워버리는 것이다. '점유하라'를 그 이전에 있던 정치와 분할하는 월스트리트에 대한 정초적 대립을 부인함으로써, 다양성의 포용은 마치 우리가 이전과 마찬가지로 여러 의견과 시각을 가진 개체들의 꼭 같은 모임인 것처럼 진행되지, 집합성이 너무 위협적이어서 압도적이고 폭력적인 경찰의 대응을 자극하게끔 진행되지는 않는다. 그 귀결로서 참여자들에게 장려되는 태도는 일반적이고 집합적인 입장의 함양이라기보다는 참여자들의 개별적 입장에 대한 강조다. 결과는 참여자들이 서로의 특수성을 마주할 때 이 특수성을, 이 투쟁과는 관련되지 않는 것으로서, 일컫건대, 규율 잡고 억누르고 방향을 재설정하고 희생하고 무시해야만 할 대상으로서보다는, 표현되어야만 할 차이로서 끊임없이 직면한다는 것이다.

"브랜드로 삼는 전술"은 점유가 자본주의와 인민 사이 양립불가능성을 조직하는 형식이 되는 양상을 경시하고, 점유가 몸 전체로 끈질기게 자본과 대립하는 인민의 물리적 기지를 직접적이고 물질적으로 확립하는 것임을 경시한다. 나오미 클라인이 이벤트지향적인 대안적 전지구화 운동과 대조하며 지적하듯, 점유는 작전 수행을 위한 기지로서 고정된 정치적 장소를 확립한다.[8] 확정되지 않은 시간 동안 공간을 유지하는 일은 소통 자본주의의 찰나성과 절연함으로써 더 지속성 있는 정치의 출현을 가능케 한다. 진지가 활기를 띠던 사이에, 인민은 구경꾼 이상이 될 기회가 있었다. 점유를 배워 알게 된 후에, 그들은 합류할 수 있었다. 항의시위는 끝나지 않았다. 점유란 일종의 영구성을 내포한다. 다시 말해, 인민은 "이 일이 마무리되는" 때까지 —사회의, 세계의 기초적 관행이 새롭게 만들어질 때까지 — 거기에 있다. 물론 이런 이득은 반대로 결점이기도 하다. 점유는 경제적으로 저 자신을 지탱하지 못하고 또 지대를 (말하자면, 도시를 탈취할 때까지 한 블록 또 한 블록씩) 확장해나갈 장소로서 전술적으로 채택되지 못하기에, 점유에는 그 형태에 상존하는 규모의 문제가 있다. 그런데 "브랜드로 삼는 전술"은 이 규모 문제를 다루는 대신에, (점유가 실질적으로 어렵고 부담스러울 때에!) "점유"를 쉬 복제가능한 일련의 실천으로 취급함으로써 규모 문제를 슬쩍 비켜간다.

"브랜드로 삼는 전술"은 유연성과 적응력을 강조하고, 그렇게 함으로써 점유를 자본주의와 완전히 양립가능하게 만든다. "브랜드로 삼는 전술" 또는 "정동적 애착의 발전기로 삼는 전술"로 축소되고 나면, '월스트리트를 점유하라'는 새로운 정치적 주체화가 전혀 아니다. 그것은 아무나 내키면 사용할 수 있는 플랫폼이다. 이러한 시야에서

---

8 Naomi Klein, "Occupy Wall Street: The Most Important Thing in the World Now," *The Nation*, October 6, 2011, thenation.com.

보자면, '점유하라'는 우리 소유 화면에 나타났다가 다른 이미지가 튀어나오기 전까지는 강렬한 감정을 느끼게 하는 정보 제공용 콘텐츠, 정동적 콘텐츠의 약간 다른 가닥에 지나지 않는다. 이러니 그것은 저자신이 표면상 거부하는 체계와 양립할 수 있다.

운동의 수사학에 마찬가지로 만연한 다수성과 포함성의 강조에도 비슷한 문제들이 있다. 그러한 강조는 소통 자본주의에 아주 매끄럽게 섞여듦으로써 ―마치 저 운동이 공통된 이해관심을 관철하기 위해서 타인들의 혼탁함을 견디고 적응할 필요 없이 게시물을 올리고 블로그를 하고 불평을 늘어놓고 의견을 밝힐 수 있는 물리적 인터넷 공간인 듯이― 운동 심장부의 계급 적대를 지워낸다. 인터넷에서는 이미 다양한 발상과 기회가 유통 중에 있다―그래서 운동이 기여하는 바는 발상과 기회를 제공하는 능력이 아니다. 이미 사람들은 행사를 개최하고, 디지털 소그룹을 형성하며, 논의를 수행할 수 있는 실정이다. 사람들은 도로변에 천막을 치고 모이기까지도 할 수 있다―영화 관람권이나 월마트 할인판매 때문에 장사진을 이루는 동안엔 말이다.

소통 자본주의는 개방성과 가변성의 장이다. 그것은 포함적이고, 전부를 아우르며, 이동성을 띠고, 융통성을 가진다. '점유하라'의 그 측면―포함성―은 새롭거나 색다르지 않다. 이 측면은, 소통 자본주의 속 운동의 여건과 **완전히 양립할 수 있는**, 점유하라 운동의 한 구성요소다. 새로운 것은 (적어도 지난 30년 만에는) **자본주의가 우리의 삶과 미래를 몰수하는 것에 대한 조직된 집합의 대립**이다(나는 여기에 ― 여전히 좌절감을 느낄 정도로 초보 단계이자 깨지기 쉬운 작금의 형태일지라도 ― 이 **조직된 집합의 대립**이 '점유하라'의 사건과, 소규모 사회주의 및 공산주의 당파들이 일부는 오바마를 지지했고 다른 일부는 인민 전선으로서 일하기를 꺼려 했던, 우리의 그 이전 시간 사이 차이를 또한 나타낸다는 점을 덧붙여야겠다. 그리고 이들은 '점유하라' 전에 이미 자본주의와 대립하는 집합적 강제를 가능케 할 한 때 자신들이 가졌었을 자질을 죄다 잃었다 ― 이들이 적응할지 아닌지는 두고 봐야 알 일이다). '점유하라'에 가해진 수없이 많은 퇴거와 대규모 경찰 대응에 직면해, '점유하라'는 실제의 현존하는 간극을 유지해야 하는 과제 다시 말해 점유와, 일상생활에서 조장되는 모조대립faux-opposition을 이미 포함하는 통상의 미디어 관습 및 개별화된 저항 행위 사이 양립불가능성을 유지해야 하는 과제와 마주치게 된다.

소통 자본주의에 흡수되는 상황으로부터 분할을 떼어놓는 일은 힘겹다. 자본주의 사회는 다수의 간극, 탈락, 흠결로 이미 분할되어 있다. 그렇다면 '월스트리트를 점유하라'는 분할하는 일 이상을 한다. 그것은 분할을 강제로 새긴다. '점유하라'는 분할을 확언하며 **그리고** 이렇게 확언하는 일이 분할을 분할 그 자체 이상의 것이 되도록 한다. 즉 분할 그 자체에 분할에 대한 확언이 더해지게끔 하는 것이다. 분할을 이처럼 강제로 새겨 넣지 않는다면, 분할은 그저 갈라지고 쪼개지는 것에 불과하며 따라서 소통 자본주의와 전적으로 양립가능할지도 모른다. '월스트리트를 점유하라'는, 정당 일에 관한 새로운 사고방식을 가리키는 와중에, 적대의 출현과 관계있는 분할의 능동적이고 자가승인적인 확언으로서 대표함을 재창안한다. '점유하라'가 제시하는 새 대표 정치에서 분할은 지워지거나, 대체되거나, 극복되지 않는다. 분할은 확언되고, 자본주의의 정초적 적대와 연결고리를 갖고 있다. 계급투쟁이 바로 그것이다.

일부는 '점유하라'가 대표함 및 대표 정치와 완전히 절연되어 있다는 주장을 편다.[9] 이 지점에 대해서는 두 서로 연관된 판본이 있다. 한 판본은 운동에 참여한 개별적 주체들을 강조한다. 다른 판본은 이 운동이 운동 여건 및 운동 외부 사람들과 관계 맺는 양상을 강조한다. 대표함에 대한 첫 번째 판본의 거부에서는, 누구도 다른 인격person을 대변할 수도 없고 대변해서도 안 되며 그 이유는 그런 일이 "대변된" 사람들에게서 그들의 자율성을 박탈하기 때문이라는 시각을 견지한다. 이와 같은 시각에 따르면, 위임된 자율성은 결코 자율성이 아니며 다만 다른 인격의 의견, 의지, 결단에 종속되는 일일 따름이다([이런 관점에서는] 마치 집합적 행동과 공통된 투쟁이 복종, 제약, 혹은 변형 없이 그저 집성集成, aggregation으로 모인 것에 불과한 것 같다). 따라서, 각자의 자율성에 대한 존중은 운동 속 사람들이 각자가 동의하는 행동에만 참여하게 조장했으며, 다양한 이질적 과정이 운동을 구성한다고 인식하길 부추겼다. [각자의 자율성을 존중하는 경우에선] 이러한 다양성이 상충되고 양립불가능한 이해관심을 반영한다는 점은 고려에서 벗어나고

---

9   이 주장에 대한 논의를 보려면 다음을 참조하라. Jodi Dean, Jason Jones, "Occupy Wall Street and the Politics of Representation," *Chto Delat* 10:34, 2012.

억압되고 결국엔 후에 앙갚음으로 되돌아온다. 대표함에 대한 두 번째 판본의 거부는, 누구도 다른 인격을 대변할 수 없는 것과 꼭 마찬가지로, 아무도 저 운동을 대변할 수 없다는 주장을 고집함으로써 첫 번째 [판본의] 거부를 확장한다. 운동에는 지도자가 없다. '점유하라'는 변화무쌍한 사람들의 다양성과 운동을 구성하는 실천의 다양성인 만큼, 운동을 대표하려는 시도는 그 어떤 것이라도 운동의 잠재력을 지배적 체제 속의 이미 주어진 항목과 기대들로 축소해버림으로써 필연적으로 운동을 제한하고, 판단하고, 부정하게 될 것이다. [다양성과] 다르게 진행할 때엔 타인들에 대한 일부의 목소리와 관심사를 높이 두면서, 저 운동이 와해시키려고 작업하는 위계를 복귀시킨다는 주장이 있다. 당연하게도, 일부 목소리와 관심사가 지도자로서, 지배적이거나 또는 더 대중적인 것으로서 부상하는 상황은 일부 참여자에게 이중사고에 대한 일종의 불안감과 편집증을 유발한다―**왜 우리 모두는 그렇지 않은 게 명백한데도 이 운동이 완전히 수평적이라고 말하고 있는 거지?**

대표함에 대한 거부는 잘못 놓인 것이다. '점유하라'를 대표함 이후의 것이나 대표함에 반대하는 것으로 취급하는 태도는 분할을 부인하며 그럼으로써 '점유하라'가 창안 중인 새로운 정치적 대표함 형식을 놓치게 된다. 각자는 오로지 그 자신 또는 그녀 자신만을 대변한다고 그토록 강하게 설파하는 자들은 인격들 **내부의** 분할을 부인한다. 개체가 그녀 자신의 이해관심을 명백히 알고 대표할 수 있다고 상정함으로써, 이들은 ―주체란 자기 행동에 동기를 부여하는 욕망과 충동에 대해 완전하게 알지 못한 채로 있기에 ― 주체들이 내적으로 분할되어 있는 양상과 직면하기를 피한다. 나아가, 개체를 정치적 결정의 주된 현장이자 터전으로 위치시키는 한에는, 대표함에 반대하기를 주장하는 자들은 자본주의 아래에서 어떻게 주체들이 짜이는지를 아는 일에 실패하고 만다. 자율성이라는 자유주의의 언어나 선택이라는 자본주의의 언어를 말하면서 이들은 개별적 주체들을 구조화하는 편향, 오인, 집착을 무시한다. 비판을 너무 급하게 마무리한 나머지 자기들 자신에 대한 비판에 이르는 데에는 실패한 것처럼 보일 지경이다. 대표함이 배제하고 위계화한다면, 이런 과정은 인격 사이에서만이 아니라 인격 내부에서도 발생할 것이다(이와 같은 통찰은 정신분석에서만 찾을 수 있는 게 아니라 주체의 형성과 규율과 규범성normativity에 대한 수도 없이 많은 논의에서도 마찬가지로 찾을 수 있다).

'점유하라'에서 비대표성을 고집하는 자들은 또한 인격들 **사이** 분할을 부인한다. 분할을 충분히 진지하게 고려하는 데 실패함으로써, 이들은 유기적인 사회적 총체라는 포퓰리즘에 가까운 추정을 받아들인다. 당연하게도, 위계가 있다는 사실은 ―그 유래가 기량이든, 특권이든, 성실함이든, 우발성이든 간에― 필연적으로 그리고 불가피하게 수평성의 주장과 맞서게 되고, 현실적이고 잠재적인 지도자들의 존재를 영구적으로 의심쩍어 하는 사람들을 환멸에 빠뜨린다. 지도자 없음의 이데올로기가 의심을 키운다는 점이 신기할 건 없다―지도자를 고르고 거부할 뚜렷하고 공개된 방법이란 존재하지 않는다. 신참자들에게 그것["대표자 없음의 이데올로기"]은, 숨은 엘리트 하나가

무대 뒤편에서 모든 것을 통제하는 것같이, 불가사의해 보인다. 이와 유사하게, 잠재적 기회의 배척을 두려워해서 '점유하라'에 있던 일부는 운동 내부의 정초적 분할들과 맞서기를 일찌감치 피하려고 시도했다. 그들은 당면한 점유의 과업에 초점 맞추기를 주창한다. 하지만 그 결과는 분할을 축소해 [낱낱이] 갈라지는 일이 (달리 말해, 분할을 승화시키는 일이) 되었다. 사람들은 각자 저마다의 기획을 밀고 나갔으며, 전에 가졌던 자기네의 이해관심과 전문지식에 따라 영구적으로 분열함으로써, 소통 자본주의의 지배적 경향성을 되풀이했다. 이뿐만 아니라 사람들은 다양한 틈새를 파대던 바로 그 순간에, 월스트리트에 크게 난 구멍을 유지하는 일에 실패했다. '점유하라'의 비대표성을 고집하는 일에 작동했던 판타지는 적대 없는 다양성의 환상, 분할 없는 차이의 환상이다.

'점유하라'는 서로 다른 정치적 경향을 한데 모으면서 급진성의 정도를 달리하고 수많은 이해관심과 사안을 다양하게 만든다. 그러나 이런 점이 저 운동이 대표함 너머로 향한다는 것을 뜻하지는 않는다. 반대로, 이 폭넓음은 대표함의 편성적인[그래서 본질적인] 개방성과 융통성뿐 아니라 대표함의 불가피성 또한 가리킨다. 어떤 행동이 저 운동에 걸맞을지, 어느 쪽 행동을 사람들이 취할지, 행동들을 어떻게 직접 연이어나갈지는 계속해서 제기되는 질문이다. 변화무쌍한 다수성은 대표함의 조건이지 그 극복이 아니다. '점유하라'를 대표함 이후의 것이자 대표함에 반대하는 것으로 해석하는 자들은 다수성을 대표함의 실정적 조건이라고 인식해야만 할 때 다수성을 대표함에 부과된 부정적 한계라고 오독한다. '월스트리트를 점유하라'는 상위 1퍼센트에 대항하는 미합중국(혹은 세계) 인구 99퍼센트의 운동이 **실제로는** 아니다. 그것은 점유된 월스트리트 주위에 99퍼센트**의 이름으로** 그 자신을 동원하는 운동이다. 운동이 출현시킨 정초적 적대와 관련해 모종의 분할이 있음을 확언함으로써, '점유하라'는 부자와 나머지 우리 사이 간극에 속한 잘못을 대표하고 재현한다.

대표함을 비판하는 자들은 대표함에 대한 그들의 상像이 의회주의와 깊숙하게 결부된 채로 있기에 '점유하라'가 대표함의 정치를 재창안하는 양상을 놓친다. '점유하라'가 선거를 중심으로 하는 주류 정치를 멀리하는 것은 맞다. '점유하라'가 정치적 연계체association들을 전통적으로 조직하는 잘 짜인 위계를 거부하는 것 또한 맞다. 하지만 이와 같은 사실 중 그 어느 것도 대표함을 제거하지 않는다. 외려, 이 사실들은 인민의 의지 곧 그 자체로 분할되어 있고 [그래서] 분할을 불러오는 식으로만 대표될 수 있을 뿐인 의지를 현행의 정치·경제 체제가 제대로 대표하지 못하기 때문에 현행의 정치·경제 체제가 거부되고 있음을 시사한다.

라캉의 분리separation에 대한 설명은 '점유하라'가 분할을 대표하는 방식을 해득하는 데 도움을 줄 수 있다. 라캉은 [주체와 대타자의] 두 결여lack의 겹침으로서 분리를 설명한다. 지젝이 헤겔식 탈소외de-alienation를 분리로서 읽어내면서 강조하듯, "주체가 대타자에게 있는 결여와 마주칠 때, 주체는 이전의 결여 즉 그 자신에게 있던 결여로 응수한다."[10] 달리 말해, 주체는 그["주체"]가 알지 못한다는 사실만이 아니라 대타자 역시 알지 못한다는 사실을 깨닫는다. 둘은 각각 결여되어 있다. 내 제안은 이렇다. '점유하라'가 두 결여의 겹침의 확언으로 대표함을 재再판짜기하며, 그럼으로써 저 운동을 그 여건으로부터 분리해낸다는 것이다. 이를 쪼개서 세 단계로 나누어보자. 첫째, '점유하라'가 대타자에게 있는 결여(곧 자본주의와 인민 사이 양립 불가능성, 이에 상응해 자유주의적 민주주의가 곧 자본주의의 정치 형식인 한에서 자유주의적 민주주의의 실패, 소통 자본주의의 특성으로서 상징[들의] 유효성의 전반적 저하)와 마주친다. 둘째, '점유하라'는 [대타자에게 있는 결여에 대해] 자기에게 있는 결여를 확언함으로써 응수한다. 이는 불안정성(부채, 실업, 압류)이나, 무지 상태non-knowledge(무엇을 해야 할지, 어떻게 실제로 기능하는 생산과 분배의 평등주의적 체계를 창조해낼지 아무도 정말로 알지 못한다는 것)일 수도 있고, 불완전함(저 운동은 전체 혹은 통일이 아니며, 다원적이고 상충하는 소집단 및 이해관심들로 구성된다는 것)일 수도 있다. 그리고 셋째, '점유하라'는 이와 같은 두 결여의 겹침을 명명하거나 대표한다. '점유하라'는 운동 자체를 그 두 결여의 겹침에 대한 자의식적 확언의 "별도 차원"으로서 부과한다.

'월스트리트를 점유하라'는 대표함 반대의 수사修辭를 대표함 행위의 강렬함과 결속한다. 극소수는 대표되기를 원하지만, 다수는 대표하기를 원한다. 흔히, 운동을 찍은 비디오나 사진 이미지들이 보여

---

10   Slavoj Žižek, "The Most Sublime of Hysterics: Hegel with Lacan"(trans. Rex Butler, Scott Stephens, lacan.com/zizlacan2.htm.)을 참조하라.

주는 그림은 운동을 녹화하고 전파하는 ─ 재현하는representing ─ 인민이다. 명백히, 온라인의 일부 생중계 행동은 언론journalism으로서 자기네 보도를 현시한다. 이렇게 행동하는 사람들이 자기네를 시민-언론-활동가로 자리매김하는지 아니면 주류 매체에서 무시하는 이야기들을 보도하는 객관적 기자로 자리매김하는지에 따라, 이들은 다양하게 나뉜다. 또 다른 사람들은 트윗, 사진, 비디오, 소식 업데이트를 자기네 실천행동activism의 핵심 구성요소로 바라본다. 요컨대, 이와 같은 식의 매체 기고를 통해서 이들은 운동의 중요성에 대한 의식을 널리 전하고, 사람들에게 진행 중인 행동과 앞으로 있을 행동을 고지하며, 집회와 시위의 참여자 수를 활발하게 증가시킨다. 이처럼 재현하면서 대표하는 실천의 좀 더 복잡한 측면으로서 세 번째 양상은, 이미지와 보고내용들이 공통의 이름을 공유하는 한에서 즉 점유된 월스트리트와 관련해서 어떤 공통을 공유하는 한에서 출현한다. 다시 말해, 세 번째 양상의 이런 측면은 의식적인 집합적 실천으로서 저 운동의 자기편성self-constitution인 셈이다. 다양한 중계와 이미지는, 함께 결속함으로써, 집합적 행동을 통해 무언가 가능하다는 감각을 재再판짜기한다.

   이는 누구를 위한 것일까? 중계를 지켜보고 이미지들을 전달하거나 보충하는 사람들이 누구라고 우리는 상상하는 걸까? 이 상상적 청중이 "아무나"거나 "누구나"인 한, 우리는 소통 자본주의에 속한 기대들을 수용하고 반복하면서, 비준을 위해 운동 바깥을 쳐다보고, 분할과 목표보다는 외려 매체와 수단에 우리 스스로 몰두하는 셈이다.

하지만 **우리**가 청중인 한, 자본에 대립하는 인민의 새로운 운동으로서 우리 스스로를 불러내는 사람들로 이루어진 집합성이 바로 **우리**인 한, 우리는 우리의 용기를 드넓히고, '점유하라'의 정치 형식에 대한 우리의 확신을 강화한다.

'점유하라'가 사건의 자리이자 정치 형식으로서 갖는 세 번째 유의미한 측면은 집합성이다. 이 운동은 사안들과 정체성들에 대한 세세한 규정specification으로 향하는 지배적 경향을 깨뜨리고 나서서, 목소리들을 결속해 이들이 갖는 대립하는 정치적 위력을 증폭하고자 했다. 내가 이미 제시했다시피, 저 운동은 무브온식 "클릭행동clicktivism"이 가진 쉬움을 대신해서 점유를 지원하는 실천, 까다로울 뿐만 아니라 시간을 잡아먹는 실천을 내세운다.[11] 점유에 참여한 사람들이 전위였다는 사실에 전혀 놀랄 것은 없다—이들은 헌신적이고, 단련되어 있으며, 산개한 정치 영역을 실천을 통해 통일하는 사람들이다. '점유하라'는 대규모 인민 집합의 물리적 현존을 눈에 보이게끔 저 바깥 도시 공간에 맞춰놓는데, 이 대규모 집합은 자본도 국가도 아니라 인민의 집합적인 정치적 의지를 통해 공인된authorized 정치 행동을 수행하는 중이다. 정치 과정에 들어선 집합의 자가승인적 실천들은 자본주의 국가가 만들어낸 현행의 맞춤 속 특정한 모순을 증폭한다. 곧 공

11 　[옮긴이] "무브온(MoveOn)"은 1998년 이메일 그룹부터 시작해 온라인과 오프라인을 아울러 활동하는 미국 진보단체의 명칭이다.

공 소유와 사적 소유 사이 관계든지(통신 네트워크 플랫폼에서 처리되고 차단되는 관계), 적법과 불법 사이 구별이라든지(예를 들어 '월스트리트를 점유하라'는 자본주의 국가권력에 도전하는 행동들과, 이런 행동을 수행할 정도니 이들을 보호하라는 법에 대한 호소 사이에서 진동한다) 하는 모순을 증폭하는 것이다. 직설적으로 말하자면, '점유하라'는 레닌이 혁명 정당과 연계한 일을 수행하고 있다. 즉 더 많은 수의 인민이 운동에 참가할 수 있게 할 대립적 투쟁의 연속성을 수립하고 지켜나가는 일 말이다.[12] '점유하라'는 집합성을 구축한다.

소통 자본주의에서 인민은 어떤 식으로든 숫자상 커다란 집중체로 사실상 현시될 수 있다. 개체들은 상대적으로 번거로운 일을 거의 겪지 않고 많은 도시 공간을 통과할 수 있다(특히 이들이 계급, 인종, 젠더 규약을 잘 지킨다면 말이다). 자본과 국가는 다수의 사람을 이런저런 장소에 현존토록 조직하고 이에 편의를 제공하는 일을 **할 수 있을** 뿐만 아니라 **하고 있다**. '점유하라' ─ 전술로서의 점유 ─ 는 자의식적으로 그리고 의도적으로 이 구성요소들[사람들]을 특정하게 정치적인 ─ 새로운 정치적 주체화로서 끼어들고, 집합 권력의 의미를 새롭게 개방하는 ─ 형식으로 재결속한다.

바디우는 사건으로서 파리코뮌을 논의하면서 전에는 비실존이었던 존재들이 어떻게 "정치적으로 최대한의 실존"으로 이끌려오는지

---

12 V. I. Lenin, "What Is to Be Done?," *The Lenin Anthology*, ed. Robert C. Tucker, New York: Norton, 1975, 76-77.

를 서술한다.[13] 비실존이었던 것이 실존하게 됨에 따라, 이게 아닌 다른 원소는 실존하기를 멈춘다. '월스트리트를 점유하라'를 통해, 우리의 집합성에 대한 집합적이고 자기의식적인 확언은 우리가 이전에 가지고 있던 정치적 무능력과, 우리가 이전에 소통 자본주의의 항목들과 소통 자본주의가 짜놓은 틀에 종속되어 있던 상태를 파괴한다. 이제 우리는 "우리"라고 말할 수 있으며, 당연하게 "우리"라고 말한다. 저 운동은 이런 일을 행하는 중에 우리의 용기와 확신을 자극하는 형식이다. 우리는 자본 및 국가의 위력에 대항하는 산개된 개체들의 정치적 취약함으로 후퇴할 필요도 없으며, 자기 자신의 운명을 자율적으로 창조하는 독특하고 강력하며 완벽한 개체들이라는 이데올로기적 상상계로 후퇴할 필요도 없다.

그러나 우리는 집합성에 대해 계속 이어지는 불신을 인정하기를 두려워하지 말아야 한다. 행진하고 시위하는 **동안에**, ("단결한 인민에게

---

13   Badiou, *The Communist Hypothesis*, 221.
[옮긴이] 알랭 바디우는 사건이 일어났음을 알아볼 수 있는 기준 중의 하나가 실존의 강도 변화와 관련 있다고 간주한다. 그의 말은 이렇다. "결정적 지점은 무엇인가의 실존에서 나타나는 강도의 변화입니다. 이 무엇의 실존은 [이전에는] 최소한이었어야 합니다. 혁명의 사건에서 나타나는 곤궁한 노동자들의 정치적 실존을 예로 들어봅시다. 아니면 근대 예술의 사건에서 나타나는 추상적 형상들의 형식적 실존 같은 것도 좋습니다. 저는 이 세계에서 최소한도의 강도로 나타나는 어떤 다수를 세계의 '비(非)실존(inexistent)'이라고 이름 짓습니다. 세계의 비실존은 이 세계에서 무(無)로 나타나는 무엇입니다. 사건에 대한 질문이란 바로 이렇습니다. 사건 이후에, 세계의 비실존에 속한 운명은 무엇인가? 혁명 이후에 곤궁한 노동자는 무엇이 되는가? 예술의 사건 이전에는 예술의 작업에서 받아들여지지 않았던 추상적 형상들은 이제 창조의 본질적 수단이 되는가?" "Three Negations(2008년 4월 28일 카도조 로스쿨 특별강연)", *Cardozo Law Review* Vol. 29:5, 1877-1883, 2008.

패배란 결코 없다", "우리가 99퍼센트다"와 같이) 인민의 권력을 확언하는 구호를 **통해**, 소리통People's Mic으로 목소리들이 뭉치는 **속에서** 사람들이 자기네의 집합적 권력을 느끼는 바로 그 순간에도, 위계, 비투명성, 지도력, 대표단, 기구 구성, 중앙집중에 대한 불안은 여전히 남는다.[14] 인민은 자기 자신 그리고 다른 사람들의 (권력이나 복종 어느 쪽에 대한 것이건) 향락을 감지하고, 두려워하고, 억압하면서, 각자 서로를 공통된 투쟁의 참여자로서 완전히 신뢰하진 않는다. 한편으로, 사람들은 자기들 스스로 해야만 한다는 개체로서의 느낌을 유지한다(혹은 적어도 무슨 일을 해야 하는지를 세세하게 전부 알고 있다). 이들은 다른 사람들이 옳은 방식으로 즉 자기네의 방식대로 일할 것이라고 신뢰하지 않는다. 또한 이들은 이들 자신과 다른 사람들 각자가 연대로써 서로 접속되어 있다고 보지 않는다. 다른 한편으로, 이와 동시에 우리 중 일부는 일처리에 대한 이런 느낌을 다른 사람에게 옮겨놓는다. 우리는 누군가는 그 일을 하고 있다고 혹은 누군가는 무슨 일이 벌어지는지 안다고 상정한다. 우리는 "글쎄요, 어떻게 될지 두고 봅시다"라고 말한다. 마치 우리가 운동으로부터 제거된 사람이거나 운동 바깥에 선 사람인 양, 마치 운동이 다른 사람들의 행동인 양 말하는 것 같다. 이는 지도자들을 향한 의심의 이면이다ー누군가는 책임을 안고 있다는.

---

14   [옮긴이] "People's Mic"은 집회 현장에서 의견을 제시하는 한 사람의 말소리를 주위의 여러 사람이 여럿의 목소리를 통해 크게 증폭해서 전달하는 경우를 가리키는 표현이다. 한국에서는 이전부터 이런 전파 방식을 "소리통"이라는 집회 용어로 지칭해왔기에, 이를 그대로 원용해 옮겼다.

이는 또한 일종의 위임 없는 위임이거나, 지도자의 출현·기능·필요성을 부정하면서(하지만 무의식적으로는 받아들이면서) 자율성의 판타지를 계속 유지하는 한에서는, 대표함 없는 위임이다.

정치·경제 체제에 대한 불신이 전반적인 미국의 여건에서는 자율, 파편화, 산개가 연대를 대신할 수 있다고 좌파의 너무 많은 사람이 믿는 경향이 있었다. 운동이 어떤 중심 지역에 함께 집결하는 많은 수의 인민으로부터 에너지를 얻는다는 느낌과, (우리가 시작한 출발점이자 기반인 저 여건에 대한 모델이 아니라) 국지적·특정적이고 흔히 일시적인 실천과 프로젝트가 운동의 **유일한** 최고 모델이라는 느낌 사이의 정동적 진동을 일례로서 고려해보라. 비슷하게는, 포함하고 배제하는 관행을 두고 피어오르는 불안이 있으며, 표현과 협력의 서로 상이한 자질에 관한 현실적 난관이 있으며, 게다가 모이고 논의하고 참여할 기회를 서로 상이하게 갖는 상황을 두고 생겨나는 불안도 있다. 어떤 사람들에게는 자기네가 새로운 세계를 건설하는 중인 것처럼 느끼게끔 하는 바로 그 소모임meeting이, 다른 사람들에게는 자기 시간을 낭비하고 하염없이 쳇바퀴를 돌다가 아무런 성취도 이루지 못하는 것처럼 느끼도록 한다.

대안은 뭘까? 집합성을 향한 우리의 욕망을 신뢰하는 일이다. 이는 자율성이 어떻게 해서 오직 집합의 생산물일 뿐인지를 인지하고, 파편이란 늘 보다 더 큰 전체의 부분이며, 산개란 집중의 이면에 불과함을 인정한다는 것을 뜻한다. 여기서 우리는 양자택일을 조건으로 삼기보다는 그 나름대로 역동적인 관점에서 사고해볼 수 있겠다. 요컨대, 산개한 국지적 행동은 중요하다. 이와 같은 국지적 행동이 증폭되는 것은 막대한 수의 인민을 대규모 사태event를 위해 끌어낼 수 있는 운동과 연결할 때다. 그리고 이 대규모 사태가 그저 구경거리인 경우를 넘어서고, 인민의 의지에 대한 순간적 암시 이상이 되는 것은 특정하고 선별적인 일련의 운동전략에서 특정 성취를 이룸으로써 저 사태를 강화할 때다. 이런 점은 여러 면에서 이미 '점유하라'의 핵심 구성요소였다. 그런데도 너무도 많은 운동의 수사학은 중앙집중을 폄하하고 국지성을 찬양하며, 이럼으로써 국지적이고 [내가 속한] 공동체에 기초하지 않은 어떤 것에 대해서건 사람들은 확신을 잃어버리기에 이른다.

마찬가지로, 강인한 구조물 즉 성장할 수 있고 내구성을 띤 구조물은 수평적 구성요소에 더해 수직적이고 사선적인 구성요소를 필요로 한다. 다시 한 번 말하건대, 저 운동을 다룬 대부분의 수사가 오직 수평성만을 찬양하고 수직성은 모든 순간마다 싸워 없애야 할 위험으로 취급하고 있긴 하지만, 그것은 '점유하라'에서 명백히 진실이었다. 사선적 성질은 기본적으로 무시당하는데, 이는 우리가 책임성과 재검토recall의 [여부가 관건인] 구조물을 발전시키는 일에는 에너지를 많이 쏟지 않았다는 뜻이다.

집합 권력은 그저 모이는 것이 아니다. 집합 권력은 뭉쳐 단결하는 것이다. 그리고 단결은 다른 사람들을 위해 기꺼이 [자신을] 희생하리라는 마음가짐을 요구한다. 많은 사람이 이미 이 일을 하고 있지만, 저 운동의 언어가 집합성보다 자율성을 찬양하고 그 가치를 끌어올리는 한, '점유하라'는 이를 인정하는 게 아니다. 집합성은 운동에서의 공통 언어와 공통된 행동 속에 현시되나, 그 자체로 현시되는 것도 혼자 힘으로 현시되는 것도 아니다. 집합성은 때로는 확언되고 때로는 경험된다. 다만 집합성은 집합적으로 욕망되어야 하고 집합적으로 건설되어야 한다―이로부터 정당에 대한 필요성이 나온다.

요약해보자. 정당이 집합성의 명백한 확언이고, 책임성의 구조물이며, 변별적 자질의 인정이자, 연대의 매개물인 한에서, '점유하라'는 왜 정당 같은 게 필요한지를 예증해준다. '점유하라'는 또한 그런 정당이 취할 법한 형식에 대해서도 짐작케 한다. 그 형식은 바로 집합적 욕망을 유지하는 가운데 두 간극[체제의 간극과 욕망의 간극]의 겹침에 대한 자기의식적 확언이다.

일부는 레닌주의 정당을 무서운 유령이자 실패한 혁명의 잔여물로 묘사하고, 그것이 주는 공포는 어떤 비용을 치르고서라도 피해야 한다고 본다. 이와 같은 전망(누군가 구체적으로 품고 있는 것 같지는 않지만 다수가 어렴풋이 직관하는 것으로 보이는 전망)에서, 공산주의는 단순히 현실적인 것the actual(언제나 필연적으로 파열되고, 불완전하고, 그 자체로 환원할 수 없고, 실현되지 않은 과거의 잠재력을 잉태하고 있는 것)으로 축소될뿐더러 오랫동안 다른 관점에서 사실은 변화해온 한 현실성actuality의 서투른 흉내로도 축소된다. 이 축소를 (계속 진행 중인 축소의 과정을) 통해, 현실성은 하나의 불가능 형상 곧 혁명적 변화의 자질마저 잃어버릴 정도로 결연한 형상으로 대체된다. 융통성 없고, 배제적이고, 교조적인 정당―어떻게 이런 정당이 혁명적 상황에서 기능할 수 있을지는 알기 어려우며, 어떻게 애초에 이런 정당이 사람들을 끌어모을 수 있을지는 더더욱 알기 어렵다. 어떻게 이런 정당이 인민을 나오게 하고, 행진하게 하고, 소식지를 쓰고 배포하게 하고, 죽음조차 무릅쓰게 하겠는가? 어떻게 이런 정당이 성장하고 퍼지겠는가?

이와 대조적으로, 루카치의 레닌주의 정당에 대한 설명은 혁명의 혼돈 상태와 정당의 무지 상태라는 두 결여를 주체화함으로써 형성된 조직을 제시한다.[15] 루카치는 레닌의 정당이 혁명의 현실성을 상정한다는 논변을 펼친다. 이 정당은 혁명의 사실 곧 정치의 지형은 개방되어 있고 변화 중이며 혁명은 일어난다는 사실을 전제한다. 혁명이란 오랜 시간 고대했던 신령이 인간사에 개입하는 메시아적 사건이 아니다. 혁명은 정치의 결과이고, 조건이고, 효과이며, 이 속에서 국가는 뒤집히고, 와해되고, 분산되고, 다시 짜이고, 다시 방향이 설정된다. 혁명의 혼돈 속에서는, 한쪽으로 향하던 추세가 갑작스레 정반대 방향으로 움직여 갈 수 있다. 혁명의 상황은 예측불가능성 및 격변이라는 특징을 갖기에, 확실한 승리로 향하기 위해 혁명가들이 따라갈 수 있는 지도나 각본을 제공할 역사의 철의 법칙 따위는 전혀 없다.

혁명이 현실성을 띤다는 사실은 결정, 행동, 판단이 영구히 미뤄질 수는 없다는 점을 뜻한다. 우리가 결정하고 행동하고 판단할 때,

---

15   Georg Lukács, *Lenin: A Study on The Unity of His Thought*, trans. Nicholas Jacobs, London: Verso, 2009.

우리는 역사에서 보장받을 여지가 없는 우리의 결여에, 혁명적 순간의 혼돈에 전적으로 노출되어 있다. 우리는 혁명의 과정이 새로운 성좌, 새로운 맞춤, 새로운 기량, 새로운 확신을 가져올 것이며, 이 과정을 통해 뭔가 다른 것이자 한 번도 상상해본 적 없던 어떤 것을 우리가 만들어낼 것임을 굳게 믿어야 한다. 레닌주의 정당 입장에서, 기다리는 것, 우리가 확실하고, 우리가 알 때까지 연기하는 것은 당장 실패하[지]는 것이다.

혁명의 현실성은 규율과 준비를 요구한다. 이는 공산주의 정당이 일어나게 될 모든 일을 정확히 예측할 수 있기 때문도 아니며 ―그럴 수 없으며― 결코 틀리지 않는 이론을 갖고 있기 때문도 아니다―갖고 있지도 않다. 공산주의 정당의 이론은, 그것이 놓인 조건들과 마찬가지로, 가차 없는 비판과 검증과 수정에 열려 있다. 규율과 준비는 정당으로 하여금 완전히 정황에 따라 주조되거나 결정되기보다는 정황에 적응할 수 있게 만든다. 정당은 일관적이고 유연해야만 하며 그 이유는 혁명은 혼돈이기 때문이다. 그러므로 혁명의 현실성은 정당이 그에 대해 채비할 수 있는 편성적 무지상태다. 혁명의 현실성은, 착취당하고 억압받는 인민에 대해 정당이 책임을 지고자 한다면, 정당이 공산주의 정당으로 기능하고자 한다면, 응답을 요구한다.

공산주의 정당은 필연적이며 그 이유는 자본주의의 역학도 대중의 자발도 내재적으로는 인민에 대한 착취와 억압을 끝장낼 **프롤레타리아혁명**을 생산하지 않기 때문이다. 혁명의 시기는 변동하는 다수 그룹과 계급을 한데 모으고 혼란시킨다. 상이한 자발적 추세, 계급의식의 정도, 이데올로기 유파들이 서로 융합한다. 레닌주의 정당은 인민이 무엇을 원하는지 알지 못한다. 레닌주의 정당은 인민 안의 분열split을, 인민이 집합성으로서 무엇을 욕망하는지에 관한 인민의 무지상태를 처리하기 위한 형식이다. 루카치가 쓰듯, "프롤레타리아트가 통일되고 명백한 목표를 가지고 결정적인 투쟁에 돌입할 때까지 사태가 지연되어야 했었다면, 혁명적 상황은 결코 일어나지 않았을 것이다."[16] 정당이 아는 바는, 이처럼 앎이 결여되었다고 해도 그것이 혁명의 현실성을 미연에 방지할 수 없기 때문에 결코 행동에 지장을 주지 않으리라는 사실이다. 따라서 정당은 두 결여 즉 역사에 대한 개방성과 또한 정당 자신의 무지상태가 겹쳐진 자리에 위치한 조직이다.

공산주의 정당은 바로 이 자리를 점유하고 그것["이 자리"]을 주체화한다. 이뿐만 아니라 공산주의 정당은 "자본주의 사회 내부에서 억압당하고 착취당하는 모든 사람과 총체적으로 연대하고 이들을 총체적으로 지원하는"[17] 작업에 복무함으로써 정치적 주체성을 위한 형식을 제공한다. 이와 같은 헌신은 투쟁 중의 프롤레타리아화된 인민과 영속적으로 상호작용하기를 요청한다. 영속적 상호작용은 이중적 역동성dynamic을 정당 안에 자리 잡게 한다. 한편으로, 정당은 엄격하게

16   같은 책, 31.
17   같은 책, 30.

규율 잡혀야만 한다. 다른 한편으로, 정당은 유연성과 반응성이 있어야 하며, 변화무쌍한 상황으로부터 배워나갈 수 있고 그런 상황에 적응해나갈 수 있어야 한다. 투쟁 중인 대중으로부터 배워가면서, 정당은 이 대중이 저 자신들의 행동을 이해할 수 있고 저 자신들의 집합적 의지를 표현할 수 있게 해줄 매개물을 제공하는데, 이는 정신분석가가 피분석자에게 어떤 수단을 제공해 그녀로 하여금 자기 욕망을 의식하게끔 하는 것과 마찬가지다.[18]

혹자는 내가 레닌주의 정당을 결여와 우발성에 반응하는 형식으로 간주하는 시각을 제시하려고 루카치를 사용한 게 기껏해야 선택적이라고 반대할 수도 있겠다. 이렇게 반대하는 입장이라면 [정당의 중앙집중적 통일성을 강조하는] 루카치의 다음과 같은 주장을 부각할 수 있겠다. "정당은, 사회를 그 총체성 가운데 아는 저 자신의 지식에 기초해서, 전체 프롤레타리아트의 이해관심을 재현하고 대표하기 때문에 (그리고 이를 통해 모든 억압당한 자들의 이해관심을 ―인류의 미래를― 매개하기 때문에), 그것["정당"]은 이 사회적 총체성의 핵심으로부터 비롯된 과업들이 표현되는 모순 전부를 그 내부에서 통일해야만 한다."[19] 이 반대는 저 자신의 표적을 놓치고 있다. 그러니까 모순들의 통일이란 모순들을 해소하는 것이 아니다. 정당은 모순들을 해소하지 않는다. 외려 정당은 모순들을 모순들로 표현한다. 레닌주의 혁명가들은 그들 스스

18   Slavoj Žižek, *Revolution at the Gates*, London: Verso, 2002

19   Lukács, *Lenin: A Study on The Unity of His Thought*, 34.

로 혁명의 요구와 충돌을 떠맡는다. 이들은 모든 혼돈과 불확실성을 무릅쓰면서까지 혁명적 상황을 수행한다. 이와 같은 한에서 레닌주의 정당은 인민에게 요구를 강행하는 정당일 수가 없다. 레닌주의 정당은 인민 스스로가 이미 만들어내고 있지만 인민은 아직 인지하지 못하는 요구들을 인민에게 현시하는 정당이다.

점유가 있다면 점유의 정치화도 있다. 자본주의에 대해 조직된 대립으로서, 점유라는 정치 형식은 적대를 눈에 보이게 드러내는 간극을 새기거나 이렇게 새겨진 것을 1퍼센트와 나머지 우리 사이 분할이게끔 강제한다. 일부는, 저 운동의 사건이 그 여건으로부터 어떻게 절연되는지를 인식하는 데 실패함으로써, 분할의 위력을 인지하기를 꺼렸고 그래서 운동이 가능케 하는 정치 자체에 저항적이었다. 이들은 '점유하라'가 비당파적이고 포스트정치적이라는 견해를 고수하는 쪽이다. 이런 견해는 저 운동을 자유주의적이고 자본주의적인 (루카치와 레닌이라면 "부르주아적"이라고 말했을) 원소들로 채워놓는다. 그런 것이 우리의 초기 설정 상태이자, 우리의 사고·행위·반응의 무매개적 방식이기 때문이다. 운동에서의 목소리들은, 자본주의 위기는 실제보다 소홀히 발화하고 민주주의가 정치적 변화를 생산할 능력은 실제보다 중요하게 발화함으로써, 저 자신들이 활성화시키는 분할을 부정하려고 시도한다.

정당의 역할은 분할을 역설力說하는 것이다. 정당은 부분을 정치화한다. 공산주의 정당은 부분이 아닌 부분집합을 정치화하면서, 인민에게 편성적 간극이 있음을 주장하고 이 간극을 집합성을 위한 집합적 욕망으로서 주체화한다. 공산주의 정당의 과업은 이 욕망(일종의 불가능한 것)을 충족시키거나 만족시키는 것이 아니라 그것["이 욕망"]을 유지하고 욕망으로서 함양하는 것이다. 우리의 현존하는 여건 가운데서, 소통 자본주의는 우리의 정치적 노력들을 자기의 갖가지 회로 속에 흡수하려고 한다. 소통 자본주의의 항목들과 궤를 같이하는 일이 자연스럽고, 필연적이며, 투쟁을 위한 유일한 방식인 것처럼 보인다. **우리는 선거에 참여해야 한다. 우리의 행동은 훌륭한 매체 콘텐츠를 제공해야 한다. 우리에게는 [바이러스처럼] 입소문을 탈 선전 문구가 필요하다.** 이는 상품과 유행을 취사선택하는 운동이다. 정당이 제공하는 것은 이와 같은 항목들에 저항하기 위한 형식이며, 좌익 멜랑콜리라는 결과를 낳는 타협 아니면 무(비실존, 실패, 부적절)라는 식의 잘못된 취사선택에 저항하기 위한 형식이다. 결여의 조직[체제]로서, 정당은 간극을 선택한 것이 집합적 욕망의 힘을 선택한 것이 되게끔 한다.

욕망의 간극에 관한 고집스러운 주장을 통해 '월스트리트를 점유하라'를 읽어냄으로써만 다시 말해 형식으로서의 공산주의 정당이라는 관점에서 '점유하라'를 읽어냄으로써만, 저 운동이 갖는 공산주의의 지평이 눈에 들어올 수 있다. 저 운동은 무슨 범죄crime에 응답하나? 저 운동은 어떤 과정들에 대응하나? 저 운동이 가져온 놀랄 만한 파열은 그것["운동"]이 자본주의에 대한 급진적이고 집합적인 응답을 조직한 데에서 비롯한다. '점유하라'를 다른 어떤 방식으로 읽어내든,

그 읽기는 운동을 소통 자본주의의 정동적 네트워크를 통해 이미 유통 중이었던 것 속에 그리고 소통 자본주의의 네트워크에 대한 개별적 기고라는 것으로서 도로 감추어버리는 것이다.

그런데 그들은 무엇을 원하는가? 당신은 무엇을 원하는가? 요구내용들과 관련된 질문은 '월스트리트를 점유하라' 초기의 몇 주 몇 달을 욕망의 끝없는 열림으로 가득 채웠다. 거의 참아내기 어려울 정도로, 요구내용들의 부재는 이해관심을, 두려움을, 기대를, 또한 희망을 저 운동에 집중시켰다. 이런 잠깐 동안에는, 점유는 주류 매체를 히스테리 상태에 빠뜨리는 간극으로서 기능했으며, 아마도 점유가 성립시켰던 공중the public에 대해서까지도 비슷하게 작용했던 것 같다. 저 운동은 무엇을 원하는가 — 우리로부터?! 저것은 무엇을 요구하는가 — 우리에게서?! '월스트리트를 점유하라'는 다른 것이었으며, 이 다른 것은 자유주의적 민주주의와 신자유주의적 자본주의에 대한 인민의 타협적 선택이 인민 자신의 욕망을 승화시켰고 배신했던 양상을 인민이 인정하도록 강제함으로써, 정치적 욕망을 다시금 일깨웠다. …… 그런데 무엇에 대해서? 확산되는 프롤레타리아화, 지구 온난화, 경제 붕괴에 대해서?

당대의 공산주의자들은 개체들을 조직할 과업을 부여받았다. (분명히 말하건대, 루카치는 이미 20세기에 자본주의의 과잉개별화over-individualization와 사투를 벌였었다.) 미국, 영국, 유럽연합에 있는 우리들은 개체를, 그 개체들의 독특한 목소리와 가치 있는 의견을 찬양하는 이데올로기적 여건 내부에서 작동한다. [이런 이데올로기적 짜임에서] 집합성은 답답하고 억압적인 것으로 짜이거나, 그게 아니라면 진짜 동일성(민족적, 인종적, 종교적, 혹은 그 밖의 아무런 것)과 이어진 공동체주의의 터전으로서 낭만주의적인 것이 된다.[20] 이 이데올로기적 짜임은, 자기들의 삶을 결정하는 체제를 개선할 때 개체들이 **개체로서** 갖게 되는 무력함(체제의 변화는 집단의 조직된 힘을 요구하기에)으로부터 [사람들의] 주의를 돌려 개별적 소비와 자기표현의 폭넓은 기회에로 옮겨놓는다. 그것["이 이데올로기적 짜임"]은 이런 기회들을 미끼 또는 보상으로서, 집합성이 탈취하거나 철폐하겠다고 으르대는 특별한 **어떤 것**으로서 내걸면서, 막대한 다수에게 기회들이란 자유의 현실적 경험으로서가 아니라 위협하의 가능성으로서만 존재한다는 사실을 모호하게 숨긴다.

그들은 무엇을 원하는가? 당신은 무엇을 원하는가? 저 정당은 우리의 개별적 목소리와 선택(그러니까 명예와 부를 얻을 잠재력)을, 이것들에 위협적이기는 하나, 더 한층 그럴듯하게 만들면서 우리의 향락을 금방이라도 훔쳐갈 것 같다. 하지만 정당이 무엇을 원하는지에 대한 질문, 혹은 정당과 관련해 좌파 진영의 그토록 많은 사람이 갖는 불안은 '월스트리트를 점유하라'를 향해 요구내용들에 대한 요구가 발송될 적에 작동한 것과 동일한 전이된 도치—**정당은 나에게서 무엇을 요구하는가?**—를 겉으로 드러낸다—마치 정당이 우리에게 무엇

---

20   [옮긴이] "공동체주의(communitarianism)"는 각 사람이 가져야 할 윤리적 태도나 지켜야 할 법적 규범 같은 것들이 그가 속한 더 넓은 공동체의 역사·관습·문화와 연관되어 있기에 한 사람의 진짜 동일성을 이런 공동체에서 찾아야 한다고 생각하는 철학적, 법학적 입장을 가리킨다. 한국에도 잘 알려진 마이클 샌델이 공동체주의 입장을 견지하고 있다.

을 해야 하고 무엇을 원해야 할지를 말해줄 것처럼 말이다. 아마도 기저의 욕망은 우리에게 우리가 원하는 것과 그것을 얻을 방법을 말**해 줄 수 있는** 정당을 향한 것이겠다. 여기에 작동하는 것은 정당이야말로 사회를 어떻게 조직하는지를 **실제로 알고 있다**는 판타지다. 혹은 그 기저의 욕망은 우리가 은밀하게 원하는 것을 행하도록 정당이 강제할 수 있으며, 정당이 우리에게 향락을 허락하고 그 향락에 필요한 수단을 주리라는 내용일 수도 있다. 우리는 우리 적들을 쳐부술 수 있고, 저들이 가진 것을 모조리 빼앗아, 역사의 바른(원) 측에 설 수 있다! [공산주의] 정당과 관련해서 좌경분자들이 불안에 빠지는 게 부당하지는 않다─정당들이 그 나름의 형식을 제공해왔던 욕망들 가운데 집합성을 향한 욕망만이 유일한 것은 아니[기 때문이]다. 정당은 모종의 주인master 찾기 욕망에 대한 형식 역할을 하기도 했다. 그럼에도, 마치 정당이 주인의 형식이기만 하고 주인의 형식만 될 수 있다는 듯 나아간다면, 이는 주인의 권력을 제자리에 그냥 두는 것이 되며, 주인이 우리의 집합적 권력을 훨씬 더 효과적으로 방해하게 두는 것이 된다.

주인에 대한 판타지들은 더욱 견디기 어려울 법한, 인민에 편성적인 저 간극과 대면하는 일을 우리가 피해가도록 돕는다. 자본주의적 충동의 되풀이되는 회로들 속에 우리가 쌓아둔 순간적인 향락 덩어리들과 합세해, 그것들["주인에 대한 판타지들"]은 집합성을 향한 욕망에 대항해 우리를 방어한다. 우리는 아직까지는 집합성을 원하지 않는다. 집합성은 ─공통된 대의와 공통된 결정은─ 어렵다. 집합성은 우리가 성취할 수 없는 무언가를 위해 우리가 갖고 있지 않은 것을 포기하는 일을 수반한다. 우리는 어떤 전체이면서도 이 전체에 이름을 붙일 수 없다. 우리는 우리가 행사하는 강압적이고 생산적인 위력이면서도 이 위력을 완전히 정당화할 수 없다. 공산주의 정당은 판타지나 숙명론에 양보하는 일 없이 이 간극을 유지하기 위한 형식이다―이런 점이야말로 바디우가 공산주의 정당의 작용을 확고한 신념의 측면뿐만 아니라 용기라는 측면에서 이론화하는 이유다.[21] 인민의 예시화도 인민의 대표함도 아닌 것으로서, 공산주의 정당은 집합성을 향한 당원의 집합적 욕망its collective desire을 형식화한다. 정당이 욕망의 간극을 열어두는 일에 실패할 때, 그 정당은 공산주의 정당이기를 그친다.

'월스트리트를 점유하라'가 진행된 지 몇 달 후, 이 운동이 어떠한 요구내용도 만들지 못했다는 불평에 대해 공통된 해설이 유통되었다. 그 기본적 메시지는 이 불평이 솔직하지 않다는 것이었다. 우리는 그 요구가 체계에 스며든 불평등과 불공정을 끝장내라는 것임을 완전히 잘 알고 있다. 이 요구의 메시지를 담고 있는 이미지 중 하나는 대중이―인민 즉 99퍼센트가― 양복에 달러 기호를 새긴 한 사람의 **비대한 큰손**에 대항해 선 것이었다. 공산주의의 목표도 마찬가

---

21   Alain Badiou, *Theory of the Subject*, trans. Bruno Bosteels, New York: Continuum, 2009, 330.

지로 명백하다. 각자로부터는 능력에 따라, 각자에게는 필요에 따라가 바로 그것이다. 우리가 어떻게 이런 일이 일어나게 만들지는 우리에게 달려 있다 — 이는 인민주권의 목적이자 원리다.

누가 공산주의적 욕망을 두려워하랴

1. 조디 딘은 어떤 사람이며, 이 책은 어떤 자리에 놓이는가?

조디 딘Jodi Dean은 제도권 정치가 아니라 혁명적 정치 혹은 진보적 정치의 원리와 동력을 분석하고자 하는 미국 호바트앤윌리엄스 미스대학 정치학과 교수다. 그녀가 집필한 저서는 『지젝의 정치Žižek's Politics』(2006), 『민주주의 및 여타 신자유주의 판타지들Democracy and Other Neoliberal Fantasies』(2009), 『블로그 이론: 충동의 회로 속 피드백과 포획 Blog Theory: Feedback and Capture in the Circuits of Drive』(2010), 『군중과 정당Crowds and Party』(2016) 등 10여 권을 헤아린다. 딘은 이 책『공산주의의 지평』(2012)에서 신자유주의의 위기가 수습된 것 같았던 때에 정치적 역동성을 만들었던 여러 계기를 사유하기 위해 '공산주의'라는 낡고 잊힌 이름을 불러와 우리 시야의 지평에 가져다 놓았고, 이어서 2017년에 다시금 출간된 『공산당 선언』 영어판의 서문을 쓰기도 했다. 이와 함께, 3월 8일 국제 여성의 날(International Women's Day)에 맞춰 2017년부터 진행된 '국제여성파업International Women's Strike(IWS)'에 계속 참여하며 인터뷰한 이력에서 알아챌 수 있듯이, 그녀는 정치의 집합적 주체와 정당의 선도적 역할을 실천이 벌어지는 자리에서 사고하려는 현장의 이론가이기도 하다.

이 책의 제목이나, '수평성', '직접민주주의', '자율성' 같은 관념에 반대하는 책의 내용을 보면 딘은 지나치게 급진적인 것 같기도 하다. 하지만 그녀는 이 책의 출간 후 인터뷰[1]에서, 자신이 디프사우스(텍사스, 루이지애나, 미시시피, 앨라배마)의 남침례교파 집안에서 자랐기 때문에, 초기 기독교 교회 사도들이 일과 재화를 분배하는 방식과 공명하는 "각자로부터는 능력에 따라, 각자에게는 필요에 따라"라는 공산주의의 이상이 전혀 급진적으로 느껴지지 않았다고 말한다. 또 자신이 냉전 말기인 1980년대에 미국에서 소비에트 정치를 선입견 없이 공부할 수 있었던 극소수 대학생 중 한 사람이었기 때문에, 아주 이른 시기부터 소비에트 공산주의의 사회적 평등에 익숙했다고 말한다. 그녀는 강단 좌파나 저술 좌파가 되는 일을 경계하며, 아카데미나 책 속에 머물지 않으려 한다. 근래에 나온 책『군중과 정당』의 일러두기에서 딘은 "저술은 고독한 것이지만 사고는 집합적인 것이다"라고 첫 문장을 시작했다. 딘의 작업은 자본주의의 현실을 돌파하기 위한 개념과 이론의 어휘집을 제공하는 것을 하나의 목표로 삼고 있겠지만, 활

---

[1]   Joseph G. Ramsey, "Division and Desire: Jodi Dean discusses *The Communist Horizon*", *Socialism and Democracy*, 27:2(2013), 23-41, 이하 「인터뷰」로 표기.

발한 활동을 통해 볼 때 그녀에게 더 중요한 목표는 인민의 활기를 유지하고 집합의 정동을 북돋는 일인 것으로도 여겨진다.

『공산주의의 지평』 역시, 그 저자인 조디 딘이 아카데미와 현장을 오가며 활동하듯, 거리의 실천인 '월스트리트를 점유하라'와 '이론 theories'을 이어보고자 의도한 책이다. 그런데 바디우나 랑시에르가 반란의 불변항을 구성하려 하고, 네그리와 하트가 좌파 이론의 백과사전을 기획하려 하며, 지젝이 라캉과 헤겔에 이어 셸링의 주요 관념들까지도 '나머지 우리'의 이해관심에 기여할 이론으로 재해득하려는 데 비해 보자면, 이 책이 정교한 논변을 구성하려는 것은 아닐 수 있겠다. 딘은 상기한 이론가들과는 조금 다른 곳에서 작업 중이며 그녀의 주된 관심사는 나머지 우리의 위력을 단언하고 그 위력을 실현할 활동가들이 활기를 되찾도록 하는 데 있다. 이 책 출간 이후 그녀가 미국과 유럽 여러 나라에서 가진 —사람들이 농담 삼아 "조디 딘의 세계 공산주의 투어"라고 불렀다는— 회합에서 만났다는 밀워키의 한 노부인 이야기는 그 실천적 시간의 울림으로 인상 깊다. 그 노부인은 언제 저들이 우리로부터 공산주의라는 단어를 빼앗아갔는지 기억하며, 딘의 회합 자리에서 누군가 그 단어를 다시금 사용하는 것을 듣는 게 얼마나 행복한지 모른다고 말했다고 한다. 젊은이들부터 나이 지긋한 사람들까지, 딘의 표현으로는 "보통은 대학, 회관, 커뮤니티 센터에서 학자들과 얘기하려고 올 일이 없는"[2] 이 활동가들은 어

---

2   「인터뷰」, p.29.

떤 자리에 서 있는 사람들이며, 무슨 일을 하는가?

활동가들은 온라인 네트워크 밖에서 그물망을 자아내는 사람들이다. 나머지 우리에게는 현존하는 위력이 있지만, 곳곳에 흩어져 있는 이런 위력을 실행적 에너지로 전환하여 거리에서 분출하기 위해서는 일종의 통로 역할을 할 주체가 필요하다. 활동가들은 온라인에 있는 게 아니라 저기 바깥 거리에 서 있다. 바디우라면 충실성의 주체라고 부를 이 사람들이 바로 활동가다. 예컨대, 한국의 촛불이 가능했던 이유 중 하나는 생존의 위험을 무릅쓰고 지난 정권 내내 거리에서 자기 자리를 지킨 몇몇 사람이다. 촛불은 마치 자연발생적이거나, 한 기업가의 도박에서 시작된 나비효과이듯 생각되기도 한다. 시스템에 만연한 체계화된 부정의를 사람들이 알아차리게 되었고, 이와 같은 부정의에 대한 사람들의 자연발생적인 분노가 합법적으로 정권을 폭파한 힘이 되었다고 여겨지는 것이다. 여기에 활동가나 전위의 자리는 마치 없는 것처럼 보인다. 그러나 촛불 이전에, 그리고 촛불 이후에, 끊임없이 부정의에 항의하는 조직된 활동가들은 있었다.

나머지 우리가 집합을 구성한다고 하더라도, 분할은 숙명적이다. 딘은 나머지 우리가 그저 다양한 다수로 모여 있는 게 아니라 집합적 방향을 조타해가는 과정에서 더 큰 책무를 띤 사람들과 그렇지 않은 사람들로 분할된다는 사실을 인정한다. 그녀는 조직하고 앞장설 정당의 책무를 부인하지 않고, 나머지 우리가 어떤 현장에서든 집합적 주권을 발휘하도록 애쓰는 활동가들의 사기를 꺾지 않으려 한다. 딘에게 우리 시대 어느 나라 모두에 공통적인 대안의 지평을 가리키는 이름은 바로 공산주의다. 자본주의와 정초적으로 대립하는 것이 공산주의이기 때문에 '공산주의의 지평'은 우리가 현재 있는 자리에서 자유주의적, 민주주의적 정치와 인민의 욕구, 요구, 일반의지에 적합한 정치 사이 분할을 표시하는 지평이기도 하다. 책의 전반적 내용을 소개하기에 앞서, 제목에 포함된 communism을 현재 한국에서는 무엇이라 번역하는 게 옳을지를 먼저 따져보자. 이전 소개되었던 '컨템포러리 총서'의 출간 예정 목록에서 책의 제목은 『코뮤니즘의 지평』으로 기재되었기 때문이다.

2. '공산주의'라는 번역어 선택의 이유

옮긴이는 번역을 맡은 뒤 책의 제목을 『공산주의의 지평』으로 바꿔야 한다고 생각했다. 제목에 포함된 서구 언어 communism을 둘러싼 번역어 선택의 과정은 현재 한국에서 '공산주의'라는 낱말이 여전히 갖고 있는 첨예한 정치성을 암시하는 것이기도 하지만, 그럼에도 공산주의라는 번역어야말로 이 책이 communism이라는 단어를 사용하며 담으려는 의미 맥락을 제일 선명하게 드러낼 것이기 때문이었다. 일제강점기에 여러 우여곡절을 거쳐 성립한 조선공산당의 초대 책임비서 김재봉의 생가에는 그가 조선노동대회 대표 자격으로 1922년 모스크바에서 개최된 극동민족대회에 참가할 때 쓴 사유서가 남아 있다고 한다. 남아 있는 사유서에서, "조선의 독립을 목적하고" 다음

에 오는 문구는 "공산주의를 희망함"이다.(최백순, 『조선공산당 평전』, 서해문집, 2017, 30쪽)

오래전의 혁명가가 남긴 이 문구에서 오늘날 우리는 두 가지 교훈을 얻을 수 있다. 하나는 '공산주의'라는 우리말을 근대 이후 한반도에서 혁명 운동을 실천했던 사람들이 기꺼이 사용해왔다는 점이다. 우리는 '공산주의'라는 말이 그저 먼 나라의 풍문[3]으로 전해지는 것을 넘어서, 현상태status quo를 폐지하려는 사람들에게 수행성을 띤 말로 사용되었다는 데 주목해야 하겠다. 따라서 나머지 하나의 교훈은 위 문구의 공산주의가 (강점당한) 현상태와 (독립의) 미래를 분할하되 이어놓는 지평으로 사용되었다는 사실에 있다. 딘이 밝힌 것처럼, 현상태와 다른 미래를 분할하는 지평인 것이자, 알바로 가르시아 리네라를 인용할 때 언제나 당대의 지평이 되는 이념이 communism이라면, 이 말의 정당한 번역어는 '공산주의'이어야 할 것이다.

2000년대 들어 '공산주의'라는 번역어를 다른 말로 대체하려는 시도들이 있었다. 오래된 말을 바꾸려 한 이유가 무엇이었을까? 현실 사회주의의 실패와 공산주의적 기획을 선명하게 구별하고 공산주의적 기획의 본래적 '좋은' 의의를 되살리려는 것이 번역어를 대체하려던 이유였을까? 그러나 그러하다면 이게 바로 마르크스가 비판했던

---

3   "佛國共産論者"라는 제목으로 《황성신문》 1909년 9월 25일 '외보'란에 실린 짧은 기사. 기사 전문은 "佛蘭西國社會主義者의 所論은 共産主義를 多主호다더라(프랑스 사회주의자들이 주장하는 것은 주로 공산주의라고 하더라)"이다.

"나쁜 것은 폐지하고 좋은 것은 보존하려는"(『철학의 빈곤』) 단순하고 관념적인 변증법이 아니라면 무엇일까?

communism과 관련해서, '코뮨주의' 혹은 '코뮌주의'라는 번역어가 제시된 바 있다. 어느 쪽의 번역어든 모두 "공동생산을 강조하는" 공산(共産)주의보다는 소규모 자치공동체로서 commune의 의미를 강조하려는 목적을 내세웠다. 이 두 번역어는 첫째, 마르크스-엥겔스의 『공산당 선언』 이전에 제출되었던 본래적 의미의 commune으로 되돌아가자는 의도를 포함하고 있다. 이런 관점에서 '코뮨주의'를 영어로 다시 옮길 때, 이 단어는 코뮨과 주의 사이에 하이픈을 넣은 commune-ism으로 재번역된다.(이진경, 「코뮨주의적 구성의 정치와 특이성 개념」, 『시대와 철학』 제17권 3호, 2006) 다음으로 이 두 번역어('코뮨주의'와 '코뮌주의')는 기존의 우리말 '공산주의'에 포함된 한자 '共産'을 공동'생산'으로 이해했다는 공통점이 있다. 우리 책의 제목과 관련해서 이상의 두 맥락을 하나씩 따져보자.

먼저 '코뮨'을 강조하는 맥락에 관해 보자면, 이 책이 강조하는 communism은 자본주의와 대립하는 자리에 있는, 지평으로서의 communism이다. 이 경우 communism을 규정하기에 앞서 이해된 것은 역사적 생산양식으로서 자본주의다. 그러므로 이 책에서 논의되는 communism은 자본주의 생산양식 안에서 그 지평을 이루는 공산주의로서 『공산당 선언』과 더 많이 이어지는 개념이라고 판단된다. 따라서 이 책의 맥락에 맞는 communism의 번역어는 '공산주의'이어야한다. 아주 특별한 경우가 아니라면, 마르크스와 엥겔스의 문헌 제목을 『코뮨주의당 선언』이라고 번역하는 경우는 없으니 말이다.

그 밖에 communism의 번역어로서, '코뮨주의'가 아니라 '코뮤니즘'이라고 음차해 쓴 경우가 있다. eurocommunism을 우리말로 옮긴 '유로코뮤니즘'이 이런 사례다. 그런데 '유로코뮤니즘'은 1970~1980년대 서유럽에서 소비에트공산당 및 사회민주주의당 둘 모두와 구별되는 새로운 노선을 들고 나온 이들이 붙인 이름이며, 기본적으로 볼셰비즘(혁명적 전위에 의거한 반란)과 대비되는 정치적 지향을 갖고 있었다는 점에서, 레닌의 교훈을 최소한의 수정만으로 받아들이기를 주장하는 딘의 입장과 구별된다. 이 책에서 사용하는 communism의 맥락은 마르크스를 벗어나지 않고 레닌을 배신하지 않는 것이므로, 이에 가장 적절한 번역어는 '공산주의'가 되는 것이 옳다.

다음으로 '공산주의'라는 번역어에 포함된 한자 '共産'의 의미에 대해 생각해보자. 오늘날의 관점에서 이 한자에는 '생산을 함께함'이라는 뜻이 담긴 것 같다. 그런데 한국 사람들이 공산주의를 그리고 프롤레타리아트 및 부르주아지 관념을 처음 받아들일 당시에, 한국·중국·일본이 공유했던 번역어 가운데는 이 유럽어를 음차한 단어(예컨대 '푸로레타리아'나 '뿌르조아' 같은 단어)도 물론 있었지만 '무산(無産)자', '유산(有産)자' 역시 있었다.(박종린, 『사회주의와 맑스주의 원전 번역』, 신서원, 2018, 118쪽) 이 번역어에는 생산된 것을 가지는지 아닌지의 구별, 그것의 소유 여부를 통해 계급을 둘로 분할하려는 아이디어가 담겼다. 요컨대, 한자 共産에는 생산을 함께한다는 뜻만이 아니라 '공동 소유'라는 뜻도 포함된다는 것이다.

마르크스에게 소유(사적 소유)와 관련된 문제구성은, 자본주의 생산양식 메커니즘 전체와 계급 분할의 문제와 동시에 얽혀 있는 핵심적 관건이다. 이 책에서도 중요한 개념으로 제시하는 '프롤레타리아화'와 관련해서, 마르크스는 주로 자본주의의 '본원적 축적'에 관한 텍스트들에서 자기 견해를 밝힌 바 있다. 약간 우회하는 길이 되겠지만, communism의 번역어가 공산주의가 되어야 할 이유를 뒷받침하기 위해 마르크스의 논의를 간단히 정리하면 다음과 같다.

자본주의란 상품형태가 지배적이며, 상품형태가 사회 전체로 확장되는 생산양식이다. 상품 생산 과정에는 노동력(=노동시간)이 필요하다. 노동시간 가운데서 잉여노동이 수행되는 시간이 자본의 입장에선 잉여가치의 원천이고, 노동의 입장에선 착취의 원천이다. 임금을 받고 생산과정에 직접 참여하는 노동시간이든, 가사일이나 구직활동 등에 의해 간접적으로 노동력 가치의 척도(사회적 필요노동시간)에 영향을 미치는 시간이든, 노동력은 가치의 생산에 결정적으로 기여한다. 불변자본과 가변자본으로 나눠 생각해보더라도, 불변자본에는 과거 노동의 가치가 응축되어 있으며 생산과정에서 이 가치를 생산물에 이전하는 데 비해, 가변자본은 '살아 있는 노동'이므로 잉여가치를 생산한다.

자본주의는 상품 생산 과정을 통해 작동한다. 이 상품 생산 과정에서 필연적으로, 프롤레타리아트는 자기의 소유가 타자의 소유가 됨을 경험하고, 부르주아지는 타자의 소유가 자기의 소유가 됨을 경험한다.(마르크스, 『1861~1863년 노트』) 요컨대, 자본주의를 넘어선 자리에 있는 무엇을 자본주의가 아니라 다른 말(즉 공산주의)로 지칭하고자 할 때에 ―우리 책의 서론은 다른 논자들이 이 자리를 '포스트자본주의'로 개념파악한 것을 비판한다― 소유의 문제는 넘어설 수 없다. 그런데 코뮨주의라든지 코뮤니즘이라는 번역어에는 이런 뜻이 전혀 담기지 않는다. 외려 단순한 복고적 공동체주의―마르크스-엥겔스가 자연발생적 공산주의로서 그 의의를 인정했으나 『독일 이데올로기』와 『공산당 선언』에서는 '진정 사회주의'라고 비판했던 순진한 공유의 성격―만 '코뮨'이라는 이미지를 통해 남아 있을 뿐이다.

나아가 communism이라는 선언 및 실행이 갖는 이중성에, 따라서 이 책에서 강조하는 '지평'으로서 communism이 갖는 성격에 처음으로 주목한 사람들이 마르크스-엥겔스였음을 잊어서는 안 되겠다. 에티엔 발리바르는 1998년 발표한 「공산주의 이후에 어떤 공산주의?」(허은진 옮김, 웹진 『인-무브』, 2017. 11. 22)에서 여전히 남아 있는 공산주의의 몇몇 쟁점을 다룬다. 마르크스-엥겔스가 『공산당 선언』을 쓸 당시에 '진정 사회주의'와 공산주의를 서로 구별하긴 했지만, 마르크스주의의 핵심에는 (자본주의가 발전시킬 '사회적' 생산력에서 비롯된) 사회주의와 (자본주의의 내적 모순으로서 사적소유 문제가 지양된 체제로서) 공산주의 사이의 절합이 항상 있었다고 발리바르는 간주한다. 여기에서 공산주의는, 자본주의 생산양식 자체가 (단순하게는 노동과 점유의 불일치라는) 내적 모순을 안고 있기 때문에 한편으로 지금도 계속해서 발생 중인 '현실의 운동'이자, 다른 한편으로 이 내적 모순으로부터 논리적으로 도출될 '다른 생산양식의 이념'이 된다. 많은 논자가 마르크스의 공산주의를 다루면서 주목했던바, 『독일 이데올로기』의 공산주의에 관한 문구 즉 "현실이 그에 맞춰나가야 할 이념이 아니라 현상태를 지양하는 현실의 운동"이라는 문구는 마르크스-엥겔스의 공산주의가 이념이면서 동시에 실행으로서 이중적 요인을 갖고 있음을 잘 드러낸다. 이렇게 보면 이전에 있던 관념인 communism에서 이와 같은 이중적 요인을 파악함과 동시에, 현실과 이상을 분할하면서도 서로 잇는 지평으로 communism을 최초로 규정했던 사람들이 바로 마르크스-엥겔스다.

딘이 공산주의를 지평으로 명명할 수 있었던 것도, 가르시아 리네라로부터 더 거슬러 올라가자면 마르크스-엥겔스가 기획하고 바라본 공산주의에 그 연원이 닿는 것이라 보아야 하지 않을까? 그렇다면 다시 한 번, 마르크스-엥겔스는 『코뮤니즘당 선언』을 쓴 게 아니라 『공산당 선언』을 썼으므로 이 책 제목의 번역어로 옳은 우리말은 공산주의이겠다.

3. 책의 주요 논점에 관하여

우리가 공산주의를 여전히 혹은 최초로 우리 욕망의 대상으로 삼고자 할 때, 공산주의와 이어진 이제까지의 역사가 우리에게 제기하는 문제가 몇 있다. 공산주의로 향하는 이행기임을 인정한 현실 사회주의 국가들이 당국가로서 공산주의적 통치성 수립에 실패했다는 진단에 어떻게 대응할 것인지, 산업 노동자를 더는 공산주의 실현의 주체라고 간주할 수 없는 생산양식 발전단계에서 누가 공산주의적 주체가 될 수 있는지, 이 물음과 연결해 현재 자본주의 발전단계를 어떻게 규정할 것인지 등이다. 이 책은 서로 엮인 물음들을 다루기 위해 다음 순서로 논의를 전개한다.

책의 1장과 2장은 몰락한 현실사회주의와 공산주의를 등치시키는 일반적 인식의 교정에 할애되었다. 1장 「우리의 소비에트」는 소비에트연방과 미국이 서로의 결여로부터 만들어진 거울 이미지를 서로에게 덧씌워서 각자의 이상적 국가 이미지를 형성했음을 보인다. 이에 따라 소비에트연방의 '사회주의적 생산성'에 대한 강조는 자본주의에 비해 결여된 생산성을 보충하고자 하는 욕구에서 비롯되었음이 논해진다. 사회주의 소비에트의 이미지가 자본주의 미국인들에게 영향을 미쳤고, 자본주의 미국의 이미지가 사회주의 소비에트에 영향을 미쳤으므로, 소비에트연방은 동떨어진 타자라기보다는 "우리의 소비에트"다.

2장 「현존하는 위력」은 1장에 이어, 공산주의가 자동적으로 소비에트로 스탈린으로 이어지는 관념의 연쇄가 있지만, 그런 연쇄는 실제 소비에트의 현실과도 공산주의 자체와도 아무런 관련이 없음을 보이고자 한다. 공산주의에 의심의 눈초리를 보이는 사람들은 언제나 현실사회주의 몰락의 역사에 호소하지만, 이것은 실제 있었던 역사에 대한 호소라 보기 어려울뿐더러 공산주의는 지난 과거가 아니라 현존하는 위력이라는 것이다.

3장과 4장은 현재의 자본주의 여건에서 공산주의의 전통적인 관념들이 어떻게 변형되고 재규정될 수 있을지를 논한다. 저자는 현재의 자본주의를 "소통 자본주의"라고 규정하고, 오늘날 착취당하고, 몰수당하고, 억압당하는 다수의 처지를 확인하기 위해 "프롤레타리아화"라는 관념을 도입한다.

3장 「인민주권」은 당대 여건에서 "프롤레타리아독재" 관념을 대체할 수 있는 정치적 작인으로서 "인민주권"을 생각해본다. 한편으로 '프롤레타리아'가 당대 소통 자본주의의 현실적 여건에 맞지 않게 산업 노동자라는 협소한 표상만을 갖게 될 것을 우려해서이며, 다른 한편으로 '독재'는 그 어원상 일시적 관리만을 지칭해서다. 저자는 수잔 벅모스, 미셸 푸코, 자크 랑시에르 등 이론가들의 정치론을 비판적으로 고찰하면서, 인민주권이란 분할이 늘 있는 현재 여건에서 "나머지 우리"가 우리 자신을 통치할 때의 핵심 작인임을 밝힌다. 4장 「공통과 공유물」은 나머지 우리의 공산주의적 욕망이 소통 자본주의 네트워크를 돌며 진보적, 좌파적 충동으로 승화되는 양상을 비판하면서, 이러는 와중에 어떻게 공유물이 몰수당하고 어떻게 공통이 억압당하는지를 보인다.

3장과 4장을 거치면서 저자는 민주주의를 정면으로 겨냥한다. 민주주의는, 그것이 아무리 급진적이라 하더라도, 자본주의의 현상태에 충분히 적응할 수 있다는 것이다. 저자는 "수평성", "직접민주주의", "자율성" 같은 관념들이 적대를 부정하거나 모호하게 한다는 점에서, 개체적 참여와 자유를 찬양하는 지배 이데올로기와 충분히 단절하지 않는다는 점에서 민주주의의 찬양 어린 수용을 기각한다. 그녀는 분할된 나머지 우리가 착취, 몰수(수탈), 억압으로부터 해방되기 위해서는 민주주의적 충동에 사로잡힐 게 아니라 공산주의적 욕망을 용기 있게 인정해야 한다고 말한다.

5장과 6장은 현재의 좌파가 멜랑콜리로부터 벗어나기 위해서는 공산주의를 욕망하는 길로 나서야 함을, 공산주의적 욕망이 현실에서 실현되기 위해서는 정당의 역할이 여전히 중요함을 역설한다. 공산주의적 욕망을 현재의 현실과 연결하는 매개는 '점유'다. 세계적으로 보자면 현실사회주의의 붕괴와 신자유주의의 득세 이래로, 한국에 한정하자면 박근혜 정권이 들어서면서 더욱 심하게, 좌파/진보 세력은 자본주의 현실에 대한 대안의 추구를 포기함으로써 멜랑콜리적 자기연민에 침윤하고 말았다. 그와 같은 상황에서 이 책이 집중적으로 논하는 "월스트리트를 점유하라" 외에도, 스페인에서, 그리스에서, 어떤 면에서는 한국에서도 도시의 핵심 공간을 엄청난 숫자의 인민이 점유한 경험은 현실 가운데서 다시금 '우리'를 떠올리고 말할 수 있는 계기가 되었다.

5장 "욕망"은 좌파의 멜랑콜리에 대한 웬디 브라운의 논의와 그 원전이 될 발터 벤야민의 에세이를 비판적으로 검토하고, 욕망과 관련된 라캉의 윤리학을 간략히 참조함으로써, 욕망에 필연적인 결여를 인정하되 욕망 자체를 포기하거나 승화시키지 않음으로써 공산주의에 대한 욕망을 되살려야 한다고 주장한다. 나머지 우리는, 소통 자본주의 하의 프롤레타리아화 과정을 통해 저 소수의 부자들로부터 분할되어, 인민주권의 집합적 주체이자 공산주의의 집합적 주체가 될 잠재성을 가진다. 공산주의적 욕망이란 집합적 주체로서 나머지 우리가 집합적으로 욕망하는 대상이다.

우리는 집합적 주체가 집합적으로 욕망하는 대상, 소통 자본주의와는 양립할 수 없는 ―따라서 민주주의는 결코 아닌― 대상이 분명히 있다는 교훈을, 그리고 그 대상은 당연히 "공산주의"로 명명되어야 한다는 교훈을 6장 「점유와 정당」에서 배운다. 집합적 주체로서 나머지 우리에게 공산주의적 욕망을 가져다줄 매개는 곧 "정당"이다. 저자가 예리하게 짚어내듯, '점유하라'에 참가했던 구성원들은 착취, 몰수, 억압당하는 나머지 우리 전체가 아니며, 한국에서라면 촛불시위에 참가했던 구성원들은 착취, 몰수, 억압당하는 나머지 우리 전체가 아니다. 이 사람들이 이미 나머지 우리 전체에 대해 전위로 나선 인민임에 주목한다면, 이뿐만 아니라 '점유하라' 구성원 중에도 또 적극적인 활동가들이 있었고, 촛불의 물결을 이루기까지는 꾸준했던 활동가들이 있었음을 부인할 수 없다면, 전위 정당을 모종의 정치적 형식으로 개념파악하는 일이 생각만큼 난문인 것은 아닐 수 있다.

이 책 『공산주의의 지평』의 전언은 결국 집합적 주권의 담지자인 "나머지 우리"가 "소통 자본주의" 속의 민주주의적 충동을 되풀이함으로써 겪는 "좌파 멜랑콜리"를 뛰어넘어 "공산주의적 욕망"을 다시금 집합적으로 내세워야 한다는 것이겠다. 이 전언 한 문장으로부터 추려지는 주요 논점들을 조금 자세히 살펴보도록 하자.

나머지 우리

극소수 부자들과 나머지 우리 사이의 분할이 오늘날 자본주의를 특징짓는다. "마르크스와 엥겔스가 이 적대를 생산수단의 소유자인 부르주아지와 임노동자인 프롤레타리아트 사이 투쟁으로 묘사했던 데 비해, 당대 미국·영국·유럽연합에서 이런 대립은 부자와 나머지 우리 사이 투쟁으로 보는 쪽이 더 잘 들어맞는다."(96쪽) 나아가 딘은『공산당 선언』2017년 영어판 서문에서《가디언》지 기사를 인용하기도 한다. 세계 인구 절반이 생산하는 부를 단 62명의 부자가 점유한다는 것이다. 나머지 우리의 권력—공동선을 위한 공통의 결정을 집합적으로 내리려는 힘—을 전제한 인민주권을 옹호하려 할 때, 푸코와 벅모스의 논의를 돌파할 필요가 있다.

푸코는『생명관리정치의 탄생』을 통해 '정치적' 권력으로서 '주권'이 18~19세기에 그 한계에 직면했다고 설명하면서 절대왕정의 주권이 직면한 이와 같은 한계는 시장의 자율성을 '경제적'으로 허용한 데에서 비롯되었음을 보여준다. 이를 통해 푸코는 통치성 안에서 근본적으로 총체성과 자율성 사이의 모순에 빠질 수밖에 없는 자유주의의 한계를 지적한다. 그런데 이는 시장의 자율성을 옹호하면서, 인민 '주권'이란 애초부터 실패에 빠질 수밖에 없다는 식의 포기를 이론적으로 뒷받침하는 역할을 한다. 푸코의 논의는 시장의 자율성 속에서 주권이 갖는 한계를 짚은 것이지만, 그것은 시장 시스템—자율성 시스템— 내에서 발휘될 모든 주권의 한계와 통치성의 실패를 이론화하는 것이기 때문에 인민주권의 정초적 한계와 불가능성을 설파한 논의로 된다. 딘이 푸코의 이러한 이론적 뒷받침을 이론적으로 논파하거나 실증적으로 반박하는 것은 아니다. 다만 마르크스를 데려와서 인민주권이 어떤 경우에 공민성과 개별성의, 공통과 개체의 변증법적 종합으로 작동할 수 있을지를 암시할 뿐이다. 「유대인 문제에 대하여」에서 마르크스의 언급은, "정치적 공민성을 자기 자신 속으로 환수할 수 있는" 생산양식 가운데서만 개체적 이해관심 추구 권리를 넘어선 보편적 당연권이 실현 가능하리라는 것이었다. 공산주의란 푸코가 언급한 주권적 한계를 지양한 인민주권과 이어진다. 인민주권은, 딘이 말한 대로, 고정된 실체가 아니라 인민의 실행 속에서만 규정될 수 있기 때문이다.

다음으로 벅모스의 경우, 실행 가운데서 규정될 수밖에 없을 적에 인민주권의 실행자와 행사 대상이 쪼개질 수밖에 없다는 현실을 지적한다. 그렇다면 주권의 실행자(혹은 인민 정부)가 인민주권의 통치성을 발휘하려는 순간, 쪼개지지 않아야 할 총체가 쪼개지면서 어떤 강제력이 인민 자신에게 가해진다는 점이 문제로 된다. 벅모스가 염려하는 것은 인민주권이 가상적으로 통일된 전체와 이렇게 통일된 전체로부터 떨어져 나온 [타자로서] 부분 사이의 분할로 나타나는 경우다. 이에 대해 딘은 '인민주권'을 말할 때, 벅모스와 마찬가지로, 인민이 결코 통일된 하나가 될 수 없다고 본다. 인민은 언제나 분할과 대립 가운데 있기 때문에, 인민과 통치(정부)는 하나로 합쳐질 수 없다는 것이다. 그런데 딘은, 벅모스 및 아감벤과 달리, 이 분할을 통일되고 완전한 총체로서 주권적 부분과 배제되고 불완전한 피지배 부분 사이의 불공정한 관계로 보지 않는다.

이 책 제3장에서 나머지 우리의 주권 문제를 다루면서 딘이 푸코, 벅모스, 아감벤을 지적 및 랑시에르와 짝지으며 말하고자 하는 바는, 실은 마르크스주의적 공산주의의 역사에서는 몹시 고전적인 문제의식과 이어져 있다. 「유대인 문제에 대하여」에서 마르크스는 '유대인의 종교 해방이 문제가 아니라 인간 해방이 문제임'을 천명했다. 유대인이 공민으로서 시민사회 구성원이 되어야만 유대인의 당연권(요샛말로 인권) 문제를 풀어나갈 수 있다는 브루노 바우어의 주장에 대해, 마르크스는 유대인을 유대인이 되게 만드는 사회관계 혹은 생산양식을 그대로 두고서는 아무 문제도 해결할 수 없다고 응수했던 것이다. 이와 유사하게 딘은 미등록 이주노동자 문제에서 그 구제책은 이들에게 국가 구성원 자격을 주는 게 아니라고 말한다. 이는 "나쁘지 않은 목표이겠으나, 국가권력을 접수하거나 변화시키는 것이 아니라 [현존하는] 국가권력을 연장하는 식의 목표"(115쪽)이기 때문이다. 그렇다고 해서 그녀가 국가의 폐지를 주장하는 것도 아니다. 국가는, 현재는 그렇지 않지만, 인민의 집합적 좋음을 위해 인민이 집합적으로 결정할 문제들을 다루는 도구여야 한다. 그녀의 말로, 바퀴를 새로 발명할 이유는 없다.[4]

『공산주의의 지평』의 저자로서, 딘은 오늘날 당연하게 받아들여지는 민주주의 이념으로부터 당연함을 벗겨낸다. 민주주의와 다른

---

4   「인터뷰」, 37.

자리에서, 인민주권의 위험성과 불완전성을 ―이 책에서는 인민주권을 부분적이되 편파적이라는 뜻에서 partial이라는 술어와 이어놓았다― 완전히 긍정하는 정치는 곧 공산주의 정치일 것이다.

그러면서도 그녀는 공산주의에 대한 욕망을 포기하고 이를 충동으로 승화하는 일에도 반대한다. 성취의 불가능성을 인정한 채 단지 공산주의라는 말만을 반복하기로는 당대 자본주의의 여건―소통 자본주의―에서 아무런 실효성도 낳지 못할 것이기 때문이다. 나머지 우리에게 주어진 정황으로서 소통 자본주의는 어떤 것인가?

소통 자본주의

조디 딘은 우리 시대의 여건을 특징짓는 개념으로 2005년부터 '소통 자본주의'라는 명칭을 사용해왔다.("Communicative Capitalism: Circulation and The Foreclosure of Politics," *Current Politics*, vol. 1(1), 51-74) 소통 자본주의는 오늘날 소통(통신) 네트워크 기술이 정치에 가한 충격을 포착하기 위해 현행의 정치 및 경제 양식을 개념화한 용어로서, 포괄과 참여 등 민주주의의 정초적 이상들이 통신 매체 네트워크에서 물질화됨으로써 자본주의와 민주주의가 결합하는 양상을 지칭한다. 소통 자본주의 생산양식에서는 소통의 기본 단위가 의미 교환이 아니라 기고로 바뀌며, 기술에 대한 물신숭배를 통해 활동이나 참여의 판타지가 구체화되고, 전지구적 네트워크로 인해 전체성의 판타지가 생성된다. 소통 자본주의의 이런 판타지들은 동지와 적의 분할이 없는 세계, 아무런 응답이 존재하지 않는 통신기술의 세계를 구성한다.

소통 자본주의는 정보통신기술의 발달과 네트워크를 통한 접속 증가를 통해 더 수평적인 세계를 만드는 것처럼 보인다. 이와 같은 수평성의 양상을 '실제로는 민주적이지 않으나 민주적으로 보인다'라고 규정하고 진정한 민주주의를 찾아가는 경로도 있을지 모르나, 저자가 택하는 길은 이렇지 않다. 그녀는 외려 소통 자본주의에 특징적인 이러한 수평성이 곧 민주주의라고 유보 없이 인정한다. 신자유주의적 소통 자본주의는 민주주의와 쉽게 결합한다. 민주주의적 관점에서 미디어에 열광적으로 참여하는 일은 신자유주의를 강화한다. 이는 불평등의 극적인 증가로 귀결된다.

딘의 소통 자본주의에 대한 성격 규정에는 한편으로 자본주의에 내재하되 분할된 특이점으로서 공산주의를 다시 강조하려는 목표가 담겨 있으며, 다른 한편으로 공산주의의 지평을 향해 갈 주체로서 '인구population'와 '인민people'을 구별하려는 의식이 담겨 있다.

먼저 공산주의의 재강조라는 목표에 관해 생각해보자. 이 목표는 소통 자본주의에서 불불노동이 전유되고 가치가 생산되는 양상을 따졌을 때 도출된다. 마르크스가 『자본』 1권을 통해 보여주는 바는 자본이 잉여가치를 추구하기 위해서라도 노동력을 모종의 가격(이는 0이 될 수도 있다)에 판매할 생산자가 꼭 필요하다는 사실이다. 또한 마르크스의 정치경제학 비판(『그룬트리세』부터 『자본』에 이르는 작업)은 생산자들의 불불노동이 잉여가치를 구성하며, 잉여가치를 자본이 소유함으로써 상품형태가 무한히 확장될 수 있다는 사실을 보여준다. 우리가 흔히 아는 대로, 생산자와 소유자의 분리가 자본주의 생산양식을 구성한다는 것이다. 딘이 현재 우리의 여건을 소통 '자본주의'라고 규정한 이유는 이것이 나머지 우리의 불불노동이 생산한 가치를 소수 자본이 전유하는 체계이기 때문이다. "우리는 검색하고 연결하며 우리가 따라가는 경로를 만든다—이와 동시에 구글은 저 자취들이 자기네 소유라고 주장한다."(133쪽) 이런 묘사에는 생산자와 소유자의 분리가 전형적으로 드러난다. 따라서 소통 자본주의에서 사적 소유(전유)의 반대항으로서 '공산'은 주요한 논점이 될 수밖에 없다. 여기에서 '공산'은 생산과정 자체 내에서의 소유 문제 즉 타인의 노동을 자기의 소유로 하고 자기의 노동을 타인의 소유로 한다는 문제를 제기하고 있으므로, 생산 이후의 몫을 나누는 '공유'와는 다른 개념이다. 나머지 우리를 프롤레타리아로 만들어내는 소통 자본주의의 여건에서 공산주의는 강조되지 않을 수 없고, 이는 민주주의와는 다른 자리에 놓이게 된다.

　이럴 적에 또 하나의 관건은 '인구'와 '인민'의 구별이다. 딘의 표현으로 인구와 인민은 동일 집단을 동시에 가리키는 이름이 아니다. 애초에 자본주의는 노동계급에 속할 동일 구성원을 한편으론 유용노동의 담지자로서 잉여가치 생산의 결정적 요인인 '가변자본'으로, 다른 한편으론 필연적 착취의 대상으로 늘 박탈당하는 '프롤레타리아'로 분할한다. 그리고 이 분할의 선은 명시적이지 않다. 소통 자본주의에서도 마찬가지로, 동일 구성원이되 한편으로 네트워크상에 자취를 남기며 빅데이터 같은 가치를 생산하는 인구population와 다른 한편 이에 대해 대가를 지불받지 못하는 사람들people이 있다.

고전적 마르크스주의는 프롤레타리아를 박탈당하고 착취당하는 존재로서만이 아니라 혁명적 계급으로도 개념화했다. 불특정 다수 노동자는 프롤레타리아였기에 가변자본이 되었지만, 프롤레타리아는 자본주의 생산양식 최심부에 놓인 외래적 존재로서 자본주의와는 다른 질서를 강제해나갈 의식을 갖게 된다. 마찬가지로, '사람들'은 인구로 취급되지만, 또한 사람들은 위력을 띤 인민이기도 하다. 특정한 계기가 주어질 때, 인구는 인민으로 변모해 —우리의 나아갈 길을 우리 스스로 결정하는— 인민의 주권 행사가 개시된다. 단이 보기에, 인구에서 인민으로의 전환 과정은 소통 자본주의라는 여건 내부에 새겨진 과정이다. 다만 "우리는 우리의 집합적 조건들을 집합적으로 결정하지만, 아직은 인민으로서가 아니라 인구로서 그렇게 한다."(133쪽) 여기에 붙은 '아직은'이라는 군더더기가 떨어지려면 멜랑콜리에서 벗어날 필요가 있으며, 욕망의 대상을 분명히 할 필요가 있다.

좌파 멜랑콜리와 공산주의적 욕망

현실 역사의 진행 양상은 좌파에 멜랑콜리를 전염시킨다. 현실 정치의 관점에서 '진보적'이라고 일컬어지는 정부가 들어선 이후, 우리 사회의 '나머지 우리'가 생활과 삶의 좋은 방향으로의 재편성을 이루었는지는 확실치 않다. 말하자면, 한국 사회에서 좌파는—가장 적극적인 활동가들을 포함하여— 촛불의 효과들이 사회 전체에 관철되었는지 확신하기 어렵고 이와 같은 면에서 활동가들을 괴롭히는 우울한 정조가 있다. 이는 '혁명의 다음 날'과 연결될 법한 우울감이다.

던은 프로이트로 되돌아감으로써 브라운이 좌파 멜랑콜리를 해석하는 방식과 대립하고자 한다. 프로이트의 분석에 따르면, 자기 자신을 책망하는 멜랑콜리에는 두 국면이 있다. 하나는 멜랑콜리 환자가 자기를 책망할 때 그 책망의 대상은 실은 자기가 아니라 자기가 애착을 가진 대상이기 때문에, 따라서 자기 책망에는 대상 애착이 포함되어 있다는 점이고, 다른 하나는 자기 책망이 실제적인 것이며 이는 대상에 대한 욕망을 이미 포기했다는 사실을 인정하지 않으면서 발생했을 수 있다는 점이다. 브라운은 프로이트의 분석에서 첫 번째 국면을 좇아간다. 그녀는 1999년에 글을 쓰면서 당대 좌파의 자기비판이 실은 좌파가 보장하는 전통적 이상에 대한 애착을 보여주는 것이라고 했다. 현실 사회주의 붕괴 이후 좌파의 자기혐오는 멜랑콜리이며, 이런 멜랑콜리는 좌파가 자기의 이상을 포기하지 않았음을 보여준다고 해석한 것이다. 반면에 던은 '좌파 멜랑콜리'라고 처음 명명했던 벤야민에게로 되돌아가서, 좌파가 자기의 타협한 처지(현실을 받아들이고 자본주의 너머의 세계에 대한 고민을 포기한 처지)를 숨기기 위해 자기비판을 수행하는 척한 것일 수 있다고 해석한다. "우리 앞에는 [브라운이 보는 것처럼] 공인받지 못한 정설에 집착하는 좌파가 있는 게 아니라, 공산주의를 향한 욕망을 양보해버리고, 프롤레타리아트에 대한 역사적 헌신을 배신하고, 혁명적 에너지를 만민구제론적 관행으로 승화시켜 자본주의의 장악력을 강화하는 좌파가 있다."(182~183쪽)

　이러한 정조로부터 벗어나기 위해 우리가 불러일으켜야 할 욕망은 개별성을 벗어난 집합의 욕망이어야 한다. 이제까지 공산주의를 논해온 이상, 우리의 욕망도 우리의 실행과 마찬가지로 개별적인 것이 아니라 집합성을 띠어야 한다.

그러므로 공산주의는 라캉과 나란히 논해질 수 있다. 소통 자본주의와 민주주의를 충동과 이어놓고, 공산주의를 욕망과 이어놓음으로써 이 책은 충동과 욕망이라는 무의식의 과정을 다루기 때문이다. 정신분석은, 무의식 과정, 주체, 주인들에 대한 우리의 양가감정을 사유할 이론 장치를 제공하므로, 정치와 동떨어진 채로 정치와 가장 가까이 있다. 정신분석의 이론 장치를 활용할 때, 소통 자본주의 하의 충동과 대비될 공산주의적 욕망의 잠재력이 오롯이 드러날 수 있다.

충동이 정치적으로 나쁜 것만은 아닐 것이다. 하지만 딘 자신의 말에 따르면, "충동은 그 방향을 뭔가를 향해 정하지 않는다. 충동은 결여에서 빚어지고 아무런 것이나 옛날의 사물에 그저 부착되면서, 강렬한 애착을 띤 하나의 대상으로부터 다른 대상에게로 손쉽게 옮겨 다닌다(나는 정치와 관련해서 충동은 일종의 정치적 아스퍼거 증후군으로서 그 자신을 표명한다고 말하고 싶다. 모든 사람이 한때는 이항대립에, 그다음에는 세일가스 시추 기술에, 그다음에는 '-주의'에, 그다음에는 부채에 사로잡히는 식이다). 그것은 실패에서 비롯된 되풀이 회로이며, 여기에서 사람들은 실패함으로부터 벗어난 자리에 (향락의 작은 조각을 얻으며) 있다. 따라서 충동은 (…) 멜랑콜리 구조를 형성하기도 한다. 충동의 언어는 반성적이고, 자책적이고, 내향적이다. 소통 자본주의(와 그 결과로 나타나는 당대 매체 네크워크만이 아니라 당대 민주주의)는 충동의 반성적 구조를 내보인다. 예를 들어 인터넷 통로intertubes에 고착되고, 클릭하며 돌아다니고, 탐색하지만 발견은 없고, 똑같은 동작을 되풀이하고, 요령부득의 논변들을 똑같이 일삼고, 논변들이 중요하지 않을 때조차 (그럴 때 특히) 노력을 쏟는다."[5]

반면에 "욕망은 내향적이지 않다. 욕망은 바깥쪽을, 지평을 향해 바라본다. 그렇다면, 욕망의 관점에서 생각된 공산주의는 반성의 함정을 부수고 나올, 간극을 설치할 필요성을 인식하는 공산주의다. 바로 이 지점에서 나는 집합성을 위한 집합적 욕망이라는 관점에서 공산주의를 사고하는 일에 초점을 맞춘다."[6] 이제까지 우리가 살폈듯, 딘은 소통 자본주의를 충동의 관점에서 구조화된 것으로 이해하기 때문에, 공산주의를 충동의 방식으로 이론화해서는 안 된다고 본다. 그녀에게 공산주의는 이 방식으로부터의 단절이며, 우리로 하여금 바깥을 바라보게 할 회로의 파열이다.

4. 공산주의의 지평을 향한 정당과 점유

결국 이 책 『공산주의의 지평』에서 조디 딘은 자본주의 세계의 현상태에서 '공산주의'라는 오래된 반대항을, 현재와 미래 사이를 이어놓는 지평으로 다시 한 번 호명함으로써, 다른 현재-미래가 있음을

5   「인터뷰」, 30-31.
6   「인터뷰」, 31.

말하고자 한다. 그녀에게 공산주의는 그저 대안에 그치는 게 아니라 진리이자 유일무이한 선택지다.[7] 이뿐만 아니라 그녀는 우리 시대의 여건을 분석하고 최근 반란의 특징들을 검토함으로써 오래되었지만 여전히 유효한 '정당' 개념을 되돌리려고도 한다. 바로 이로부터 '점유하라'가 갖는 의미가 특수한 시공간에서 벗어나 우리 시대의 생산양식에서 보편적인 것으로 떠오를 것이다. 그런데 여기에는 여전히 남아 있는 문제가 한 가지 있다. 바로 레닌주의의 유산을 어떻게 처리할 것인가라는 문제다.

발리바르가 『마르크스의 철학』에서 지적한 바와 같이, 레닌에게 받은 유산에는 현상태를 폐지하려는 혁명 운동과 관련해서 여전히 처리해야 할 문제가 있다. "'혁명의 자생성'이라는 관념과는 대립되는, 민주주의 혁명을 위한 지적 지도라는 관점에서, 레닌이 「무엇을 할 것인가?」에서 시도한 '보편적 계급'으로서 프롤레타리아라는 관념의 개조"(배세진 옮김, 진태원 해제, 『마르크스의 철학』, 오월의 봄, 2018, 255쪽)라는 문제가 바로 그것이다. 마르크스가 프롤레타리아에게 '계급 없는 사회'의 보편적 계급이라는 지위를 부여했던 데 비해, 레닌은 프롤레타리아가 자생적으로 주체의 지위를 얻는 게 아니며 이들이 혁명으로 나아가려면 전위당의 지도를 받아야 한다고 간주했다. 딘이 『공산주의의 지평』에서 돌파해야 하는 난문 역시 이런 것이다. 인민 군중의 완전한 자율성 혹은 자발성을 강조하는 논의들이 빠지게 될 무차별성

---

7 「인터뷰」, 39.

의 함정을 피해가기 위해 조직 내지 정당을 긍정하면서도, 여전히 역사적 진리의 보편적 담지자는 그럼에도 정당이나 조직이 아니라 '나머지 인민'으로 수정된 프롤레타리아라고 규정하기 위해서는 어떤 도식을 내세워야 할까?

프롤레타리아와 관련된 레닌의 결합 서사는 경제 영역의 노동자-프롤레타리아가 정치 영역의 핵심적 동력이 된다는 사실을 보였지만, 여기에는 '노동자-농민 우선성'이라는 한계가 있다.(3장) 그렇기에 이 책은 프롤레타리아 관념을 나머지 우리로 확장함으로써, 자본주의-신자유주의가 만들어낸 절대다수가 스스로 주권을 행사하는 순간-지점이 당대의 사회-역사 가운데 열리는 양상을 증언한다. 이 순간-지점에서, 다시 말해 점유가 진행되는 어떤 사회적·역사적 간극 가운데서야, 마치 마르크스가 1871년 파리코뮌에서 "노동자계급의 통치 형태를 드디어 발견"해냈다고 말했듯이, 나머지 우리로서 프롤레타리아의 자생적이되 규율 잡힌—정당 아닌 정당이 조직한—통치성이 떠오른다.

점유의 순간(한국에서라면 촛불의 순간)에만 이런 통치성이 떠오르는 것이라면, 다시 말해 이 통치성이 신자유주의 세계 곳곳에서 발생하므로 유적이긴 하되 특정 시공간에 엮여 있기에 논리적일 수 없고 우발적일 뿐이라면, 여전히 남아 있는 과제는 자본주의-신자유주의-자유주의적 민주주의의 정상 상태 속에서 어떻게 이 두 측면—유적인 측면과 우발적 측면—의 가능하되 실현 없는 엮임을 시도하거나 실행하느냐에 있을 것이다. 이런 일은 조사가 아니라 시도거나 실행 혹은 프락시스일 수밖에 없되, 조사investigation 없는 실행이 결코 되지 않는다는 점에서 더한 어려움이 있다.

　이 책 『공산주의의 지평』을 통해 조디 딘과 더불어 우리가 나머지 우리의 자발성을 옹호하면서도 규율 잡힌 조직으로서 정당의 역할에 관한 레닌의 착상을 포기하지 않으려면, 우리가 실행하며 조사해야 할 자리는 언제나 저 유적이되 우발적인 시공간이 될 수밖에 없을 것이다. 적어도 조디 딘은 이런 이유로 언제나 현장에 나가 있다고 말할 수 있지 않을까? 그렇다면 '우리'는 어디를 찾아 나가야 할까.

지은이 조디 딘 Jodi Dean

1962년 미국에서 태어났다. 현재 뉴욕 주 제네바 호바트앤윌리엄스미스대학에서 정치 이론, 미디어 이론, 페미니스트 이론, 공산주의 등을 가르치는 교수다. 제도권 정치가 아니라 혁명적 정치 혹은 진보적 정치의 원리와 동력을 분석하고자 하고 있다. 『지젝의 정치』(2006), 『민주주의 및 여타 신자유주의 판타지들』(2009), 『블로그 이론: 충동의 회로 속 피드백과 포획』(2010), 『공산주의의 지평』(2012), 『군중과 정당』(2016) 등 10여 권의 저서가 있다. 딘은 이 책 『공산주의의 지평』에서 신자유주의의 위기가 수습된 것 같았던 때에 정치적 역동성을 만든 여러 계기를 사유하기 위해 '공산주의'라는 낡고 잊힌 듯한 이름을 불러와 우리 시야의 지평에 가져다 놓았고, 2017년에 다시금 출간된 『공산당 선언』 영어판의 서문을 쓰기도 했다. 이와 함께, 3월 8일 국제 여성의 날에 맞춰 2017년부터 진행된 '국제여성파업IWS'에 계속 참여하며 인터뷰한 이력에서 알아챌 수 있듯이, 그녀는 정치의 집합적 주체와 정당의 선도적 역할을 실천이 벌어지는 자리에서 사고하려는 현장의 이론가이기도 하다.

옮긴이 염인수

고려대학교 국어국문학과에서 김인환 교수의 지도로 박사학위를 받았고, 현재 고려대학교 기초교육원 초빙교수로 재직 중이다. 제이슨 바커의 『알랭 바디우 비판적 입문』(2009), 브루노 보스틸스의 『공산주의의 현실성: 현실성의 존재론과 실행의 정치』(2014), 아비탈 로넬의 『루저 아들: 정치와 권위』(2018)를 번역했다.

공산주의의 지평

1판 1쇄 2019년 6월 24일

지은이 조디 딘
옮긴이 염인수
펴낸이 김수기

펴낸곳 현실문화연구
등록 1999년 4월 23일 / 제25100-2015-000091호
주소 서울시 은평구 통일로 684 서울혁신파크 1동 403호
전화 02-393-1125 / **팩스** 02-393-1128 / **전자우편** hyunsilbook@daum.net
ⓗ hyunsilbook.blog.me ⓘ hyunsilbook ⓕ hyunsilbook

ISBN 978-89-6564-299-9 (93100)

이 도서의 국립중앙도서관 출판예정도서목록(CIP)은
서지정보유통지원시스템 홈페이지(http://seoji.nl.go.kr)와
국가자료종합목록시스템(http://kolis-net.nl.go.kr)에서 이용하실 수 있습니다.
(CIP제어번호:CIP2019018603)